KB031934

지나가는 시간이란 잃어버린 시간이며,
게으름과 무기력한 시간이며,
몇 번이고 맹세를 해도 지키지 못하는 시간이며,
때때로 이사를 하고 끊임없이 돈을 구하는 데 분주한 시간이다.

J.P. 샤르트르 Jean-Paul Sartre

시간을 단축시키는 것은 활동이고,
시간을 견디지 못하게 하는 것은 안일함이다.

괴테 Johann Wolfgang von Goethe

시간을 지배할 줄 아는 사람은
인생을 지배할 줄 아는 사람이다.

에센바흐 Wolfram von Eschenbach

시간을 선택하는 것은 시간을 절약하는 것이다.

베이컨 Francis Bacon

하버드 첫 강의
시간관리 수업

하버드 첫 강의
시간관리 수업

펴낸날 2023년 3월 10일 개정판 2판 1쇄

지은이 쉬셴장
옮긴이 하정희
펴낸이 강유균
편집위원 이라야, 남은영
기획·홍보 김아름, 김혜림
교정·교열 이교숙, 나지원
경영지원 이안순
디자인 바이텍스트
마케팅 신용천

펴낸곳 리드리드출판(주)
출판등록 1978년 5월 15일(제 13-19호)
주소 경기도 고양시 일산서구 고양대로632번길 60, 207호(일산동, 대우이안)
전화 (02)719-1424
팩스 (02)719-1404
이메일 gangibook@naver.com
홈페이지 www.readlead.kr

ISBN 978-89-7277-371-9 (03320)

하버드 첫 강의가
불안한 청춘들에게 들려주는
성공 비법!

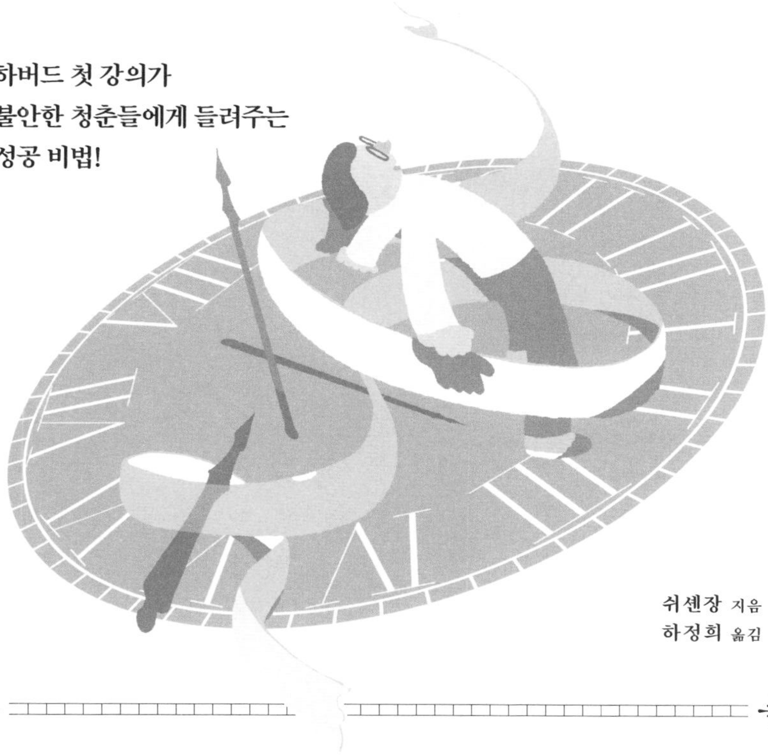

쉬셴장 지음
하정희 옮김

하버드 첫 강의 시간관리 수업

리드리드출판

프롤로그

하버드 학생들의 꿈을 이루는 도구, 시간관리

"당신의 인생을 사랑하는가? 그렇다면 시간을 낭비하지 말라. 왜냐하면 인생을 이루는 실질적인 재료가 바로 시간이기 때문이다. 똑같은 출발선상에서 시작했는데도, 시간이 지나면 어떤 사람은 성공하고 어떤 사람은 여전히 뒤처져 있다. 시간이 지날수록 두 사람의 거리가 좁혀지지 않는 것은 하루하루 주어진 시간을 어떻게 사용했느냐에 달렸다."

수많은 명언 중에 시간의 소중함에 대한 글을 가장 많이 남긴 벤저민 프랭클린. 가난한 집안에서 태어나 정규교육이라고는 초등학교 2년간 배운 것이 전부인 그는 미국 건국의 기초를 다진 인물로 100달러 지폐까지 등장하며 성공의 대명사가 되었다. 그의 성공 비결이 남다른 절제와 검소한 생활, 그리고 무엇보다 철저한 시간 관리 덕분이라는 것은 이미 널리 알려진 사실이다.

"모든 일은 시간을 정해 놓고 하라. 언제나 유용한 일을 하라"고 강조하는 프랭클린은 정해진 시간 계획에 따라 하루하루를 보내며 인생의 계획을 세웠다. 너무도 유명한 3-5-7-9 시간 관리 법칙(일 9시간, 수면 7시간, 식사 및 여가 5시간, 독서 및 자기계발 3시간)을 평생 철저하게 지켰고, 그가 늘 지니고 다녔던 일정 관리 수첩을 바탕으로 만들어진 프랭클린 플래너는 현대인들에게 가장 이상적인 시간 관리 도구가 되고 있다.

수많은 업적에 대한 노력을 기리기 위해 프랭클린에게 명예박사 학위를 부여한 하버드대학은 시간을 소중하게 여기는 그의 정신을 가장 잘 계승한 곳이라고 할 수 있다. 역사를 자랑하는 미국에서 가장 오래된 세계 최고의 명문 하버드대학은 노벨상 수상자, 국가 수반(존 F. 케네디, 조지 부시, 시어도어 루스벨트, 버락 오바마 등), 퓰리처상 수상자 등 다양한 분야의 인재를 배출한 곳이다. 또한 최근 미국 경제지 포천이 선정한 '글로벌 500' 기업의 CEO를 가장 많이 배출한 곳이기도 하다. 더불어 100년의 역사를 자랑하는 세계 최초이자 최고의 경영대학원

하버드 비즈니스 스쿨Harvard Business School, HBS 졸업생의 평균 연봉은 전 세계 경영대학원 중에 가장 높다.

이러한 하버드대학 신입생들과 MBA 수업에서 가장 먼저 가르치는 것이 바로 시간관리이다. 하루 24시간은 누구에게나 공평하게 주어지는 신의 선물이다. 그러나 어떤 사람은 목적 없이 흘려보내고, 어떤 사람은 꿈을 이루는 시간으로 만든다. 깊은 밤에도 불빛이 꺼지지 않는 하버드대학. 그곳에서 공부하는 학생들은 첫 강의에서 시간의 소중함과 시간을 가장 효율적으로 사용하는 법을 가장 먼저 배우고, 졸업 후 전 세계 곳곳에서 능력을 펼치며 성공을 향해 달려간다.

현대 경영학의 아버지 피터 드러커가 《자기경영 노트》에서 일을 잘하기 위한 5가지 방법 중에 맨 처음 제시한 것이 시간을 관리하는 방법이다. 왜냐하면 "시간은 남에게 빌릴 수도, 돈을 주고 살 수도, 저장해 두었다가 꺼낼 쓸 수도 없기 때문"이다. 하버드대학 출신으로 가장 성공한 기업가인 마이크로소프트의 빌 게이츠는 분 단위로 계획을 세워 시간 낭비를 줄이고 효율적으로 시간관리를 하는 것으로 유명하다. 1분 동안에도 많은 것을 할 수 있다는 것을 보여주며 시간의 소중함을 일깨운 프랭클린의 정신과 일맥상통하는 부분이다. 같은 하버드대학 출신의 메타(페이스북) CEO 마크 저커버그는 심지어 옷 고르는 시간조차 아끼기 위해 매일 같은 옷을 입을 정도로 시간 낭비를 누구보다 경계하고 있다.

성공한 사람들의 공통점이기도 한 철저한 시간관리는 하버드대학이 가장 많은 CEO와 세계적인 인재를 배출해 낸 비결이라고 할 수 있다. 시간관리가 성공과 밀접한 관련이 있는 이유는 바로 목표 의식 때문이다. 하버드대학에서 목표가 인생에 미치는 영향에 관한 실험을 한 결과 목표가 뚜렷한 사람일수록 25년 뒤 눈에 띄는 성과를 거두고 사회적으로 영향력 있는 사람이 되었다. 하버드대학의 교수들은 성공과 목표는 동일하며 최단기간 내에 원하는 목표를 최대한 실현하는 것이 바로 시간관리의 목적이라고 말한다.

"신은 시간을 아끼는 사람을 맨 앞에 둔다"는 금언은 하버드대학의 도서관과 강의실, 그리고 새벽에도 깨어 있는 하버드 학생들의 머릿속에 고스란히 배어 있다. 이 책에 담긴 이야기는 보통 사람에게 그저 흘러가는 듯 보이는 시간이 성공을 가져다주는 신의 선물로 탈바꿈되는 소중한 경험을 가져다줄 것이다.

글쓴이 **쉬셴장**

차례

Part 2
효율적인 시간관리 목표를 정하라

Part 3
나만의 시간관리표를 만들자

Part 4
권한부여와 업무위임은 더 효율적으로 시간을 이용할 수 있다

Part 5
업무시간관리 장애극복

Part 6
효과적으로 업무효율을 높이는 시간관리 방법

Part 7
업무와 일상생활의 균형 맞추기

미래를 신뢰하지 마라, 죽은 과거는 묻어버려라,

그리고 살아있는 현재에 행동하라.

롱펠로 Henry Wadsworth Longfellow

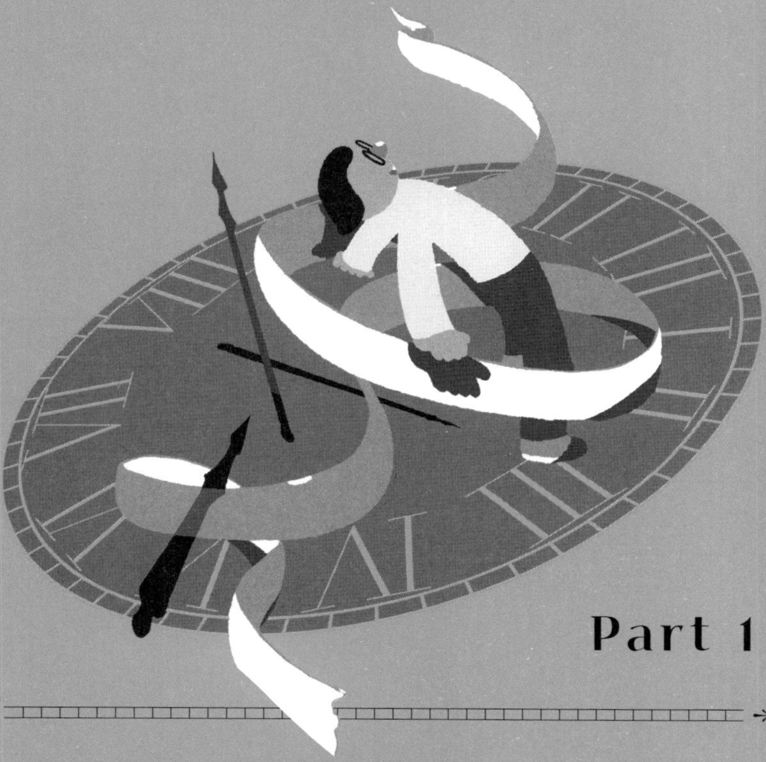

Part 1

무엇이 당신의 시간을 빼앗는가

H A R V A R D

T I M E

M A N A G E M E N T

당신은 어느 곳에 가장 많은 시간을 낭비하는가?

발등에 불이 떨어진 것처럼 늘 시간이 부족하다고 느낀다면, 시간을 어떻게 사용하고 있는지 살펴볼 필요가 있다. 스트레스 해소에 많은 시간을 낭비하고 있는지, 메일 보내고 문서 작성하는 데 시간을 버리고 있는지, 완벽을 추구하느라 시간이 부족한 건 아닌지 등의 상황들은 시간관리를 못 하고 있다는 걸 말해준다. 이 책은 하버드 시간관리 연구원들이 어느 곳에 시간을 가장 많이 쓰고 있는지, 또 성공할 수 없는 원인이 무엇인지 진단해준다.

업무 과부하

시간은 누구에게나 공평한 24시간이면서도 공평하지 않은 24시간이다.
올더스 헉슬리 Aldous Huxley

IT 회사에 근무하는 로버트는 항상 성실하게 주어진 업무를 잘 해내고자 노력하는 사람이다. 그는 최선을 다해 모든 일을 수행하며, 팀이 회사의 목표를 달성할 수 있도록 팀원들을 도와준다.

어느 날, 그의 상사가 팀원들에게 말했다. “새 프로젝트의 상세 계획서를 작성할 인원이 필요합니다. 지원자 있습니까?”

대부분 고개를 숙인 채 컴퓨터만 볼 뿐 대답하는 사람은 아무도 없었다.

“아무도 없나요?” 상사는 다시 한 번 물었다. 아무도 나서지 않자 언제나처럼 로버트가 자리에서 일어났다. 상사는 로버트가 성실하고 열심히 하는 직원이라며 칭찬했다. 사실 동료들은 자신이 일어나지 않으면 결국 로버트가 업무를 맡을 것이라 예상하고 있었다. 성실하고 완벽주의자인 로버트는 맡은 일을 완벽하게 수행한다. 그러나 그런 그에게도 한 가지 문제점이 있었다. 바로 주어진 시간 안에 일을 완료하는 경우가 드물다는 것이다. 왜냐하면 자신이 감당할 수 없는 일을 맡아 하기 때문이다.

로버트와 같은 사람들은 칭찬받을 만한 직원이지만, 가장 큰 문제점은 타인의 요청과 밀려오는 업무에 '노No'라고 말하지 못한다는 것이다. 타인의 부탁을 거절하지 못해 간혹 능력 밖의 일들을 맡게 된다. 그래서 기존의 업무계획에 자꾸 새로운 업무들이 추가돼 결국 야근하거나 주말까지 일을 하게 된다. 더 안타까운 점은 업무효율도 그다지 높지 않아 늘 다른 사람보다 뒤처진다는 것이다.

이 글을 읽는 당신도 로버트와 같지 않은지 생각해보라. 만약 로버트처럼 모든 일을 도맡아하고 있다면, 이런 업무과부하가 어떤 영향을 미치고 있는지 고려해볼 필요가 있다. 넘쳐나는 업무로 직장생활에서 활력소를 찾을 수 없다면, 과연 그러한 업무는 원래의 목표와 얼마나 관련되어 있는지 살펴볼 필요가 있다.

이런 상황들은 자신을 지치게 만들어버릴 수 있다. 자기계발을 하거나 가족, 친구들과 보내야 하는 시간을 업무에 소비해버린다면 그것 또한 고통스러울 것이다. 만약 이 같은 상황에 처해 있다면 다음의 방법을 시도해보길 바란다. 그러면 업무과부하에서 벗어날 수 있을 것이다.

1. 자신의 목표와 직책을 분명히 한다. 이렇게 하면 본래 업무와 그 외의 업무를 확실히 구분할 수 있다. 만약 자신의 직책과 관련이 없는 일이라면 굳이 나서서 떠안지 않아도 된다. 반대로 생각해보자. 떠안은 일은 원래 누군가의 일이고, 그 사람이 책임져야 하는 것이다. 어쩔 수 없이 일을 맡게 된다 해도 그 업무를 자신의 책임으로 돌릴 필요는 없다. 그저 최선을 다해 그 업무책임자를 도와주면 되는 것이다.

2. 동료가 일을 제대로 마치지 못했거나, 기준에 못 미친다고 해도 도와주지 않는다. 이것은 결코 좋은 방법이 아니다. 일을 엉망으로 했다고 도와준다면, 그들은 영원히 발전할 수 없다. 일이 진행되는 상황에 맞게 의견을 제시하는 것이 그들을 도와주는 방법이다.

3. 상사나 동료에게 '노'라고 말하는 법을 배워라. 타고나기를 남을 도와주는 걸 즐기거나, 자신을 팀에서 빠져서는 안 될 존재라고 생각하고 있다면 '노'라고 말하기 어렵다. 거절을 어려워한다면 로버트처럼 쉼 없이 일만 하게 될 것이다.

상사가 업무 이외의 것을 요구할 때 거절하는 것은 왜 이 일을 하고 있는지에 대해 말하는 것보다 쉽다. '예스Yes'라고 말하는 것이 어떤 결과를 가져올지 진지하게 생각해보라. 기존의 업무계획에 차질이 생겨, 결국 중요한 업무를 제시간에 끝낼 수 없을 것이다. '노'라고 말해야 하는 이유는 이것으로 충분하다. 사장 앞에서 '노'라고 하는 것은 큰 도전일지도 모른다. '예스'라고 말하면 사장이나 상사의 기분을 좋게 할 수는 있다. 이 사례처럼 상사는 '모두가 싫어하는 일을 로버트는 하는군.'이라고 생각한다.

하지만 계속해서 새로운 업무를 떠맡다가 본래 업무를 제시간에 마칠 수 없다면 그야말로 실패자로 전락하고 만다. 명심해야 할 것은 '예스'가 승진으로 이어지지 않는다는 점이다. 상사는 '내가 승진하기 위해선 로버트가 꼭 필요해'라고 생각할 수 있다. 사장들은 로버트처럼 언제든지 부릴 수 있는 사람을 결코 승진시키지 않는다. 상사가 본래 업무도 아닌데 처리하기 까다로운 일을 넘기려고 할 때 다음의 방법대로 해보자.

1. 생각을 마치기 전까진 아무것도 말하지 마라. 충돌을 피할 방법을 생각한 후 "내일 다시 얘기해도 될까요?"라고 말하라.

2. 그 시간 동안 대답을 준비하라.

3. 다시 얘기할 시간이 오면, 현재의 업무 스케줄을 보여준 뒤 본래 업무와 새로 맡기려는 업무 중에 어떤 것을 먼저 시작하면 좋을지 상사에게 직접 결정하게 한다. 그러면 그 일은 다시 상사에게 돌아가게 될 것이다.

하버드 시간관리 비법

업무과부하라는 생각이 든다면 현재의 업무상황을 다시 살펴보자.

1. 업무와 멀어질 수 있는 일정한 휴식시간을 정하라. 몇 시에 일을 시작했건 구체적인 휴식시간이 필요하다. 정해진 업무시간에는 열심히 일하고, 휴식시간

부터는 메일 확인과 같은 업무와 관련된 그 어떤 것도 하지 않는다.

2. 취미를 만들어라. 어떤 것을 좋아하는가? 독서, 운동, 음악감상 등 취미를 만들어 즐기는 것이 좋다. 퇴근 후에는 퇴근 후의 일만 생각하라.

3. 적절하게 쉬는 법을 배워라. 하루 평균 업무시간은 8~10시간이다. 이렇게 긴 시간 동안 일만 할 수 없다. 가능하다면 사무실 밖으로 나가 산책하거나 동료들과 수다를 떨어도 좋다. 간단한 스트레칭을 하거나 먼 곳을 바라보며 휴식을 취하라. 이런 것들이 업무에 도움이 될 것이다.

4. 업무효율을 높이거나 수입을 늘리는 방법을 모색하라. 능력이 생기면 당신의 가치도 자연스럽게 높아진다. 새로운 프로젝트, 가치를 높일 수 있는 이직, 승진과 같은 일이 점차 늘어날 것이다. 물론 창업하거나 자문해줄 수도 있다. 가치가 오르고 수입이 늘어 가면 일하는 시간이 줄어들고, 그 시간을 자신을 위해 사용할 수 있다.

업무위임과 권한부여의 효과

관리를 적게 하는 것만큼 경영 성과는 높아진다.
잭 웰치 John Frances Welch Jr

뉴질랜드 출장을 다녀온 마크 회장이 간부회의 중인 사장 톰을 불러 《어떻게 업무를 위임할까How to Delegate》라는 책을 건네며 말했다.

"그동안 혼자서 많은 업무를 감당하느라 고생한 건 알고 있지만, 사실 그렇게 된 데에는 자네 탓도 있네. 다음 주에 같이 식사라도 하면서 이 책에 대한 소감을 말해주게."

왠지 자신의 업무처리 방식에 대해 질책을 받은 것 같아 기분이 상한 톰은 회의 도중에 흥분하며 말했다. "나더러 이 책을 읽으라고 합니다. 지금껏 나는 업무 하나 제대로 못 하는 사장이었나 봅니다. 도대체 회장님은 나를 어떻게 보신 걸까요. 참, 아까 어디까지 얘기했었죠? 그래, 유가油價에 대한 이야기를 하고 있었죠.”

“잠깐만요.” 마케팅 팀장 스티븐이 말했다.

“회장님 말씀도 일리는 있어요. 사장님은 누구보다 열심히 일하지만 너무 작은 것에 신경 쓰는 경향이 있어요. 다른 사람들이 충분히 도와줄 수 있는 업무인데, 대부분의 시간을 그런 사소한 일에 허비하는 경향이 있어요. 그 업무와 권리를 다른 사람에게도 조금 나눠준다면 남은 시간에 회사의 발전 방향에 대해 고민할 수도 있을 겁니다.”

톰은 회의실에 있는 직원들을 바라보았다.

“좋아요. 여러분의 생각이 그렇다면 주말 내내 이 책을 읽어보도록 하죠. 하지만 지금은 업무에 대한 이야기를 해야겠어요.”

일주일 후, 톰은 그토록 자신이 바빴던 이유가 본인에게 있었다는 걸 알게 됐다. 톰은 책에서 배운 대로 업무방식을 조금씩 변경하기로 했다. 우선, 부하직원이 충분히 할 수 있는 업무는 그들에게 맡기고 자신은 더 중요한 일을 처리하기로 했다. 이렇게 하자 조금씩 여유가 생기기 시작했다.

관리자가 적절하게 업무를 위임하거나 권한을 부여하는 일은 매우 중요하다. 그것이 회사나 자기 자신, 심지어 부하직원에게도 좋은 일임을 알면서도 대부분의 관리자들은 좀처럼 위임하지 못하고 있다.

1. 관리자의 습성

일반적으로 관리자들은 무언가를 결정하는 데 익숙하다. 하지만 권한부여는 관리자가 기존에 갖고 있던 결정권을 포기하거나 그 권리를 부하직원에게 넘기는 것을 말한다. 관리자들은 이로 말미암아 직장 내에서의 위치가 흔들리고, 더 나아가 직장까지 잃을까 걱정한다.

2. 부하직원에게 일을 시키는 것이 시간낭비라고 생각한다

대부분의 관리자들은 아무리 힘들어도 부하직원에게 업무를 나눠주길 꺼린다. 모 기업의 팀장은 넘쳐나는 업무로 늘 바쁘다. 친구가 부하직원에게 업무를 나눠주라고 조언하자 그 팀장이 말했다. "가르쳐주는 데만 몇 시간이 걸려. 한다고 해도 내 마음에 들지 않을 거야. 그럴 바엔 차라리 내가 직접 하는 게 나아."

3. 부하직원이 직권을 오용할까 두려워한다

많은 관리자들은 권한을 부여받은 직원들이 자신이(또는 상사가) 원하는 업무목표에 다다를 수 없을 뿐만 아니라, 직원들이 내린 결정이 회사의 자본과 이윤에 큰 손해를 입힐 것이라 생각한다.

4. 부하직원의 능력이 자신이 설정해놓은 기준에 미치지 못한다고 여긴다

부하직원들이 업무 결정은 물론 주어진 권한을 행사할 능력이 부족하다고 여기는 관리자들도 있다. 그들은 부하직원들이 회사의 제도나 규정을 잘 모르기 때문에 결정을 내리거나 문제가 발생했을 때 어떻게 처리해야 할지 모를 것이라 생각한다.

5. 직원들은 자신이 책임지는 것을 꺼린다

대부분의 직원들은 업무 할당량 또는 상사의 지시를 받으면서 일하는 데 익숙하다. 권한과 책임은 대개 관리자에게 있기 때문에, 직원들은 자신의 업무결과에 책임을 지는 것을 두려워한다. 큰 실수를 저질렀을 때 동료들의 질타를 받고, 실직할까 걱정돼서 애초부터 권한을 부여받는 걸 꺼린다.

6. 권한부여가 적합하지 않은 회사도 있다

관리자가 직원에게 쉽사리 권한을 부여할 수 없는 회사나 직종도 많다. 예를 들어 팀 업무를 지향하지 않는 분위기, 회사의 고용문제, 격려제도의 부족 등이 권한부여를 방해한다. 기업의 구성원, 제도 및 문화가 고루 갖춰져야 권한부여의 효력이 올바르게 작용한다.

하버드 시간관리 비법

업무위임이나 권한부여는 시간도 아끼고 부하직원의 능력도 향상시킬 수 있다. 관리자가 왜 진정한 의미의 권한부여를 할 수 없는지 알아본 다음, 자신은 부하직원에게 얼마나 많은 권한을 부여할 수 있는지 분석해보자.

1. 부하직원이 질문하거나 결정내릴 때 방해되는 편인가?
2. 부하직원이 해야 하는 일을 자신이 하고 있지는 않은가?
3. 일하는 시간보다 관리하는 시간이 더 긴가?
4. 퇴근 후나 주말에도 습관적으로 집에서 일하지 않는가?
5. 자신 이외의 사람이 해당업무를 처리할 수 없을 정도로 목표를 높게 잡지는 않는가?
6. 사소한 부분에 지나치게 신경 쓰고 부하직원이 어떻게 일을 하는지 지켜보는 편인가?
7. 일을 제대로 끝내지 못하거나 제시간에 마치지 못하는 경우가 잦은가?
8. 사소한 부분에 많은 신경을 쓴 나머지, 아이디어나 기획 혹은 거시적으로 보아

야 할 부분을 놓치고 있진 않은가?

9. 지난 1년 동안 다른 사람의 눈에 책임감이 넘치는 사람이나 완벽주의자로 비쳤는가?
10. 부하직원의 능력이나 경력에 확신이 없어서 그들에게 결정권을 넘기는 걸 두려워하지 않는가?

만약 긍정적인 대답이 많다면, 부하직원에게 권한을 부여하는 것에 대해 생각해보아야 한다.

모든 일을 완벽하게 하려고 하면 일을 더 망칠 수 있다

기대가 크면, 좋은 것도 좋지 아니하게 된다.

토마스 풀러 Thomas Fuller

하버드 출신의 한 기업가는 학교에서 배운 가장 큰 가르침은 어떤 일을 할 때 완벽을 추구할 필요가 없으며, 그럴 수도 없다는 것이라고 말했다. 인간의 체력에는 한계가 있기 때문에 넘쳐나는 일들을 한꺼번에 처리하기 어렵다. 그러니 최선을 다할 줄도 알고, 쿨하게 포기하는 법도 알아야 한다.

시험을 앞두고 담당교수가 두꺼운 교재를 나눠주었다. 그런데 시험기간 동안 고객 미팅과, 계약체결 때문에 교재를 끝까지 보지 못한 채 시험에 임하게 되어 그다지 기분이 좋지 않았다. 심지어 자신이 쓸모없는 사람이라 느껴지기도 했다. 그때 담당교수의 한마디가 내 마음을 다잡을 수 있게 했다.

"이번 시험을 대비해 나눠준 교재의 양은 상당히 많았습니다. 아마 열심히 봐도 끝까지 볼 수 없었을 겁니다. 무슨 일이든 완벽하게 하려고 하지 마세요. 완벽하지 않은 결과를 흔쾌히 받아들이는 자세도 굉장히 중요하니까요."

많은 사람들이 어떠한 일을 할 때 잘해내고자 하지만 막상 결과는 반대인 경우가 많다. 이는 지나치게 완벽을 추구하기 때문이다. 너무 완벽하게 하려고 시간과 힘을 쏟은 나머지 막상 해야 할 일을 제대로 못 하는 것이다.

완벽을 추구하는 것이 결코 불필요하지는 않다. 무결점이 필요한 경우도 있다. 운전기사가 단 한 번도 교통사고를 내지 않고 음주운전을 하지 않는 것, 환경미화원이 발길이 닿는 곳곳을 깨끗하게 하는 것, 편집자가 단 하나의 오탈자도 내지 않기 위해 노력하는 것이 이에 해당한다. 오히려 이러한 노력들은 우리가 배워야겠지만, 결코 이것에 많은 시간을 투자할 필요는 없다. 훌륭한 시간관리를 위해서는 완벽을 추구하는 적절한 시기를 알아야 한다.

다음 기획의 진행, 새로운 고객 모집, 상사에게 메일 전송하기와 같이 꼭 해야만 하는 일도 있다. 이런 계획이나 업무를 허들 경기에 비유해보자. 허들 경기에서는 허들을 넘어뜨리지 않고 뛰어야 한다. 적게 넘어뜨렸다고 가산점을 주는 것도 아니니 최대한 안 넘어뜨리면서 빨리 뛰는 수밖에 없다.

앨런 슈마커의 《대학생의 생존 매뉴얼A Students' Survival Manual》에도 비슷한 이야기가 있다. 눈앞에 펼쳐진 장애물을 넘을 때는 체력을 골고루 분배해야 다음 장애물을 넘을 힘이 남는다. 이는 학위를 받을 수 있는 기본 조건이기 때문에 꼭 기억해야 한다. 아무리 성적이 우수하다 해도 통계학 석사과정을 수료하지 않으면 석사학위를 받을 수 없다. 슈마커는 이를 좀 더 쉽게 설명하기 위해 한 학생을 예로 들었다.

"25편의 논문을 발표했지만 기본조건 중에 한 가지를 충족하지 못해 결국 석사학위를 받지 못했어요. 참 안타까웠죠."

슈마커는 대학원생의 생활, 학습이라는 특정한 상황을 예로 들었지만 여기서 언급된 기본 원칙은 다양한 영역에서도 적용된다. 매우 골치 아픈 일을 맡았다고 가정해보자. 이때 지나치게 조심스럽고 신중하거나 띄엄띄엄 일을 처리하려고 한다면 실패를 겪게 된다. 이 실패는 당신의 자존심을 깎아내리고 명예도 실추시킬 것이다.

일의 질적인 부분을 신경 쓰지 않아도 된다는 말은 아니다. 대부분의 고객들은 품질이 우수한 제품을 원한다. 만약 몇천 달러를 투자해 이 세상에서 최고의 성능을 자랑하는 데스크톱 컴퓨터를 만들었다고 치자. 그런데 고객이 원한 건 그저 들고 다니기 편하고, 성능이 괜찮은 노트북이었다면 시간과 자원을 낭비한 셈이다. 고객도 마찬가지다. 전체적인 부분이 좋기를 바라지, 특정 부분이 뛰어난 것을 원하지 않는다.

상사나 고객은 길고 긴 논문형식의 글이 아니라 짧고 간결하면서도 즉각적인 답변을 바란다. 시간관리에서 가장 중요한 건 고객의 니즈를 제대로 파악하는 것이다. 세 가지만 기억하면 된다. 첫째, 어떠한 일이든 처음부터 완벽할 수 없다. 둘째, 모든 부분이 완벽하지 않아도 된다. 마지막으로 완벽한 게 아니라 실용적인 부분만 분석하라.

지나치게 완벽을 추구하는 사람이라고 가정해보자. 앞서 완벽 추구가 어떠한 상황을 가져다주는지 배웠다. 그렇다면 자신의 상황을 적당하게 조절하려면 어떻게 해야 하는지 생각해보자.

1. 사물을 인지하는 방식을 바꿔라

이 세상에 결점 하나 없는 것은 존재하지 않는다는 점을 알아야 한다. 그래야 평정심을 유지하고 쉽게 만족할 수 있다. 반대로 무난한 것에 도전해보아도 좋다.

2. 내려놓는 마음을 가져라

강박증을 내려놓을 적당한 방법을 찾아라. 음악감상, 게임, 달리기, 농구, 요가 등으로 승화시켜야 한다. 어떠한 일을 할 때는 즐기고, 느끼고, 체험한다는 마음으로 행해야 일할 때도 즐겁다.

3. 될 대로 되라

"잘하고 있는 게 맞나?", "이렇게 하면 될까?", "저 사람들이 나를 어떻게 볼까?" 라고 자꾸만 스스로에게 이런 질문을 던지는 사람들이 있다. 지나치게 다른 사람을 신경 쓰면 마치 무대 위의 배우처럼 자기 자신을 잃어버리게 된다. 어쩔 수 없는 상황이 있다는 것을 받아들이고, 자신이 한 일을 인정하는 법을 배워야 한다. 해결할 수 없는 문제를 붙잡고 끙끙대는 게 아니라 될 대로 되라는 식으로 내버려두는 자세도 필요하다..

내일, 또 모레로 미루는 습관

오늘 할 수 있는 일을 내일로 미루지 마라.
벤저민 프랭클린 Benjamin Franklin

하버드 경영대학원 출신의 로버트는 텍사스주의 한 스포츠용품 회사의 팀장이다. 다방면에서 뛰어난 실력을 갖춘 그는 부하직원들과도 좋은 관계를 유지하고 있다. 그런 그에게 치명적인 단점이 하나 있었다. 그건 바로 미루는 습관이었다. 습관적으로 오늘 할 일을 내일로 미루고, 내일 할 일을 모레로 미룬다. 심지어 정말 사소한 일을 결정할 때도 다음으로 미루곤 한다. 그의 방에서 나온 부하직원들은 꼭 한마디씩 던진다.

"고생해서 정보를 알려줬으면 이제 결정을 해야 되는 거 아닌가요? 일이 더 어려워질 텐데 결정은커녕 일만 더 늘어나고 있어요."

하지만 로버트의 이런 모습은 결정을 하지 못하는 게 아니라 해야 할 일을 내일로 미루는 습관이었다. 특히 본인이 원하지 않는 일일 경우에 이 현상은 더욱 심했다. 로버트는 결국 쓴맛을 보게 되었다. 곧 회의가 열릴 것이라는 메시지를 제때 읽지 않아 아무런 준비 없이 부랴부랴 회의에 참석했고, 회의가 끝난 후 해고당하고 만 것이다.

미루는 것은 무엇일까? 미루는 것과 더욱 많은 정보를 입수한 후 다시 결정을 내리는 것은 어떤 차이가 있을까? '미루는 것'이란 일부러, 습관적으로, 지금 해야 할 일을 늦추는 것이다. 생각만 하고 행동으로 옮기지 않는 사람들이 흔히 저지르는 나쁜 습관이다.

자신에게 미루는 습관이 있는지 확인하고 싶다면 스스로에게 질문을 던져보라. "왜 이 일을 늦춰야 할까?" 만약 그럴싸한 이유가 없다면, 마음을 다잡고 즉시 행동으로 옮기면 된다. 일을 미루는 경향이나 습관이 있는 사람들은 주로 세 가지 이유를 가지고 있다.

1. 일이 지루하고 재미가 없다

해야 하는 일들이 대부분 재미가 없거나 처리하기 힘들 정도로 번거롭다. 지루하거나 매우 중요한 일을 진행할 때 진척되지 않은 적이 있는가? 중요한 일을 피하려고 별로 중요하지 않은 일을 한 적은 없는가? 하루 계획은 무엇이며 중요한 일을 하지 않았는가? 끝내지 못한 이유는 무엇인가? 그 일이 지루하고 번거로워서가 아닌가?

미루는 습관을 개선할 몇 가지 방법이 있다.

- 하기 싫은 일은 다른 사람들에게 나누어줘라. 나에게는 재미가 없는 일이지만, 다른 사람들에게는 짜증나는 일이 아닐 수도 있다.

- 다른 사람에게 나누어줄 수 없다면 스스로 해결하라. 이럴 때는 조금 더 객관적인 위치에서 지금의 상황을 살펴봐야 한다. 어렵지만 굉장히 중요한 단계다. 그리고 자신에게 말해보자. "그래. 물론 어렵겠지만 이 고비를 넘기고 성공적으로 일을 끝마치자."
- 미루다보면 약간의 죄책감과 자신에 대한 불만이 생길 수 있다. 일을 회피하고 싶을 때는 일을 다 끝낸 후의 성취감과 보람을 떠올려 보는 것도 괜찮다. 열심히 업무에 임할 수 있도록 북돋아준다.
- 하기 싫은 일을 원래의 계획대로 진행한 다음 동료에게 말하여 포기할 생각을 할 수 없게 하라.

번거롭고 하기 싫었던 일을 끝내고 나면 마음이 가벼워질 것이다. 그때 스스로에게 이렇게 말하라. "이 일을 왜 진행하지 않았을까?" 이러한 반문은 또다시 미루고 싶을 때 교훈으로 삼을 만한 좋은 경험이 된다.

2. 실패할까 두렵다

일을 미루는 이유 중의 하나는 바로 실패에 대한 두려움이다. 우리는 실패를 두려워하기 때문에 일이 순조롭게 끝날 것 같지 않은 예감이 들면 미리 피하려고 한다. 계속 피하기만 한다면 정말 실패할 수밖에 없다는 걸 명심해야 한다. 어려운 일을 만났을 때는 직접 헤쳐 나가는 수밖에 없다. 일을 제대로 끝낼 수 없는 이유가 관련된 교육이나 자료가 부족한 것 때문이라면 최대한 도움을 요청하면 된다. 자신감이 부족한 것이 원인이라면 꼼꼼하게 계획을 세워 두려움을 해소해보자. 일을 제대로 끝낼 수 있는 모든 요소를 생각한 다음 행동으로 옮겨라. 두려움은 사실 아무것도 아닌 마음속 장애물이었다는 걸 알게 될 것이다.

3. 어디서부터 손을 대야 할지 갈피를 잡지 못한다

사람들은 큰 프로젝트를 맡거나, 일의 확실한 절차가 없을 때 어떻게 시작을 해야 할지 망설인다. 애매모호한 것 역시 일을 늦추는 이유 중 하나다. 어느 날 상사가 "우리 회사의 시간관리에 대한 책을 써보세요." 라고 한다면 어디서부터 어떻게 쓸 것인가? 분명한 주제를 잡지 못하면 시간이 지체될 것이고 이로 인해 다른 일들도 자연스럽게 지체될 것이다. 이를 개선하기 위한 두 가지 방법이다.

- 현재의 위치를 벗어나라. 관심을 두지 않을 때 더 좋은 아이디어가 떠오르고, 일이 지연될 가능성도 낮출 수 있다.
- 작업을 여러 부분으로 나누어 중요도 순대로 정렬한다. 그리고 순차적으로 진행하면 일을 잘 끝마칠 수 있다.

부담스러운 업무를 맡아서 일을 미루고 싶다면 위의 두 가지 방법대로 따라 해보자. 미루는 습관도 고칠 수 있고, 무조건 해야 하는 일을 할 때도 전보다 작업이 쉽다는 생각이 드는 것은 물론 업무효율도 더 높아질 것이다.

하버드 시간관리 비법

일을 미루는 경향이나 버릇이 있는가? 확신이 서지 않는다면 다음의 테스트를 진행해보자.

각 항목을 보고 그렇다고 생각하면 1점, 아니라고 생각하면 0점을 매긴다.

1. 마감기한 전에는 자신의 성과물을 제출하지 않는다.
2. 출근하면 일에 집중을 못 하고, 일과 관계없는 인터넷 사이트를 서핑하다가 퇴근시간이 가까워져서야 바빠진다.
3. 업무계획이 없으며 시간관리를 할 줄 모른다.
4. 낮에 충분히 끝낼 수 있는 일을 미뤄서 야근을 한다.
5. 심리적 안정감이 강하기 때문에 늘 시간이 충분하다고 느낀다.
6. 나태한 경향이 있어 내일도 할 수 있다고 생각한다.
7. 상사나 동료가 업무진행 과정에 대해 물으면 "확인해보겠습니다."라든가 시정하겠습니다."라는 말을 자주 한다.
8. 일하면서 군것질거리를 쌓아두고 자주 먹는다.
9. 일할 때마다 "일단 다른 것부터 하고 나중에 다시 해야지."라며 각종 변명거리를 생각해둔다.
10. "아직 늦지 않았어, 정 안되면 밤새우지 뭐."라며 스스로에게 관대해진다.
11. 업무의 우선순위가 없어서 하루 종일 급하지 않은 일을 하느라 바빠서 정작 중요한 일을 못 한다.
12. 늘 시간에 쫓겨 급하게 제출하고 결국 상사에게 혼난다.
13. 얼굴이 두꺼워 남이 아무리 재촉해도 신경 쓰지 않는다.
14. 작업의 진척에 관해 단 한 번도 먼저 보고한 적이 없다.
15. 같이 작업을 해야 할 때 팀원들이 불편해하고 같이 일하기 꺼린다.

그렇다고 대답한 것이 0~4점이라면 미루는 습관은 아직 심각한 수준이 아니다. 5~11점이라면 어느 정도 미루는 습관이 있다. 만약 12~15점이라면, 미루는 정도가 심각한 수준이다. 업무효율을 높이기 위해서는 미루는 습관을 개선해야 한다.

통제 불가능한 시간

시간낭비는 당신을 딜레마에 빠뜨린다.
헨리 데이비드 소로 Henry David Thoreau

생물학자인 샐리는 제너대학 미생물학과 주임교수를 맡게 되었다. 그녀에게 주임교수 자리는 큰 도전과제였다. 자신이 이끌어야 할 사람들은 20명의 학생과 10명의 기술조교, 3명의 행정원, 여러 명의 비서와 필기를 하는 인원들이었다. 이와 동시에 학술연구와 수업도 계속 진행하고, 한 학기 내내 연구 소모임, 과, 단과대학 등 학교에서 열리는 각종 회의에 참여해야 했다. 부모님과 연락하고, 학교 이사회, 교구 의회 등 개인적으로도 해야 할 일들도 넘쳐났다. 그럴 때마다 미생물학과 주임교수를 맡게 된 것이 지원자가 없어서 맡게 된 건 아닐까라는 생각까지 들었다.

이렇듯 바쁘다 보니 회의준비를 할 시간이 없거나, 준비한 데이터가 회의 내용에 맞지 않아 일정을 미루거나 다시 조율하는 일이 잦아졌다. 이런 상황들에 지친 그녀는 남편에게 불평했다.

"회의하는 건 정말 시간낭비 같아. 주제만 이야기하는 데 회의시간의 반을 쓴다니까. 사람들은 작은 실수에도 정말 많은 문제점이 있는 것처럼 말해."

"문제가 뭔지 알면서 왜 문제에 대한 대책을 마련하지 않는 거지?"

신문을 읽던 그녀의 남편은 회의에 대해 불평한 적이 한두 번이 아니었기 때문에 그 문제를 그리 대수롭지 않게 여겼다.

"회의에 늦거나 중간에 나가버리는 사람도 있어. 의사일정처럼 별거 아닌 주제로는 한 시간 이상을 낭비하면서, 정작 본 주제에 대한 이야기는 얼마 하지도 못해. 내년 연구비 예산은 5분도 안 돼서 결정해버리고. 이런 상황에서 내가 뭘 할 수 있겠어? 회의한 지 2시간이 지나도 의견을 일치한 적이 없거든."

겉보기에 그녀는 자기 자신의 딜레마에 빠져 자신의 시간을 컨트롤하지 못하는 것처럼 보였다. 하지만 샐리는 자신과 동시에 다른 사람의 시간도 낭비하고 있었다. 사실은 샐리 자신이 회의를 제대로 준비하지 않았기 때문에 회의가 미뤄지거나 의사일정이 계속해서 변경되었다. 통제 불가능한 상황은 회의를 잡담으로 만들어버리고, 결국 회의는 본래의 목적을 잃고 혼란에 빠지게 된다. 그렇다면 샐리는 회의를 어떻게 개선해야 할까?

직장생활에서 회의는 흔히 일어나는 일이다. 과연 이 회의가 정말로 가치가 있는 것일까? 미국의 유명 경영컨설팅기관이 내놓은 '직장인 회의현황'을 보면, 직장인의 80%가 자신이 참석하는 회의의 2/3가 시간낭비라고 대답했다. 그리고 50%가 회의할 때 집중하지 못한다고 대답했고, 60%가 회의 주제에 관심이 없기 때문에 발표하지 않는다고 답했다. 그리고 60%에 달하는 직장인들이 회의 준비를 하지 않는다고 답했다.

회의는 회사생활에서 떼어놓을 수 없는 부분이다. 우리는 회의를 통해 일이 어떻게 진행되는지 이야기를 나눌 수 있고, 직원들이 더욱 열심히 일할 수 있도록 격려할 수도 있다. 최종적으로는 구성원들이 업무 관련 아이디어도 제안하도록 할 수 있다. 조사결과에서도 알 수 있듯 50%의 직장인들이 회의가 너무 많다고 생각했다. 비교해보자면 고객서비스 파트 분야에 근무하는 사람들의 60%가 회의가 많다고 답했고, 두 번째로 회의가 많다고 느꼈던 직종은 58.8% 정도로 회계 감사, 재무 회계, 통계 분야에 근무하는 직장인들이었다. 그다음은 공문서 관리, 편집, 미디어, 신문 분야에서 일하는 직장인으로 58.5%였다.

절대다수의 직장인들, 특히 관리자들은 30~50%의 시간을 회의에 낭비하고 있다고 말했다. 업무목표를 효율적으로 달성할 수 있도록 도움이 되는 회의라면 결코 시간을 낭비하는 것이 아니다. 하지만 이와 반대로 도움이 되지 않는 회의라면 대부분의 시간을 낭비하고 있는 것이다.

업무에서 어떠한 변화가 있을 때 회의에 참석하는 것은 중요하다고 말한다. 여기에서 말하는 변화란 업무위임이나 권한부여, 다른 팀과의 협업, 의견 통일이 필요한 업무 결정을 내릴 때, 회사 간 제휴의

증가와 같은 상황들이다. 어떠한 이유로 열리든 회의는 직장생활에서 빠질 수 없는 한 부분이다.

우리는 회의하는 것에 대해 불평하곤 하는데, 이 불만은 회의 자체를 향한 것이 아니라 버려지는 시간에 대한 불만이다. 시간낭비라고 생각되는 회의는 어떤 것인지 살펴보자.

1. 굳이 필요하지 않은 회의
2. 관계없는 내용이 언급되는 회의
3. 잡담 시간으로 변질된 회의
4. 정해진 시간을 초과한 회의
5. 한두 명의 관리자가 발언권을 독점한 회의
6. 안건에 대해 결정을 내리지 못하는 회의 또는 회의 참여를 떠넘겨 받은 인원들로 진행되는 회의
7. 구성원에게 주어지는 일이 해당 구성원 자신이 책임지기 어려운 내용의 회의

회사생활을 하면서 위와 같은 회의에 참석한 경험이 있는가? 만약 그러한 회의에 참석한 경험이 있다면 모두의 시간을 낭비하는 회의에 참석했던 것이다. 성공적이거나 의미 있는 회의라면 회의 참석자들은 가치 있는 정보를 주고받거나, 주요한 사항을 결정하고 중요한 일을 달성했을 것이다. 중요한 일이 해결되었다면 사람들은 회의에 대해 불평하지 않을 것이며, 많은 시간을 낭비했다고 생각하지도 않는다.

하버드 시간관리 비법

공식적인 위원회부터 두세 사람이 모여서 하는 비공식적인 회의까지 다양한 이름의 회의가 있다. 여러 사람이 참여하는 회의는 시간적 압박이 존재한다. 특히 자신의 이름을 내걸고 주최하는 회의를 진지하게 준비하지 않는다면, 회의는 계획했던 시간을 초과하게 될 것이고 시간 또한 버려지게 된다. 회의를 개최하기 전에 고려해야 할 일곱 가지는 다음과 같다.

1. 이 회의를 열지 않으면 어떤 일이 발생할 것인가?
2. 이 회의를 열어야 하는 이유는 무엇인가?
3. 이 회의의 결과는 무엇일까?
4. 회의의 예상 소요시간은 어느 정도인가?
5. 회의 주최자는 누구인가?
6. 어떠한 진행 방식이 최적의 회의 진행방법인가?
7. 지금은 회의를 열기에 적합한 시기인가?

위 질문에 자신 있게 대답하지 못한다면 회의를 진행하지 않는 것이 좋다. 회의는 시간을 절약하기 위한 것이다. 어떤 직위에 있던 분명히 알아두어야 할 것은, 회의는 가장 효과적인 방법으로 일을 완성한다는 전제하에 주어진 시간 내에 진행되고 끝마쳐야 한다는 것이다.

불필요한 출장

내일이 오기까지 매우 긴 시간이 남아있다. 정신이 맑을 때 배우고 일하라.
요한 볼프강 폰 괴테 Johann Wolfgang Von Goethe

로스앤젤레스의 출판사에 근무하는 제임스는 책제목을 선정하는 등의 기획편집 일을 한다. 금융 방면의 서적을 기획하고 편집하는 업무도 같이해서 증권투자관리, 은행투자, 증권분석 등 20여 권의 관련 도서를 찾아 계약을 했다. 그리고 〈월스트리트 저널〉, 〈유가증권 관리〉, 〈포춘지〉와 같은 잡지와 신문을 통해 경영 부문으로 유망한 작가를 찾는다. 제임스는 전화로 원고청탁을 하거나 경영대학 교수, 투자관리자와 같은 사람들과 대화를 나눈다. 그리고 출판간담회 참석, 새로운 출판사와의 계약을 한다. 또한 금융계와 자본시장의 최신 트렌드를 알기 위해 출장을 가곤 한다.

제임스는 동료에게 말했다. "회의에서 돌아올 때마다 향후 트렌드로 선정될 만한 것들을 가지고 오지. 이 중에 하나는 1-2년 뒤에 굉장히 영향력 있는 책이 될 거야."

제임스에게 출장이란 꼭 가야 하지만 번거로운 일이기도 했다. 한 번 출장을 갈 때 드는 비용과 시간을 고려하면 단 1분도 소홀히 할 수 없었다. 제임스는 출장 전에 관계자들과의 약속을 빼곡하게 잡아놓아야 했다.

출장이란 비즈니스맨이 타지에서 사무를 보거나 그와 관련된 행사에 참석하는 것을 일컫는다. 여기에는 우리가 흔히 알고 있는 출장, 전시회, 박람회, 현지조사, 시상식, 포상휴가, 연수 등이 포함된다. 좋은 관계를 유지하기 위해서는 제품 공급업자, 중개인, 고객을 직접 만나야 한다. 또한 회의참석, 다른 지역에 있는 회사와 공동 프로젝트 진행 등을 위해서도 출장은 꼭 필요하다.

당신이 업무상의 이유로 전국을 누비며 출장을 다녀야 한다면 제임스처럼 큰 효과를 볼 수 있을까? 크게 중요하지 않은 회의에 참석하기 위해 짧게는 몇 시간, 길게는 수십 시간을 소모한 적이 있는가? 해당 회의에 참석하기 위한 확실한 업무목표는 있었는가? 업무목표에 다다를 수 있도록 실질적인 도움이 되는 회의였는가? 의무적으로 참석하지는 않았는가? 출장을 빌미로 그 지역의 명소를 방문한 적은 없었는가? 출장은 결코 적은 시간을 낭비하는 것이 아니다. 기업가들은 수익과 자본을 계산하여 출장이 꼭 필요한지 고심해야 한다.

회의 참석, 지점방문 등 어떠한 이유로 출장을 가게 되면 우선 돈과 시간을 어디에 쓰고 있는지 자세하게 분석해야 한다. 예를 들면 공항이나 기차역으로 가는 경로와 비용, 대합실에서의 대기시간, 공항이나 기차역에서 목적지까지 가는 택시비, 회사로 돌아오는 경로와 비용까지 출장 동안 회사가 부담해야 하는 경비를 계산해야 한다. 여기에 출장지에서 발생한 숙박비, 식비, 교통비 등을 더한 다음, 출장으로 얻게 될 실질적인 수익을 비교해보자. 수익과 손해 중에 어느 것이 더 큰가? 출장에 따른 기회비용을 고려해보자. 사무실에서 업무를 볼 때 발생하는 실질적인 이익은 어떤 것이 있는가? 출장을 가지 않을 때 다음과 같은 가치 있는 일들을 할 수 있다.

- 부하직원들의 업무능력을 키울 수 있다.
- 중요 고객과 식사하면서 새로운 계약서에 사인할 수 있다.
- 부하직원이나 팀을 위해 유용한 업무계획을 세울 수 있다.
- 잠재 고객과 전화로 연락을 취할 수 있다.

사무실 업무 이익이 출장에서 얻는 실질적인 이익보다 크다면 이번 출장은 실패한 것이다. 출장이 꼭 필요하다고 생각하는 직장인들은 너무나도 당연하게 자신이 회사의 일부라고 생각한다. 하지만 모든 출장이 필수적인 것은 아니다. 출장의 경제적 부담을 줄여주는 전화회의, 화상회의 등의 방법도 있다. 아직 시도해보지 않은 출장을 대신할 여러 방법들을 생각해보자.

출장이 꼭 필요하다면 체크리스트를 작성하라. 그렇게 하면 이것저것 빠뜨리는 일이 없어질 것이다. 다음의 출장 필수 리스트를 참고하자.

1. 출장 업무 관련 자료들
2. 휴대해야 할 생활용품: 신분증(여권 등 본인의 신분이나 소속을 증명할 수 있는 문서), 현금, 신용카드, 회원카드, 비행기 티켓, 기차 티켓, 선박 티켓, 휴대폰, 충전기, 비상약품, 간식(초콜릿, 과자 등), 노트북, 집 열쇠 등
3. 기타 사항: 수도 및 전기, 보일러, 창문 점검, 쓰레기통 비우기 등 집을 비우기 전에 한 번 더 살펴본다. 출장에서 불필요한 물품들은 다시 꺼낸다.

이 내용들 중 일부분은 출장의 구체적인 일, 소요시간, 날씨, 건강상태 등에 따라 조율하면 된다. 출장기간이 짧으면 가볍게, 기간이 길면 짐을 더 늘린다.

움직이는 시간을 최대한 활용하라. 넉넉하게 자료를 들고 가서 대합실이나 택시에서 살펴본다. 회의에 참석하기 위해 출장을 가는 거라면 목적지에 도착하기 전에 모든 준비를 마쳐야 한다. 이렇게 하면 회의효과는 증대되고 가치 있는 출장이 된다.

불확실한 목표

성공이란 한 사람이 정해놓은 목표이며, 목표를 위한 실천을 하며,
그 목표가 점점 실현으로 변해가는 과정이다.
글렌 블랜드 Glenn Bland

최대 규모의 결제은행 미드 뮌스터 직원교육 팀에 근무하는 리즈 클린턴은 1년 전부터 약 40명의 트레이너들로 구성된 교육팀에 합류했다. 교육팀은 관리자들에게 좀 더 완벽한 교육서비스를 제공한다는 목적으로 개설되었다. 그러나 수업일정이 취소되거나 참석자가 많지 않아 리츠는 점점 의기소침해졌다. 그녀는 관리자에게 자주 불만을 털어놓았다.

"가야 할 곳이 어딘지도 모른 채 열심히만 하고 있어요. 이건 시간 낭비예요."

그녀의 불평을 듣고 관리자가 말했다. "나도 그렇게 생각해요. 위에선 계속 우리가 해야 할 일들의 우선순위를 바꾸고 있어요. 이번 달은 고객서비스 교육이었지만, 지난달은 정보기술 분야의 교육이었죠. 목적은 달성했지만 우리가 어떤 것을 해야 하고, 어떻게 지도해야 할지 알려주는 사람은 아무도 없어요. 리츠, 도움이 못 돼서 미안해요."

그날 밤 리츠는 남편에게 말했다. "이제는 지금 하고 있는 일이 나한테 맞는 일인지 확신조차 못 하겠어요."

일에 대한 열정과 욕심이 사라진 리츠는 결국 이직을 하고, 백화점 판매원으로 근무하고 있었다. 어느 날 길에서 우연히 전 직장상사를 만났다.

"지금은 내가 어떠한 일을 해야 하는지는 알겠어요."

리츠의 말을 들은 상사가 말했다. "다행이군요. 은행은 여전히 정신없어요."

하버드대학에서 목표가 인생에 미치는 영향에 관한 실험을 했다. 실험 대상은 지식수준, 학력, 생활환경 등 조건이 비슷한 청년들이었다. 실험 결과 27%가 목표가 없었고, 60%의 사람이 목표가 불분명했다. 10%는 분명하지만 단기적인 목표를 가졌고, 3%의 사람만이 분명하면서도 장기적인 목표가 있었다.

25년에 걸친 실험 결과는 흥미로웠다. 분명하면서도 장기적인 목표를 가졌던 3%의 사람들만 25년 동안 단 한 번도 인생목표를 바꾸지 않았다. 25년 전에 세워둔 목표를 실천하기 위해 노력했고, 25년 후 그들은 자수성가하거나 사회에 영향을 주는 인물이 되었다. 분명하면서도 단기적인 목표를 가졌던 10% 사람들의 사회적 위치는 중상류층이었다. 그들에게 나타난 공통적인 특징은 끊임없이 단기적인 목표를 세워서 실천했고 변호사, 의사 등 각계각층의 전문가가 되었다. 목표가 불분명했던 60% 사람들의 사회적 지위는 대부분 중하층이었다. 그들은 안정적인 삶을 살고 있으나 특별히 눈에 띄는 성과도 없었다. 목표가 없던 나머지 27% 사람들의 사회적 지위는 하층이었다. 살면서 일이 잘 풀리지 않았고 자주 실직했다. 사회의 도움으로 겨우 생계를 유지하고 있었다. 그들은 남 탓하는 것을 좋아하고 늘 이 세상은 불공평하다고 불평한다.

이 실험 결과는 뚜렷한 인생목표를 갖는 것이 얼마나 중요한지를 보여준다. 뚜렷한 목표가 없으면 효과적인 시간관리를 하기가 어렵다. 실제로 많은 회사와 팀이 그들의 핵심적인 일이 무엇인지, 목적과 목표가 무엇인지를 잘 모른다. 인생목표와 직장생활의 목표가 무엇인지 확실하게 알아야 한다. 쉬워 보이지만 실제로 일상생활이나 직장생활에서 뚜렷한 목표를 파악하기 어렵다. 목표가 분명할수록 시간관리는 훨씬 수월해진다. 모든 사람이 흔히 겪는 시간관리 문제에서 불확실한 목표 때문에 골치 아프지는 않을 것이다.

개선해야 할 부분이 어딘지 알았다면 변경된 계획을 세워야 한다. 시간관리의 효율을 높이는 건 골프 선수가 18개 홀 모두 버디를 잡는 것처럼 어렵다. 시간을 적게 투자하면서 더 많은 업무성과를 내고 싶다면 목표를 설정해보자. '완벽'은 어려울지라도 '제법'은 그리 어려운 일이 아닐 것이다. 무엇을 주저하고 있는가? "늦었다고 생각할 때가 가장 빠른 법이다."라는 말이 있다. 훌륭한 시간관리자가 되는 건 정말 어려운 일이다. 어렵다고 포기하지 말고 도전과제로 생각하고 최선을 다해보자.

뚜렷한 목표가 없다면 시간관리를 제대로 할 수 없고, 직장생활이나 일상생활에서도 눈에 띄는 성과를 얻기 어렵다. 시간관리를 잘하고 싶다면 뚜렷한 목표부터 세워야 한다. 다음의 세 가지 사항을 살펴보자.

1. 불확실한 꿈을 뚜렷한 목표로 바꾼다

성공을 추구하는 많은 사람이 성공하지 못하는 이유는 무엇일까? 절대다수의 사람들이 목표가 불확실하기 때문이다. 성공적인 시간관리를 하고 싶다면 자신의 인생그래프를 그려서 목표를 구체화해보자. 더 이상 불확실한 꿈의 상태로 멈춰 있지 말자.

2. 현재 상황과 특기에 따라 목표를 정한다

꾸준히 노력해서 실현 가능성이 있고 달성할 수 있는 목표를 정한다. 사람마다 처해진 상황, 특기, 강점, 약점이 다르다. 각자 지향하는 삶이 있듯 현실의 장벽도 존재한다. 현재 상황에서 노력하면 충분히 이룰 수 있는 목표를 정하면 현실의 벽에 가로막힐 일은 없다. 현재 처해진 상황, 자신의 특기에 따라 목표를 정하자.

3. 연관성이 있는 목표를 세운다

목표는 분명하고, 장기적이면서도 단계성이 있어야 한다. 목표를 이루기 위해 노력하는 과정에서 희망이 보여야 좀 더 빠르게, 더 멋지게 목표를 이룰 수 있는 열정과 자신감이 생긴다. 반대로 너무 먼 목표를 잡으면 성공할 수 있다는 희망이 보이지 않아 도중에 지치거나 포기하기에 이른다.

시간낭비를 부르는 메일 확인

시간을 '분' 단위로 계산하는 사람은 '시' 단위로 계산하는 사람보다 59배의 시간이 더 있다.

야로슬라프 리바코프 Yaroslav Rybakov

뉴욕의 한 무역회사 팀장인 빅토리아는 매일 아침 8시에 회사로 출근한다. 출근 후 가장 먼저 하는 일은 메일 확인이다.

"메일은 좋은 점도 있고, 불편한 점도 있어요. 좋은 점은 회사의 최신정보나 친구들의 안부를 바로 확인할 수 있다는 거예요. 불편한 점은 메일함을 가득 채우고 있는 메일들이 저와 관련 없는 메일일 수 있다는 거예요. 퇴근하기 전에 메일함을 열어보면 또 20통이 넘는 메일이 와 있어요. 정말 짜증나는 건 필요한 메일인지 아닌지는 열어봐야 알 수 있다는 거예요."

불과 몇 년 전까지만 해도 메일은 사람들에게 가장 유용한 의사소통 수단이었다. 문자로 된 정보, 스캔한 사진, 문서첨부 등의 방식으로 옆집에 사는 이웃에서 지구 반대편에 있는 친구까지 쉽고 빠르게 소식을 전할 수 있었다. 그러나 잘못된 사용방식 때문에 메일은 사람들의 시간을 낭비하는 도구로 전락했다.

빅토리아의 상황은 주변에서 흔히 볼 수 있다. 수많은 회사의 관리자와 직원들이 메일 때문에 골치를 앓고 있다. 〈페리스 리서치Ferris Research〉에 실린 연구보고에 의하면 일하는 장소를 불문하고 직장인들은 평균적으로 매일 50통이 넘는 메일을 수신하고, 25통이 넘는 메일을 발신하며, 매주 70여 통의 광고 스팸메일을 받는다고 한다.

대부분의 사람들이 빅토리아처럼 쌓여 있는 메일을 정리하느라 많은 시간을 소모한다. 메일을 처리하는 것 자체가 시간낭비는 아니다. 팀 업무를 할 때 가장 기본적으로 필요한 것이 소통이기 때문이다. 실질적으로 메일이 회사에 가져다주는 이익이 메일을 처리하느라 낭비하는 시간보다 훨씬 크다. 중요한 업무에서 한눈을 팔기 쉬운 가십거리, 개인 정보, 정기 간행물, 스팸 메일, 잘못 온 메일들을 수신거부하면 메일을 처리하는 데 소요되는 시간이 훨씬 줄어들 것이다. 메일에 지배당하기 전에 메일을 지배할 방법을 배워보자.

1. 일정한 시간에 메일을 처리한다. 이때 집중력이 가장 좋은 시간대는 피하자. 바로 답변해야 하는 급한 메일이 아니라면 바로 확인하지 않는다. 출근 30분 전, 점심시간 이후, 퇴근하기 직전의 방식으로 메일을 확인하고 처리할 시간을 정해두면 메일 확인 때문에 업무에 지장

을 받는 일은 줄어들 것이다.

2. 개인적인 용도로 사용할 메일 계정을 따로 개설한다. 가족, 친구들과 안부나 소식을 주고받는 것처럼 업무와 무관한 메일을 주고받을 때는 해당 계정을 사용하면 된다. 개인적인 용도의 메일은 집에 있을 때나 점심시간에 확인하도록 한다.

3. 메일 분류 시스템을 사용한다. 메일함에 가득 쌓여 있는 미확인 메일을 다음과 같은 방법대로 처리해보자. 첫째, 스팸메일, 참조메일, 당신과 무관한 메일은 최대한 빠르게 삭제한다. 둘째, 급하게 처리해야 하는 메일은 '긴급 메일함'으로 옮기고 미리 정해놓은 시간에 처리한다. 마지막으로 남은 메일을 '이후 확인 메일함'으로 옮기고 메일 확인하는 시간에 우선적으로 처리해야 하는 메일들을 처리한 다음에 확인한다.

4. 메일로 의견을 주고받는 사람에게 당신이 필요한 정보가 무엇인지 확실하게 전달한다. 메일을 회신할 때 "이 소식을 저에게 보내지 마세요." 혹은 "이 문제와 관련된 더 많은 정보가 필요합니다.", "앞으로 이 부분과 관련된 내용은 ○○에게 보내주세요."와 같은 내용의 주석을 달자. 1~2주 후면 메일함을 가득 채우고 있던 불필요한 메일들이 확연하게 줄어든 것을 확인하게 될 것이다.

5. 직원격려 차원에서 메일을 발송할 때는 제목에 확실하게 밝힌다. 메일의 기본적인 내용을 한 번에 알 수 있도록 제목을 분명하게 쓰면, 수신자들은 해당 메일을 어떻게 처리해야 할지 알 것이다.

하버드 시간관리 비법

직원들의 업무량이 늘어나는 건 회사 자체에 업무를 처리하는 정확한 규정이 없기 때문이다. 특히 컴퓨터 사용방법에 대한 규정이 없기 때문에 넘쳐나는 메일이 다른 업무의 원활한 진행을 방해하고 있다. 효율적인 메일 사용에 대한 몇 가지 방법을 살펴보자.

1. 전 직원이 아니라 꼭 봐야 하는 사람에게만 발송한다.
2. 회신할 때는 '전체답장'이 아닌 '답장'을 사용한다.
3. 파트마다 담당자를 정해 그 사람에게만 연락한다.
4. 팀원 정보는 즉시 업데이트한다.
5. 퇴사나 팀원에서 빠질 계획이라면 미리 담당자에게 이름과 연락처를 삭제하라고 말한다.
6. 보내지 않아도 되는 메일은 발송하지 않는다. 대부분의 직원들은 가십거리 같은 불필요한 메일을 받기 싫어한다.
7. 어떠한 일을 한 사람과 의논하고 처리할 때는 메일이 아니라 전화처럼 즉각적으로 연락할 수 있는 수단을 사용한다.

쉬기 전에 버려지는 시간을 계산하라

나는 시간을 낭비했고, 그래서 지금 시간이 나를 낭비하고 있다.

윌리엄 셰익스피어 William Shakespeare

마크는 두 시간 동안 2개의 파트로 나눠진 보고서를 작성할 계획이다. 첫 번째 파트를 끝낸 마크는 자신에게 선물을 주는 의미로 휴게실에서 커피를 한 잔 마시며 동료와 수다를 떨었다. 잠시 후 자리로 돌아오자 두 통의 메일이 도착해 있었다. 회신을 보낸 후 다시 보고서를 작성하려는데, 아까 어떤 생각으로 작성했었는지 잘 생각나질 않았다. 결국 썼던 글을 5분 동안 다시 읽어야 했다.

마크의 이야기는 우리가 사무실에서 흔히 볼 수 있는 광경이다. 사무실에는 한눈 팔만한 것들이 많다. 오늘 날짜의 신문이나 메일 확인, 휴게실에서 동료들과 커피를 마시며 나누는 대화 등이 있다. 또한 인터넷으로 최신기사의 헤드라인, 일기예보, 스포츠 경기, 영화 평론 등을 보는 것들도 사무실의 방해꾼이다. 이러한 방해꾼들은 우리를 업무 속에서 끄집어내 업무의 진도를 뒤처지게 한다. 이미 집중력이 흐려진 당신은 휴식을 갖기 전의 업무상태로 돌아가기 위해 완성된 부분을 다시 봐야 하고, 그 속에서 '전환비용'이 발생한다. 한 사람의 업무가 갈수록 복잡해지면 여기에 투자하는 시간이 많아지고, 이전 상태로 돌아가기 위해 시간을 들이는 전환비용 또한 올라간다. 한 실험 결과에 따르면 전환비용은 회사의 업무효율을 20~40% 감소시킨다고 했다. 그야말로 보이지 않는 낭비인 것이다.

일하는 도중에 잠시 한눈을 파는 건 업무에 큰 지장을 주지 않는다. 미국의 한 심리학자는 업무 중 잠깐의 휴식은 일의 방향성을 잡고 생각을 환기시키는 데 도움을 준다고 말했다.

노스웨스턴대학의 연구원들이 130명의 실험 지원자를 대상으로 단어연상 실험을 했다. 그중 절반의 사람들에게는 잠시 다른 걸 할 수 있는 5분간의 휴식을 줬다. 실험 결과, 휴식을 취했던 사람들이 휴식을 취하지 않은 사람들보다 더 빠르게 문제를 해결했다. 결과적으로 잠시 다른 일을 하는 것이 업무에 지장을 주는지에 대한 여부는 정도와 시간에 달렸다. 잠시 머리를 식히기 위해 한눈을 판다면 0~10분 정도가 적당하다. 쉬는 시간이 길어지면 원래의 사고방식이 모호해져 결국 업무에 지장을 주게 된다. 우리는 업무에 집중하지 못하고 업무 외의 일에 한눈 파는 사람들을 종종 볼 수 있다. 이런 시간이 길어질수록 원래의 생각과 구상을 찾기 위해 더 많은 공을 들여야 하고 결국 업무의 진도도 늦춰진다.

한눈 파는 것이 업무에 지장을 준다면 어떤 것이 관심을 빼앗는지 생각해봐야 한다. 일반적으로 메일 확인, 비효율적인 회의, 무료한 시간을 달래줄 사무실의 각종 즐길 거리 등이 있다. 만약 자주 메일을 확인한다면 가족이나 친구들이 보낸 가십이나 안부도 볼 것이다. 그 메일은 즐겁게 해주거나 안부를 묻기 위해 보낸 것이지만 집중력은 흐트러지고 만다. 다음과 같은 두 가지 방법으로 해결해보자. 첫째, 업무와 무관한 메일은 점심시간에 처리한다. 둘째, 가족이나 친구들에게 업무시간에는 메일을 보내지 말라고 부탁한다.

직장생활을 하다 보면 어쩔 수 없이 각종 회의에 참석해야 한다. 당신에게 유용한 회의가 있고 전혀 쓸모없는 회의도 있다. 유용한 회의라면 다행이지만 전혀 쓸모없는 회의라면 시간낭비, 인력낭비라고 생각할 것이다. 당신이 참여하는 회의가 유용한지 어떻게 판단할까? 먼저 회의에 주제가 있는지, 회의 일정은 잘 짜여있는지 살펴봐야 한다. 주제가 분명하고, 일정도 제대로 짜여있고, 기존에 하고 있던 업무도 잘 마무리 지었다면 회의에 참석해도 좋다. 회의가 전혀 쓸모없지 않을 것이기 때문이다. 하지만 회의주제나 목적이 불분명하다면 어떤 이유를 대서라도 회의에 참석하지 않는 게 좋다.

업무가 단조롭거나 하던 일이 조금 막히면 친한 동료들과 커피나 차를 마시거나, 대화를 나누면서 잠시 휴식하는 걸 원한다. 직장에서 흔히 볼 수 있는 모습이다. 일을 하다 보면 누구나 갑자기 권태로운 마음이 생기고 잠시 쉬고 싶어질 때가 있다. 기억해야 할 것은 하던 일은 끝마친 후에 휴식시간을 가져야 한다는 것이다. 그렇지 않으면 다시 업무하려고 돌아왔을 때, 이전에 하던 일이 무엇이었는지 생각이 모호해질 수 있기 때문이다.

한눈 팔게 하는 요소들을 완전히 없앨 순 없지만 도움이 될 만한 몇 가지 방법이 있다. 영업사원과 관리자들이 이 방법을 써서 좋은 효과를 봤다. "내 목표를 위해 열심히 하고 있는가?"라는 글을 메모지에 써서 전화기, 책상, 컴퓨터 모니터 등 눈에 잘 띄는 곳에 붙인다. 마음이 흐트러질 때 이 문구를 보면 다시 일에 집중하기가 좋다. 또 다른 방법은 끝날 때까지 한 가지 업무에 집중하고, 그 일이 끝나면 그다음 업무를 진행하는 것이다.

하버드 시간관리 비법

메일, 전화, 예정에 없던 손님, 커피 끓이기 등이 업무에 집중할 수 없게 만들고, 일을 끝내는 시간을 지체하게 한다는 걸 알았다면 해결방법을 찾아야 한다. 다양한 방법들 중에서 네 가지를 소개한다.

1. 바쁠 때는 자동응답기를 사용한다.
2. 메일에서 로그아웃한다.
3. 신문 등 한눈 팔게 하는 것들을 안 보이는 곳에 치운다.
4. 회사에 개인 룸이 있다면 문 앞에 '방해금지' 팻말을 붙인다.

당신의 목표가 가능한 한 현재의 업무를 포기하기 전에 끝마치는 것이라면, 업무할 때 두 번 이상 손대지 않아야 한다.

시간사용 일지 만들기

모든 성과물의 바탕은 시간이다. 시간은 공상가에게는 고통을, 창조자에게는 행복을 준다.
제임스 매킨지 James O. McKinsey

워싱턴의 한 회사에서 팀장으로 근무하는 웨이드는 출근하자마자 책상 위에 쌓여 있는 보고서 더미들을 보고 머리가 아파졌다. 일단 자리에 앉아 열심히 보고서들을 읽기 시작했다. 그때 비서가 사무실 문을 두드리며 말했다. "팀장님, 손님 오셨습니다."

웨이드는 손을 내저으며 영혼 없이 말했다. "회의실에서 잠시만 기다리라고 하세요."

잠시 후 초조하게 회의실 내부를 왔다 갔다 하는 손님에게 미소를 지으며 웨이드가 말했다. "정말 죄송합니다. 오늘따라 유난히 바쁘네요. 미팅을 다음으로 미뤄야 할 것 같습니다."

웨이드의 말을 들은 손님은 화를 내며 말했다. "시간이 없다니 어쩔 수 없군요. 다음에 얘기합시다."

손님은 그대로 나가버렸고, 웨이드는 멍하니 손님이 사라지는 뒷모습을 바라봤다. 다음 날 사장은 웨이드를 해고했다. 웨이드의 행동이 1천만 달러의 거래를 날려버렸기 때문이다.

웨이드를 두고두고 후회하게 만든 회사의 관리 규약은 다음과 같다.

"시간은 지극히 중요한 것이니 모든 임직원들은 시간을 지키고, 어떠한 이유의 지각이나 조퇴는 불가능하다. 제시간에 업무를 끝마친다. 시간분배를 잘해야 한다. 사소한 일이라도 업무일정에 포함시켜서 성실하게 이행한다."

웨이드는 결코 바빠서 시간을 낼 수 없었던 게 아니다. 사전에 시간분배와 업무일지를 작성하지 않아 어떤 일을 우선 처리하고, 어떤 일을 나중에 처리해야 할지 파악하지 못했던 것이다. 그래서 결국 해고당했고 자신에게 고통과 고민거리를 안겨주었다. 시간관념이 없었던 웨이드의 행위가 고객을 화나게 했다. 만약 업무를 시작하기 전에 계획을 잘 짜고, 업무의 중요도에 따라 순차적으로 일을 진행했다면 업무효율이 올라가는 것은 물론이고 회사 역시 1천만 달러의 거래를 날리지 않았을 것이다.

시간계획을 짜지 않으면 하루 종일 정신없이 바쁘기만 할 것이다. 시간은 계획에서 비롯된다. 자신의 시간을 잘 계획하는 사람은 다른 사람들보다 몇 시간을 더 벌 수 있다. 시간을 소중하게 여기고, 시간의 가치를 중시 여기고, 자투리시간을 적절하게 이용하는 것 외에 우리는 적절한 시간계획을 세워야 한다. 그래야 효율적으로 시간을 사용할 수 있다. 업무효율을 높일 수 있는 시간계획과 사용에 대한 방법을 살펴보자.

1. 효율적으로 시간분배를 한다

시간을 평균적으로 나눠서 분배하면 안 된다. 중요한 업무에 가장 많은 시간을 분배하고, 꼭 하지 않아도 되는 일이나 나중에 해도 되는 일은 현명하고 용기 있게 거절한다. 어떤 일이 생겼을 때는 "이 일을 해도 좋은가?"라고 먼저 자신에게 물어보자. 굳이 하지 않아도 되는 일까지 해놓고 쉼 없이 열심히 일했다고 만족하지 않길 바란다.

2. 시간활용을 잘해야 한다

기회라는 것은 일을 전환할 수 있는 결정적인 순간이다. 최소한의 투자로 큰 성공을 이끌어낼 수 있고, 사물을 조금만 바꿔도 일이 더 발전될 수 있는 것과 같이 타이밍만 잘 잡아도 엄청난 효과를 얻을 수 있다. 반대로 결정적인 문제를 잘못 처리하여 전체를 망치는 것처럼 타이밍을 놓치면 손에 닿을 것 같은 일도 결국 수포로 돌아가고 만다. 성공하고 싶다면 상황을 잘 살펴서 타이밍을 잘 잡아야 한다. '결정적인 순간'을 잡아서 '적당한 시기'가 오면 기회를 쟁취하도록 하자.

3. 두 가지 다른 종류의 시간을 적절하게 사용한다

사람들은 모두 두 가지 종류의 시간을 가지고 있다. 첫 번째 시간은 스스로 통제가 가능한 시간이다. 이를 '자유시간'이라고 부른다. 또 다른 시간은 상대방에게 반응하는 시간이다. 자신이 통제할 수 없는 시간을 '대응시간'이라고 부른다. 두 가지 시간은 모두에게 반드시 존재한다. '자유시간'이 없으면, 타인에 의해 움직이는 상태에 빠진다. 스스로 시간을 통제할 수 없다면 효율적인 시간관리자가 될 수 없다. 반대로 자신의 시간을 절대적으로 통제하는 것 역시 불가능하다. 개인의 완전한 자유는 자연스럽게 타인의 자유를 방해하는 것이 되기 때문에, 모든 '대응시간'을 '자유시간'으로 사용하는 것 역시 다른 사람의 시간을 방해하는 것이 된다.

4. 자투리시간을 잘 활용한다

주어진 시간 내내 집중하는 것이 불가능하기 때문에 자투리시간이 발생한다. 시간의 길이에 관계없이 자투리시간을 제대로 활용하면 업무효율을 높일 수 있다.

하버드 시간관리 비법

자신의 시간사용 패턴을 알고 싶다면 일지를 작성해보는 것이 가장 좋다. 자신의 지난 3일 혹은 지난 일주일 동안 했던 일들을 모두 기록한다. 그리고 대표성을 띤 날짜를 기록하는 것이 이상적이다. 여행, 회의 등과 같이 긴 시간을 사용하는 일은 기록하지 않는다. 어떠한 사소한 일도 놓치지 않고 자신이 했던 모든 일을 정확하게 기록한다. 특히, 대다수 사람들의 생활에서 많이 차지하는 '잠깐 있었던 일'이나 '시간 낭비한 일'은 꼭 기록한다.

일지를 작성할 때 '메일 확인', '서류 업무' 등 일의 성격에 따라 분류하고 각 항목마다 표시를 한다. 분류를 해두면 일지를 분석할 때 매우 편하다. 사무실에서 근무하는 사람이 분류를 한다면 메일 확인, 인터넷, 전화, 서류 업무, 계획 작성, 회의, 업무

준비, 거래처 응대 등이 있을 것이다.

모든 일을 기록한 후 앞에서 기술한 항목마다 핵심목표, 목표를 이룰 수 있도록 하는 업무, 구비하면 좋을 목표 등에 걸맞은 우선권을 지정한다. 우선권은 A, B, C 세 가지로 나눌 수 있다. A는 핵심목표와 관련되었으며, 가장 우선적으로 주목하고 처리해야 할 업무다. B는 핵심목표를 이루는 데 도움이 되는 일들이며, C는 그다지 급하지 않는 업무이거나 급하지만 가치가 높지 않은 업무이다.

오늘이라는 날은 두 번 다시 오지 않는다는 것을 잊지 말라.

단테 Durante degli Alighieri

Part 2

효율적인 시간관리 목표를 정하라

H A R V A R D

T I M E

M A N A G E M E N T

당신의 목표는 얼마나 명확한가?

목표는 행동하는 방향이다. 실행 가능하면서 정확한 목표는 효율적으로 업무를 진행하는 데 도움이 된다. 자기 시간관리는 경쟁력을 높이는 데 중요한 의미를 갖고 있다. 이번 장에서는 하버드에서 가장 성행하는 목표 관리 방법과 목표 실현 방법, 업무의 우선순위를 정하는 방법을 다룬다. 목표 관리 과정과 관련 기술을 배울 것이기 때문에 자기 목표 관리하는 능력이 대폭 향상될 것이다.

자신의 가치 알기

한 인간의 가치는 그가 무엇을 받을 수 있느냐가 아니라 무엇을 주느냐로 판단된다.
알버트 아인슈타인 Albert Einstein

하버드 경영대학원을 졸업한 내쉬는 한 화장품회사의 마케팅 팀장으로 근무하고 있다. 머리가 좋은 데다 직무에 대한 책임감이 강해 업무할 때 작은 실수도 용납하지 않았다. 그는 지금의 생활에 충분히 만족했다. 급여도 많았고, 전국 방방곡곡을 여행하고, 고급 호텔에 머무는 것도 좋았다. 그런 그에게 한 가지 원대한 목표가 있었다. 본사의 주요 결정권자 중 한 사람이 되는 것이었다. 매일 밤낮을 가리지 않고 일에 매진하고, 주말을 다 써서라도 직장동료나 거래처 사람들과 연락을 주고받았던 것이 이 목표 때문이었다.

내쉬는 50세의 나이에 이사회 임원으로 승진했다. 그러나 그 시기에 아내가 이혼을 요구하고, 자신은 궤양을 앓게 되었다. 이듬해에는 급성심근경색이 오고, 의사의 충고로 꾸준히 하던 등산을 그만둬야 했다. 건강은 점점 악화됐지만 내쉬는 여전히 쉬지 않고 일했다. 원대한 꿈이 아직 실현되지 않았기 때문이다.

55세 전까지 계속해서 기업관리와 기업합병 입찰 건에 집중했다. 일이 잘 된다면 그의 목표였던 본사의 CEO가 될 수 있었기 때문이다. 목표 달성을 위해 더욱 일에 몰두하느라 중병에 걸려 입원한 아들도 돌볼 시간이 없었다. 56세가 되던 해에 내쉬는 마침내 그토록 꿈꾸었던 CEO 자리에 올랐다. 그러나 그 해에 아들은 세상을 떠났다. 그는 평소 비서에게 "바빠서 아이와 함께할 시간은 적었지만, 그 아이는 이 세상 그 무엇보다 내게 가장 소중하다네."라고 말하곤 했다. 이 말은 과연 진심이었을까?

이 이야기는 스스로 자신의 가치를 잘 알아야 한다는 중요한 사실을 시사하고 있다.

가치의 본질에 대해 하버드 경영대학원 사무엘 존슨 교수는 실행할 가치나 노력할만한 가치가 있는 것은 무엇인지, 어떠한 생활목표와 인생목표를 세워야 하는지, 일상생활과 직장생활을 어떻게 조율해야 할지와 같이 생각하는 모든 것들을 통틀어 '가치'라고 말했다. 어떤 물건이나 사람에게 시간과 정성을 쏟는다고 가정하자. 이에 대한 기대치는 시간과 정성을 전혀 쏟지 않은 물건이나 사람보다 훨씬 높을 것이다.

목표를 정하고 이를 달성하기 위해 노력할 때 가치라는 것이 생겨난다. 가치는 노력하게 만드는 길잡이로 시간관리에서 굉장히 중요한 역할을 한다. 불행한 사고로 아는 사람이 하나도 없는 낯선 바다에 가게 됐다고 가정하자. 혼자서 아무리 노력해도 목적지에 도착하지 못할 수 있다. 그러나 항해가, 여행가를 길잡이로 삼고 그들을 따라가다 보면 목적지에 도착할 수 있을 것이다.

여러분이 의식하지 못하고 있을지라도 가치는 우리가 앞으로 나아가는 과정에서 중요한 역할을 한다. 더 멋진 삶을 살기 위해서는 현재의 생활에 영향을 줄 수 있는 가치를 충분히 이해해야 한다. 가치를 알고 좇아가되 다른 사람에게 여러분의 가치를 강요해서는 안 된다. 윌리엄 제임스의 명언 "다른 사람과 교류할 때 그들이 폭력으로 우리의 삶을 간섭하는 게 아니라면, 우리는 행복을 추구하는 각자의 방식에 영향을 주면 안 된다."를 기억하자.

가치는 목적을 가진 언어로 표현할 수 있다. 다시 말하면 목적이 있는 말은 가치에 따라 다르게 이해할 수 있다. 인생에서 자아실현이 가장 중요한 일이라면, 여러분의 가치 1순위가 바로 자아실현이다. 타인의 자아가치도 굉장히 중요하다고 생각한다면 더할 나위 없이 좋다. 여러분의 자아가치를 타인이 대신 실현해줄 수 없다. 만약 타인의 노력이나 희생을 통해 이루어지는 것이라면 되도록 일찍 멈춰야 한다. "자신을 사랑하고, 적을 만들지 말자."라고 했던 사무엘 존슨 교수의 말을 기억하자.

현실에서 여러분의 가치 실현은 타인에게 어떠한 가치를 만들어주었느냐에 달려있다. 즉, 자신의 가치를 실현하기 위해서는 타인을 위해 가치를 만들고, 타인의 인정을 받아야 한 걸음 더 나아가 자신의 인생 가치를 실현할 수 있다. 이는 당연한 흐름이다. 당신이 회사에 다닌다면, 회사가 이윤을 얻을 수 있도록 하는 것이 당신이 회사를 위해 만들어주어야 하는 가치다. 가치를 만들어줄 수 없다면, 아무리 학력이 높고 자격과 경력을 갖추었다고 해도 당신은 해고당하고 말 것이다. 이익과 이득은 사람과 사람, 사람과 사회, 국가와 국가 간에도 해당된다.

가치를 실현하기 위해서는 우선 자신의 가치를 알고, 타인이나 사회를 위해 가치를 만들어주어야 한다. 회사에서 해야 할 일은 회사나 사회를 위해 가치를 만들고, 자신의 가치를 발휘하고, 자신을 증명하는 것이다. 부하직원의 가치를 발견하는 것도 중요하다. 당신이 데리고 있는 직원의 가치를 발견할수록 그들은 하고 있는 업무에 더욱 집중하게 될 것이다.

하버드 시간관리 비법

회사에서 인정받고 가치를 실현하기 위해 갖춰야 할 네 가지 기본요소가 있다.

1. 인 성

인성이란 한 인간이 갖춰야 할 기본 덕목이자 그 사람을 판단하는 잣대다. 회사나 업계에서 얼마나 성공할 수 있는지는 인성을 통해 알 수 있다. 부하직원을 어떻게 대하는지, 각종 유혹에 어떻게 대처하는지 등이 인성을 판단하는 기준이다.

2. 의사소통(대화의 기술)

의사소통이 원활하지 않는 사람이 어떻게 고객을 유치할 수 있으며 상사, 직장동료와 업무를 잘 완성할 수 있겠는가? 훌륭한 대화의 기술을 갖추면 상사는 여러분을 잘 이해하고 높게 평가할 것이다. 또한 기회가 왔을 때 놓치지 않을 수 있다.

3. 업무능력

능력 있는 직원을 싫어하는 사장은 아무도 없다. 인성과 대화의 기술을 갖췄다면 조금씩 업무능력을 키우는 것이 좋다.

4. 열 정

직장인, 특히 영업사원이 성공하기 위해 우선적으로 갖춰야 할 요소는 열정이다. 꾸준한 열정을 갖는 것은 매우 어렵다. 수시로 자기 절제를 하고, 업무에 대한 열정을 갖는다면 성공의 기회는 바로 올 것이다.

"준비된 자에게 기회가 온다."라는 말을 꼭 기억하자. 일단 자신의 가치를 바로 알고, 가치를 높이기 위해 꾸준히 노력한다면, 기회가 왔을 때 놓치지 않고 자신의 인생 가치를 실현할 수 있을 것이다.

목표를 정했다면 일단 행동으로 옮겨라

엉뚱한 벽에 사다리가 놓여 있다면 애써 성공의 사다리를 올라가도 소용없다.
조지프 캠벨 Joseph Campbell

로스앤젤레스에 살고 있는 톰슨은 아내와 아이가 있는 평범한 사람이다. 작은 임대아파트에 사는 그들은 아이가 자유롭게 놀 수 있는 넓고 깨끗한 집으로 이사를 가는 게 꿈이었다. 그렇지만 수입이 적은 부부가 집을 사는 건 현실적으로 어려웠고, 계약금을 지불할 자금이 부족했기 때문에 대출로도 집을 마련하기 힘들었다.

만기되는 임대아파트 계약에 사인하려던 톰슨은 갑자기 마음이 복잡해졌다. 집을 구입한 후 내야 할 대출상환금이나, 현재 내고 있는 임대료가 비슷했기 때문이다. 고민하던 톰슨은 아내에게 말했다. "며칠 더 생각해보고 계약을 연장하는 건 어떨까?"

"갑자기 웬 뚱딴지같은 소리예요. 계약금 마련하기도 힘든데 말도 안 돼요!"

아내의 걱정에도 불구하고 톰슨은 이미 마음의 결정을 내렸다.

"집을 새로 구입하는 사람들이 수십 명이 있다면, 실제로 자신이 가진 자금만으로 집을 살 사람은 반 밖에 안 돼. 나머지 반은 집을 사는 특별한 노하우가 있을 거야. 우리도 생각을 해봅시다. 돈을 마련한 다른 방법이 있을 거야."

며칠 후, 톰슨 부부는 마음에 드는 집을 찾았다. 계약금은 12만 달러나 됐다. 문제는 어디서 그 돈을 구하냐는 것이었다. 은행에서 그만한 돈을 대출받기란 어려웠다.

도저히 방법이 없다고 생각하던 그때 한 가지 방법이 떠올랐다. 직접 대부업자를 찾아가 돈을 빌린 뒤 갚는 것이었다. 대부업자는 처음에 조금 망설였으나 톰슨의 설득으로 계약금을 대신 납부해주기로 했다. 톰슨은 대부업자에게 매달 4천 달러씩 갚아야 했다. 하지만 부부가 최대한 모을 수 있는 돈은 매달 2천 달러였기 때문에 이제 나머지 2천 달러를 구할 방법을 생각해야 했다. 다음날 아침, 톰슨은 사장에게 찾아가 현재의 상황을 이야기했다.

"집을 구입하려면 매달 2천 달러가 더 있어야 합니다. 급여를 올려줄 때가 되면 반드시 올려주시겠지만, 저는 당장 돈이 필요합니다. 회사 업무 중에 주말에 하면 더 좋은 게 있다고 들었습니다. 제가 주말에 할 수 있는 업무가 없을까요?"

톰슨의 간절함과 용기에 감동받은 사장은 주말 업무를 허락했고, 다양한 일들을 맡겼다. 마침내 톰슨 가족은 기쁜 마음으로 이사를 했다.

하버드대학의 교수들은 성공과 목표는 동일하며, 최단기간 내에 원하는 목표를 최대한 실현하는 것이 시간관리의 목적이라고 말한다. 톰슨이 이사할 수 있었던 것은 분명한 목표가 있고, 제한된 시간 동안 목표를 이룰 수 있는 방법을 생각했기 때문이다. 오래 고민하지 않았고, 목표를 이루는 과정에서 발생하는 문제는 즉시 해결했다. 그 결과 목표를 달성하게 된 것이다. 만약 톰슨이 말만 하고 행동으로 옮기지 않았다면 이사는 불가능했을 것이다. 모두 꿈이 있고, 현재의 생활을 바꾸고 싶다고 생각하지만 실제로 행동에 옮기는 사람은 별로 없다. 일단 마음먹은 대로 행동에 옮기면 어려움이 많더라도 실행하는 과정에서 문제해결방법을 찾을 수 있다.

지난 몇 년간 하버드대학을 갓 졸업한 학생들에게 인생목표에 관한 연구조사를 실시했다. 졸업생들에게 "인생목표가 있습니까?"라고 질문했고, 실제로 인생목표가 있다고 대답한 학생은 13%밖에 없었다.

학생들에게 두 번째 질문을 던졌다. "목표가 있다면, 분명한 목표를 갖고 있습니까? 당신의 인생목표를 쓸 수 있나요?" 이 물음에는 오직 3%의 학생들이 그렇다고 대답했다.

20년 뒤, 하버드 연구원들은 당시의 졸업생들을 다시 찾아갔다. 당시에 확실한 인생목표를 썼던 학생들은 확실한 목표가 없던 학생들보다 모든 방면에서 나은 삶을 살고 있었다. 3%의 학생들이 가진 재산은 나머지 97%의 재산을 합친 것보다 많았다. 3%의 사람들이 눈부신 성과를 얻게 된 건 처음부터 확실한 목표를 가지고 있었기 때문이다.

사람들은 목표가 너무 거창하면 이루기 어려울 것이라 생각한다. 사실 목표의 크고 작음을 떠나 진정으로 이루고 싶은 확실한 목표를 가지는 것이 가장 중요하다. 진정으로 이루고 싶은 목표가 있다면, 벌써 목표를 이룬 것처럼 계속해서 활기차게 당신의 목표를 머릿속에 주입시켜야 한다. 그래야 목표를 이룰 수 있다는 확신이 생긴다.

목표가 없는 사람은 마치 핸들이 없는 배와 같다. 정확한 방향이 없이 떠돌다 실망, 실패, 낙심의 해변에 닿을 것이다. 확실하고, 고정적이고, 분명한 목표가 없다면 내재되어 있는 거대한 잠재력을 발견하지 못한 채 평생 정처 없이 떠도는 평범한 사람 중에 한 명이 될 것이다.

하버드 시간관리 비법

뚜렷한 목표가 있다면 당신의 삶은 그만큼 보람찰 것이다. 뚜렷하고 완벽한 목표는 어떤 것일까?

1. 시간제한을 둔 목표

목표를 세울 때 반드시 시간의 한계를 고려해야 한다. 예를 들어 변호사 자격증을 따야 한다고 생각해보자. 목표는 확실하지만 1년 안에 자격증을 따야 하는지, 5년 뒤에 딸 수 있는지 정확한 시간 설정이 필요하다.

2. 이룰 수 있는 목표

끝내 이룰 수 없는 목표는 그저 허무맹랑한 꿈이고, 너무 쉽게 이룰 수 있는 목표는 도전할 가치가 없다.

3. 구체적인 목표

"나는 나중에 위대한 인물이 될 거야."라고 한다면 이는 구체적이지 않은 목표다.

목표는 구체적으로 세워야 한다. 예를 들어 영어를 잘하기 위해 매일 20개의 단어를 외우고, 2문장외우기와 같은 구체적인 계획 설정이 필요하다.

4. 평가할 수 있는 목표

모든 목표는 평가를 할 수 있는 목표완성 현황기준이 필요하다. 정확한 목표는 좀 더 좋은 방향으로 이끌어준다.

5. 관련성 있는 목표

목표를 설정할 때 반드시 자신의 생활, 업무와 관련이 있어야 한다. 한 회사의 직원이 "어떻게 하면 업무를 더 잘 해낼 수 있을까?"가 아닌 "부자가 될 거야."라는 목표를 세운 뒤 아무런 노력을 하지 않는다. 이 같은 목표는 현실성이 없는 데다 현재의 직장생활과 전혀 관계가 없다.

분명한 목표는 생각하는 것으로 그치면 안 되고, 반드시 글로 써서 잠재의식 안에 목표를 넣어야 한다. 그다음에는 목표의 우선순위에 따라 계획을 짜야 한다. 다양한 목표를 우선순위에 따라 순서를 정하고, 순서에 따라 다섯 가지로 나눈다. A는 반드시 해야 하는 일, B는 해야 하는 일, C는 능력에 따라 하는 일, D는 다른 사람에게 넘겨도 되는 일, E는 삭제해도 되는 일이다. 진행할 때 대부분의 시간을 A, B 업무를 처리할 때 사용하는 것이 가장 좋다. 계획을 잘 세웠다면 시간표에 따라 즉시 실행해 보자.

목표 설정하는 방법

행복해지고 싶다면 당신의 생각을 지배하고, 에너지를 발산하고,
희망을 불러올 수 있는 목표를 세워라.
앤드류 카네기 Andrew Carnegie

어느 날 한 사람이 루스벨트 대통령 영부인에게 질문했다. "성공을 갈망하는 청년들과 갓 대학을 졸업한 학생들에게 한마디 해주시겠는지요?"

영부인은 고개를 끄덕이며 겸손하게 말했다.

"제 어린 시절에 있었던 일이 생각납니다. 당시 저는 학생이었고 취업을 준비하고 있었어요. 학점을 더 인정받을 수 있는 통신업계로 취업하고 싶었죠. 운 좋게도 아버지의 친구가 미국 RCA(미국의 대표적인 전자 기기 제조 기업, 무선통신 업무를 경영하고 있다)의 회장이었죠. 단독으로 대면하게 된 날, 회장님은 제게 구체적으로 어떠한 일을 하고 싶은지 물어보셨어요. 회사 안에는 다양한 파트가 있었기 때문에 나는

딱히 어떤 일을 해도 상관없었어요. 그래서 전 아무거나 다 괜찮다고 대답했어요. 제 대답을 들은 회장님은 저를 바라보시면서 진지하게 말씀하셨어요."

"이 세상에 '아무거나'라는 일은 없다네. 성공하려면 목표가 있어야 하네."

"뚜렷한 목표가 얼마나 중요한지 그때 알게 되었어요. 그날 이후 의미 있는 목표가 내가 나아갈 방향으로 이끌었고, 스스로의 힘으로 사회에 많은 공헌을 하게 되었어요."

주변에서 뚜렷한 목표가 없는 사람들을 많이 볼 수 있다. 성실하게 일하고, 열심히 공부하지만 분명한 인생목표나 직업 목표가 없는 것이다. 이런 사람들은 대부분의 시간과 체력을 중요하지 않은 일에 낭비하기 때문에 직장에서 기계적으로 일하고, 늘 바쁘기만 하다.

최고의 경영 컨설턴트 브라이언 트레이시는 "업무효율을 높이는 열쇠는 목표설정이다. 분명하고, 구체적이면서 실행 가능한 목표와 계획을 세워라."라고 말했다. 실제로도 업무효율이 높은 사람들은 미리 세워둔 목표에 집중하고, 목표를 달성하기 위한 과정 속에서도 끊임없이 목표를 되새긴다.

목표설정은 확실하게 이루고 싶은 결과를 증명하는 과정이다. 목표를 설정할 때 당신은 자기 자신이나 팀을 위해, 그 어떠한 상황에서도 최선을 다해 목표를 실현하겠다는 약속을 한 셈이다. 목표설정을 하고 목표완성을 평가해보자.

- 가장 중요한 일에 집중하고 최선을 다한다.
- 팀원들에게 통일된 업무방향을 제시한다.
- 중요하지 않은 업무에 큰 힘을 쏟지 않는다.
- 당신과 팀원들의 시간을 낭비하지 않는다.
- 전체적으로 만족스러운 업무를 추진한다.

탁월한 업무성과를 거두고 싶다면, 먼저 뚜렷한 목표를 세운 다음 그 목표를 상기시킬 방법을 생각한다. 다음과 같은 방법도 있다. 정확한 목표와 실행 계획을 메모지에 적어 집이나 사무실 등 눈에 잘 띄는 곳에 붙여둔다. 컴퓨터를 켤 때마다 볼 수 있도록 바탕화면으로 설정한다. 목표를 녹음해서 휴대폰이나 MP3에 넣어 운전 중일 때, 집안일을 할 때, 휴식시간 등 생각날 때마다 듣는다. 목표를 출력하여 사무실이나 침실에 붙여둔다. 이렇게 당신이 세운 목표를 자주 눈으로 확인하고 가장 중요한 일에 집중하도록 한다.

시간과 중요도에 따라 목표는 조금 달라진다. 단기적인 목표가 있는 반면 수개월, 수년이 지나야 달성할 수 있는 목표도 있다. 중요도에 따라 목표는 '개인, 팀, 회사' 3가지로 분류된다. 어떠한 목표든 자신 혹은 회사의 실제 상황에 맞게 목표를 설정하고 성실하게 실행해야 한다.

설정한 목표를 성공적으로 실행하려면 다음의 특징이 목표에 포함되어야 한다.

1. 확실한 내용

애매모호하고 불확실한 목표는 시간관리를 더욱 복잡하게 한다.

2. 기 한

"목표를 이번 주말까지 달성한다. 또는 목표를 올해 연말까지 이룬다."와 같은 기한 설정이 필요하다.

3. 평 가

목표 달성의 과정을 평가하지 못한다면, 목표를 달성했는지 알 수 없다.

4. 중요도

자신이나 팀 전체에 가치 있는 목표여야 한다.

5. 팀원들의 일관된 목표

팀의 목표는 팀원들을 버티게 해주는 목표여야 하고, 개인의 목표는 팀을 유지하기 위한 목표여야 한다.

6. 도전적이지만 실현 가능한 목표

달성하기 위해 더 노력하게 만드는 목표를 설정해야 한다.

마인드맵을 이용한 목표 구체화

"내일 해야지."라는 말은 하지 마라. 오늘 할 일은 오늘 끝내라.
내일은 또 내일의 일이 기다리고 있다.

도코 도시오 土光 敏夫

보스턴의 한 회사의 팀장으로 근무하는 슈나이더는 시간관념이 철저하지만 시간관리 능력이 부족했다. 그래서 시간을 아끼려고 하루의 일과표를 빼곡하게 작성했다. 완료한 업무에 성과가 없거나, 좋은 평가를 얻지 못해 다시 진행하게 되는 상황을 피하기 위해 모든 업무에 하나하나 계획을 짰다. 그런데 운전하면서 음악을 듣는 것처럼 한 번에 두 가지 일을 처리하려는 경향이 있었다.

업무마다 계획을 짜지만 슈나이더는 뭔가 부족하다고 느꼈다. 왠지 모르게 계획한 일 중에 하나도 끝낸 게 없는 것 같은 느낌이 들었기 때문이다. 내가 없어도 아이는 잘 자랄 것만 같고, 아내와도 소원해진 느낌이 들어 머리가 복잡해졌다. 매일 기진맥진한 채로 침대에 누웠고 머릿속은 죄책감으로 가득 찼다. 시간관리에 실패한 것 같고 시간관리를 포기하고 싶어졌다. 슈나이더는 진정한 의미의 시간관리가 무엇인지 몰랐기 때문에 과학적이고 효과적인 시간관리 방법을 몰랐다. 마인드맵을 이용해 목표를 구체화하는 시간관리 방법은 더욱 몰랐던 것이다.

마인드맵이란 기존의 필기 방식을 개선하기 위해 착안된 필기 방식이다. 머릿속에 떠오르는 생각들을 도형을 통해 효과적으로 기록하는 수단이다. 간단하지만 상당한 효과가 있는 혁신적인 사유 수단이다. 마인드맵은 도형과 문자를 함께 사용하는 기술로 각각의 주제와 종속 관계를 이루고 있으며, 관련 내용을 다이어그램 형식을 이용해 표현하고, 키워드를 모양, 색깔 등으로 연결해 좌뇌와 우뇌를 자극한다. 암기, 독해, 사고의 법칙을 이용해 논리적 사고와 추상적 사고가 균형적으로 발달할 수 있게 도와주고, 인간의 무한한 잠재력을 불러일으킨다. 시간관리에서 우리는 인간 사유의 막강한 기능을 가지고 있는 마인드맵을 이용해 목표를 설정할 수 있다.

시간이 필요한 각종 관계망도 마인드맵을 통해 설명할 수 있다. 마인드맵은 체계적이고, 질서가 있고, 건설적인 키워드로 이루어졌기 때문에 상당이 직관적이다. 전면적인 방법은 언어와 이미지나 형상을 통한 사유가 서로 어우러져 창의적으로 업무를 진행할 수 있도록 좌뇌와 우뇌를 자극시킨다.

마인드맵을 이용해 빠르고 정확하게 필기할 수 있고, 목적을 가진 채 생각하기 때문에 아이디어를 떠올려 문제를 해결할 수 있다. 자신의 생각을 자발적이고, 구체적인 형상으로 종이에 써서 자신이 가진 지혜를 발휘할 수 있다. 좌뇌는 분석, 논리적 사고, 구조, 숫자, 개념 등을 담당한다면, 우뇌는 상상, 직관, 계획, 총체적인 사유 등을 담당하고 있다. 양쪽 뇌가 골고루 운동을 하면 남다른 효과가 발생한다.

마인드맵을 그리는 방법은 굉장히 간단하다. 흰 종이 한가운데 주제를 그리거나 쓰고, 관련 키워드를 열심히 떠올려 적고 가운데에 있는 주제와 연결한다. 키워드는 또 다른 가지를 만들어내고 가지는 계속 뻗어나간다. 이때 다른 색깔을 사용해서 연상을 해나가야 한다.

마인드맵을 그리는 구체적인 방법을 소개한다.

1. 도 구

- A3 또는 A4 크기의 종이 몇 장
- 잘 써지는 색연필 한 세트
- 4가지 색깔의 펜
- 연필 한 자루

2. 순 서

- 종이의 가운데부터 그림을 그린다.
- 하나의 이미지로 자신의 생각을 표현한다.
- 도형을 그릴 때 다양한 색깔의 색연필을 사용한다.
- 중심 이미지와 주요 가지들을 연결한 다음 주요 가지에서 그 다음 가지로 계속 연결해나간다.
- 직선이 아니라 곡선으로 연결한다.
- 선마다 키워드를 단다.

• 도형을 최대한 많이 사용한다.

'여행'이라는 소재를 이용해 마인드맵을 해보자. 종이의 가운데 '여행'이라고 쓰고, 떠오르는 단어들을 주변에 쓴 다음 중심 키워드와 연결한다. 여행 목적지, 숙소, 준비, 여행 인원수 등이 있을 것이다. 이 중에서 '준비'를 골라 의미를 더 확장해보자. 비행기 표, 짐 싸기, 필요한 물건 사기 등이 있을 것이다.

한 장의 그림은 자신이 바라는 것과 요구 사항, 해야 할 일, 현재 가지고 있는 문제와 해결방법 등을 생생하게 보여줄 것이다. 마인드맵을 이용하여 자신의 목표를 구체화하면 목표를 이루는 데 많은 도움이 될 것이다.

하버드 시간관리 비법

마인드맵에 대한 이해가 높아진 요즘은 학습, 글쓰기, 대화, 강연, 관리, 회의 등 일상생활이나 업무에서도 마인드맵을 사용한다. 마인드맵을 통해 얻어지는 학습능력과 분명한 사고방식은 사람들의 행동방식을 개선하는 데 도움이 된다.

1. 학습속도와 효율이 배가 되면 더 빠르게 새로운 지식을 습득할 수 있고, 이를 이용해 더 나은 방법으로 업무를 처리하고 목표를 달성할 수 있다.
2. 연상작용과 독창적인 사고를 이용해 분산되어 있는 지혜, 자원 등을 하나의 완전한 체계로 융합한다.

3. 체계적으로 생각하는 습관을 길러서 속기, 가벼운 의사소통, 강연, 글쓰기, 관리 등 수많은 목표를 이룰 수 있도록 하자.
4. 본받고 싶은 사람을 보고 배워서 자신의 능력을 더 높이자.
5. 최대한 빨리 마인드맵을 이해해서 잠재되어 있는 능력을 깨워보자. 마인드맵은 어휘, 이미지, 숫자, 논리, 음률, 색깔, 공간 지각 등 대뇌 피질의 모든 지능을 자유자재로 활용할 수 있게 한다. 일상생활에서도 조금 더 명확하게 생각하고, 대뇌를 최상의 상태로 유지할 수 있도록 도와준다.

실현 가능한 목표 세우기

목표를 잃어버렸다면 두 배로 노력해야 한다.

마크 트웨인 Mark Twain

하버드대학의 한 강의 시간에 한스가 교수에게 질문했다. “교수님, 제 목표는 1년 안에 100만 달러를 버는 것입니다! 계획을 어떻게 세우면 좋을까요?”

한스의 질문에 교수는 대답했다. “목표를 달성할 수 있다고 확신하나요?”

한스는 자신에 찬 목소리로 대답했다. “그렇습니다!”

교수는 웃으며 말을 이어나갔다. “현재 어떠한 일을 하고 있나요?”

“보험과 관련된 일을 하고 있습니다.” 한스는 망설임 없이 대답했다.

“하고 있는 일이 목표를 달성하는 데 도움이 될까요?”

“열심히 한다면 가능하다고 생각합니다.” 여전히 단호하게 대답했다.

"자, 그럼 목표를 달성하려면 얼마만큼의 노력이 필요한지 살펴봅시다. 일반적으로 보험업계에서는 일정의 금액을 공제한다고 계산했을 때, 1백만 달러의 수수료를 얻기 위해선 3백만 달러의 실적이 필요합니다. 1년에 3백만 달러의 실적이면 한 달에 2십5만 달러의 실적을 올려야겠죠. 그러면 매일 8천3백 달러의 실적을 올리면 되겠네요. 8천3백 달러의 실적을 올리기 위해선 몇 명의 고객을 만나야 하지요?"

교수의 질문에 한스는 답했다. "한 50명 정도 되겠네요."

"하루에 50명을 만나면 한 달이면 1천 5백 명, 1년이면 약 1만 8천 명의 고객을 만나는 셈이네요. 현재 1만 8천 명의 고객이 있나요?"

"그만큼 많지 않습니다."

"없다면 새로운 고객을 만나야겠죠. 평균적으로 고객 한 사람과의 상담 시간은 얼마나 되죠?"

"20분 정도입니다."

"한 사람당 20분씩, 매일 50명의 고객을 상대해야 합니다. 그렇다면 매일 16시간을 고객과 상담하는 데 투자해야 합니다. 물론 고객을 만나러 가는 이동 시간은 여기에 포함되지 않고요. 다시 한 번 물어보겠습니다. 가능한가요?"

"불가능합니다. 교수님, 목표는 생각이 아니라 실제로 달성 가능한지 먼저 계산한 다음 설정해야 한다는 걸 깨달았습니다. 감사합니다."

한스는 상상만으로 목표를 세웠으나 교수의 도움으로 실제로 달성하기에 어렵다는 걸 깨닫게 되었다. 스스로의 노력만으로 달성 가능한지 우선 고려한 다음 목표를 설정해야 한다. 그렇지 않은 목표는 현실적으로 불가능한 목표일 뿐이다.

단순하고 도전할 가치가 없는 것 역시 목표라고 하기엔 부족하다. 전혀 보람이 없기 때문이다. 성공하고 싶다면 인생의 청사진을 그려보아야 한다. 확실하고 분명한 직업 목표와 삶의 목표는 열심히 노력하게 만드는 원동력이 된다. 지금의 노력이 앞으로의 성공이 된다는 것을 꼭 기억하자. 다음의 몇 가지 방법을 참고하여 목표를 설정해보자.

1. 현재 상황(시작점)을 정확하게 인지한다

그 다음 인생의 최종 목표를 찾아야 한다. 몇 가지 방법을 생각해보자.

- 당신의 능력, 강점, 재능은 무엇인가?
- 어떠한 부분에 열정을 갖고 있는가?
- 이전까지 당신의 모습과 당신의 롤모델은 어떠한 차이점이 있는가?
- 현재 처해 있는 환경(가정, 학교, 사회)은 어떠한가?
- 어떠한 방면의 훌륭한 사람과 알고 지내거나 만난 적이 있는가?
- 그러한 사람들에게서 배울 점은 무엇인가?
- 자신의 어떠한 점을 타인에게 인정받고 싶은가?
- 살아가면서 당신이 해낼 수 있는 가장 대단한 일을 생각해보자.

이 내용들을 1년에 한 번씩은 생각해보고, 당신의 꿈에 어떠한 변화가 일어났는지 보자. 몇 년 동안 목표의 변화가 없었다면, 그 목표는 굉장히 도전적이고 당신의 능력을 벗어난 것이다. 그렇지만 여전히 최선을 다해 목표를 이루고 싶다면 그 목표는 당신 인생의 최종 목표이다.

2. 버킷리스트(인생목표)를 작성한다

인생목표는 중요하고 인생 포부가 담겨야 한다. 목표를 달성하기 위해 적극적이고 진지하게 임하면 목표를 이룰 수 있다.

일생 동안 가장 바라는 것은 무엇인가? 가장 이루고 싶은 건 무엇인가? 하지 않으면 후회할 것 같은 일은 어떤 것인가? 이러한 것들이 다 인생목표다. 목표를 한마디로 종이에 써보자. 종이에 적은 목표 중에 어느 하나가 단지 다른 목표를 이루기 위한 과정이라면, 그 하나는 인생목표가 아니기 때문에 리스트에서 과감하게 삭제한다.

3. 인생목표를 파트별로 분류한다

학업, 자기개발, 건강, 직업, 인간관계, 가정 등 모든 인생목표를 파트별로 나눈다.

4. 목표의 중요도와 급선무에 따라 순서를 정한다

급하면서 중요한 업무를 먼저 처리해야 한다. 현재 단계에서 해야 할 일은 가장 중요한 목표가 무엇인지 확실하게 아는 것이다.

5. 목표를 글로 적은 다음 목표를 감독하고 판단해줄 사람을 구한다

목표를 써 내려간 다음, 부모님처럼 관심 있는 사람에게 목표를 보여준 다음 감독하고 판단해줄 수 있도록 도움을 청한다.

하버드 시간관리 비법

행동에 옮기고 실현하는 것이 목표를 세우는 것보다 더 중요하다. 몇 가지 방법을 소개한다.

1. 자신을 믿고 목표를 쉽게 포기하지 말자. 성공에는 지름길이 없다. 꾸준함만이 답이다.
2. "지금 하고 있는 게 목표 달성에 가까워지기 위한 일인가? 아니라면 어떠한 일을 해야 할까?"라고 매일 생각해보자.
3. 목표를 세웠다면 바로 행동으로 옮겨라. 자신의 목표를 위한 계획에 엄격해져라.
4. 목표를 달성할 때마다 평가해보자. 잘한 것과 부족한 것이 무엇인지 찾아보고, 어떻게 개선해야 하는지, 목표와 계획에 보완해야 할 부분이 있는지도 고려해보자.
5. 목표를 달성할 때마다 자신에게 선물을 주자.
6. 불확실할 때는 훌륭한 사람 혹은 경험이 풍부한 사람에게 적극적으로 도움을 청하자.

목표를 파트별로 나누는 방법

늦었다고 생각할 때가 가장 빠르다.

하버드대학 명언

1952년 7월의 어느 날, 캘리포니아 해안에는 평소와 다르게 안개가 자욱했다. 카탈리나 섬에서 서쪽으로 21마일 정도 떨어진 곳에 43세의 수영선수 셜리 메이가 태평양에서 캘리포니아 해안을 횡단하며 세계기록 달성을 눈앞에 두고 있었다. 그것은 그녀의 꿈이었다.

그날 아침 날씨는 좋지 않았다. 안개가 잔뜩 끼어 있고 바닷물도 차가웠다. 셜리는 추위에 온몸을 부르르 떨었다. 안개 때문에 구조선도 잘 보이지 않았다. 수많은 사람들이 TV 앞에 앉아 그녀의 모습을 생중계로 시청하고 있었다. 안전요원들은 셜리에게 접근하는 상어들을 멀리 쫓아냈다.

거의 15시간이 흘렀을 무렵 추위에 지친 그녀는 벌벌 떨며, 더 이상 수영을 못 할 것 같다는 생각이 들어 구조선을 불렀다. 다른 배에 있던 어머니와 코치는 현재 목적지와 매우 근접해 있으니 포기하지 말라고 말했다. 하지만 해안으로 나아가던 그녀의 눈앞에는 뿌연 안개 외에는 아무것도 보이지 않았다. 결국, 그녀는 구조선에 올라탔다. 셜리가 보트에 올라탄 곳과 해안과의 거리는 불과 반마일 밖에 되지 않았다. 나중에 인터뷰에서 그녀가 포기했던 건 지치거나 추워서가 아니라 눈앞에 해안 즉 자신의 목표가 보이지 않았기 때문이었다고 말했다. 캘리포니아 해안이 보였다면 셜리는 포기하지 않고 횡단에 성공했을 것이다.

우리가 셜리와 같은 실수를 저지르지 않기 위해서는 자신의 목표를 분명히 하고, 목표도 파트별로 나눠야 한다. 그러나 대부분의 목표는 집체적이기 때문에 파트별로 나누기가 어렵다. 관리하기 편한 일과 각 일마다 상응하는 일로 나눠야 한다. 코끼리처럼 커다란 요리는 작은 덩어리로 나눠서 하나씩 하나씩 먹어야 한다. 거시적인 목표도 커다란 음식을 먹는 것처럼 세부적으로 나눠야 한다. 여러분에게 도움이 될 만한 목표를 위한 시간관리의 4가지 단계를 소개한다.

1. 목표를 관리하기 편한 구체적인 일로 쪼갠다

정해놓은 목표마다 달성을 위해 필요한 일들을 적는다. 회사에서 연구토론회를 제안했다고 가정해보자. 3개월 동안 매달 2번씩, 총 6회를 진행해야 한다. 연구토론회를 하나의 목표라고 한다면, 지도자 회의, 두 번째 회의(주제와 강연자 확정), 파트별 지도자 토론회, 진급 및 대화, 각 강연자를 단독으로 만나는 자리, 진행감독, 토론회평가, 강연자들에게 감사 인사 및 선물 전달 등으로 나눈다. 그리고 각각의 일을 수행하는 데 걸리는 시간이 얼마인지 계산한다.

2. 우선권을 정한다

업무 리스트를 작성한 다음 항목마다 A, B, C의 우선권을 부여한다. A는 가장 먼저 처리해야 하는 최우선권이다. 정한 일마다 목표의 중요도를 뒷받침할 수 있는 우선권을 반영해야 한다.

우선권 A는 가장 중요하고, 우선적으로 끝마쳐야 하는 일이다. 동시에 가장 가치가 있고 주목해야 하는 일이다. 우선권 B는 비교적 가치가 있는 목표다. 중간 정도의 가치가 있고 어느 정도 급한 업무다. 우선권 C는 가치와 중요도가 낮은 목표이다. 급하지 않은 업무에 속한다.

3. 각각의 업무를 순서대로 정확하게 배열한다

일을 점검할 때 반드시 순서대로 진행해야 하는 일에 주목해야 한다. 다음 순서의 일을 시작하기 전에 이전 일이 어느 정도 끝나야 한다.

예를 들어 직위가 높은 관리자에게 제출할 중요한 보고서는 데이터 수집 → 보고서 요점 나열 → 보고서 작성 → 의견 수집 → 보고서 수정 → 제출의 순서대로 작성해야 한다. 모든 일을 이 순서대로 진행하라는 말이 아니라 우선 하나를 완성하고 다음 일을 시작하라는 것이다. 새로운 시스템을 개발한다면 소프트웨어 개발자들은 전체 하드웨어가 아닌 부분적인 하드웨어가 완성되길 기다려야 한다. 그다음 대부분의 하드웨어 개발과 소프트웨어 개발 작업은 동시에 이루어진다. 결론을 말하자면 당신이 해야 할 일은 이러한 관계를 기록한 다음, 업무진행과정이 확실해질 때 이러한 관계를 명심하면 된다.

가장 중요하다고 생각하는 일들은 우선권 A, B에 있는 것들이며, 각각의 일을 수행하는 데 소요되는 시간을 정확하게 추산해야 한다. 이때 지나치게 정확할 필요는 없으며 이전에 해봤던 종류의 일이라면 시간이 얼마 정도 걸렸을지 대략적인 기준이 있을 것이다. 이전에 해본 적 없는 새로운 일이라면, 이일을 해본 적 있는 동료나 상사, 친구에게 얼마 정도의 시간이 필요한지 물어보면 된다. 예상치 못한 상황을 대비하여 추산한 시간에서 10~20%의 여유시간을 둬야 한다. 일마다 끝마치는 데 필요한 마감기한을 설정할 수 있다. 어려운 일이라면 진행 가이드를 정해놓고 그 과정을 따라 일을 끝마치는 것이 좋다.

4. 모든 일과 시간을 적는다

이제는 다른 사람에게 넘겨도 되는 일이나 일 그 자체를 제대로 끝마칠 수 있는 사람에게 넘기는 방법을 생각한다.

하버드 시간관리 비법

예상 소요시간을 파악하고 있다면 업무계획을 짜는 데 많은 도움이 된다. 익숙한 일이라면 소요시간을 예상하는 건 어렵지 않다. 익숙지 않은 일이라면 소요시간을 예상하는 데 더 많은 시간과 노력이 필요하다. 소요시간을 예상하는 과정은 전체 업무를 수행하는 데 필요한 시간에 포함되므로 최대한 현실적으로 계산해야 한다. 예상 소요시간을 계산하는 작업을 소홀히 한다면 결국 안 좋은 영향을 주게 된다. 소요시간을 예상하는 데 주목해야 할 세 가지 방법을 살펴보자.

1. 실제 경험을 바탕으로 한 가지 일을 끝마치는 데 평균적으로 소요되는 시간을 계산한다. 자신 혹은 동료에게 익숙한 일일수록 시간의 정확도는 더욱 높아진다.
2. 예상은 그저 예상일뿐이라는 걸 명심해야 한다. 이 시간을 무조건 지켜야 하는 약속으로 바꾸면 안 된다.
3. 예상 소요시간을 적절하게 연장하는 것은 일을 수행하면서 실제로 소요된 시간이 계획한 시간보다 초과하는 걸 피할 수 있는 가장 좋은 방법이다. 공개적으로 진행해서 자신이 어떠한 일을 하고 있는지 정확하게 알아야 한다.

적당하게 어려운 목표를 기준으로 삼아라

위대한 성취의 비결은 목표를 확인하고, 시작하고, 행동하고, 목표를 향해 전진하는 데 있다.

브라이언 트레이시 Brian Tracy

똑똑하고 영리한 여학생이 있었다. 어릴 때 몸이 약해서 체육시간에는 항상 뒤처졌다. 승부욕이 강한 그녀에게 체육시간은 두렵고 고통스러운 시간이었다. 어머니는 그녀를 위로하며 말했다. "아직 어리기 때문에 꼴찌를 하는 것도 괜찮단다. 하지만 다음 목표는 앞에 있는 한 명을 따라잡는 것이다. 명심하렴."

여학생은 고개를 끄덕이며 어머니의 말을 마음에 새겼다. 다음 체육시간에 최선을 다해 달렸고 바로 앞에 있는 친구를 따라잡았다. 마침내 그녀는 꼴찌에서 탈출하는 데 성공했다. 이후 달리기 속도는 점점 빨라졌고 더 많은 친구들을 따라잡았다. 한 학기가 채 끝나기도 전에 달리기 성적은 반에서 중간 정도가 되었고, 여학생은 점점 체육시간을 좋아하게 되었다. '앞에 있는 한 명을 따라잡는 것'이라는 어머니의 한마디가 "시험마다 한 명의 친구를 따라잡는다면 정말 대단한 거야."라는 말로 의미가 확장되었다. 이 한마디로 인해 그녀는 북경대학에 입학했고, 4년 뒤에 그 해의 하버드대학 교육대학원 전액 장학금을 받은 유일한 중국인이 되었다. 그녀의 이름은 주청이다. 주청은 하버드에서 계속 공부하여 석사학위와 박사학위를 수료했다. 박사 기간에는 11개 대학원 약 1만 3천 명의 대학원생을 대표하는 하버드대학원 학생회 의장이 되었다. 하버드 370년 역사 이래 최초의 중국 국적 유학생이 직책을 맡은 쾌거였다.

'앞에 있는 한 명을 따라잡는 것'은 합리적이면서 어려운 목표다. 목표가 없으면 방향을 잃어버리고, 바라는 바가 없다면 방향과 원동력을 모두 잃게 된다. 목표가 너무 높고 바라는 바가 지나치게 크면 자신의 능력이 부족하다는 생각을 갖게 된다. 현실적이면서 적당하게 어려운 목표는 착실하게 앞으로 나아갈 수 있도록 이끌어준다.

현실에서 출발하고 최대한 원대하고 어려운 것을 목표로 삼아야 한다. 하루에 천리를 가는 사람과 하루에 십리를 가는 사람의 정신 상태가 다르고, 높은 산을 오르는 사람과 동산을 오르는 사람이 발휘하는 잠재력이 다른 것과 같다. 합리적이면서 어려운 목표는 자신의 행위에 대한 본보기가 되어 잠재력을 발휘할 수 있도록 도와준다. 어려운 목표는 나를 성장하게 하는 첫걸음이다. 어려운 목표를 이용해 자신을 통제하려면 다음과 같은 몇 가지 부분을 신경 써야 한다.

1. 적당히 어려운 목표설정

목표가 사소하고 애매하거나 지나치게 달성하기 쉬우면 목표를 향해 나아가려는 원동력을 잃어버리기 때문에 오히려 많은 사람들이 목표를 달성하지 못한다. 대단하면서도 적당히 어려운 목표는 앞으로 나아갈 수 있도록 격려해준다.

2. 컨디션 관리

즐거울 때는 체내에서 기묘한 변화가 나타나 원동력과 힘이 발생한다. 끊임없이 스스로를 격려하고 컨디션을 최상으로 올려서, 열정적으로 업무를 수행하고 정해놓은 목표를 달성할 수 있도록 하자.

3. 긴장감

시간을 함부로 쓰지 말고 이상과 목표를 실현하기에 충분한 시간이 있다고 생각해서도 안 된다. 긴장감이 없다면 시간을 충분히 관리하고 이용할 수 없으며 결국 목표에 이를 수 없다.

4. 두려움 수용

어려운 목표를 이루기 위해서는 예상치 못한 상황을 받아들여야 하고, 어려운 상황이 만들어낸 두려움을 용감하게 극복해야 한다. 당신이 극복해야 하는 건 사소한 두려움일지라도, 극복해낸다면 자신의 삶에 대한 자신감도 높아진다.

5. 계획을 적당하게 조정하자

실제로 목표를 향해 나아가는 과정은 순탄하지만은 않다. 시간의 경과에 따라 목표를 변경해야 할 수도 있다. 현재보다 발전하기 위해서는 자신의 계획을 적절하게 조정하는 작업도 필요하다.

하버드 시간관리 비법

합리적이면서 어려운 목표를 세웠다면, 혼자만의 비밀로 간직하지 말고 지지해줄 누군가와 목표를 공유하라. 다른 사람과 목표를 공유하면 두 가지 이득이 있다.

1. 다른 사람과 목표를 공유하면 목표를 더욱 확실히 할 수 있다. 반드시 글이 아닌 말로 목표를 표현하라.
2. 다른 사람에게 말했기 때문에 자신의 목표에 책임감을 갖고 실현하려고 노력할 것이다. 응원하는 사람들은 보이지 않는 감독관이 되어 목표가 제대로 진행되고 있는지 불시에 확인할 것이고, 당신은 목표를 이루기 위해 더욱 노력하게 될 것이다.

목표를 공유할 사람을 선정할 때는 특히 신중해야 한다. 목표를 세우는 데 익숙지 않은 사람이거나 목표가 없는 사람은 당신의 결정을 비웃고, 당신의 능력을 의심할지 모른다. 그렇게 되면 자존감에 타격을 받게 되므로, 당신을 믿고, 격려해주고 도와줄 수 있는 사람, 적어도 당신의 목표나 이상에 태클을 걸지 않는 사람과 목표를 공유하자.

'중요한 것'과 '급한 것'에서 우선순위를 정하는 원칙

성공한 관리자들은 시간관리를 효과적으로 하기 위해서 실제로 시간을 어디에 사용하고 있는지 확실히 파악해야 한다는 걸 안다.

피터 드러커 Peter F. Drucker

미국의 대형 철강기업 베들레헴은 회사 사정이 매우 좋지 않았던 적이 있었다. 그때 찰스 슈왑 회장은 전문가에게 자문을 구했다. 전문가는 회사의 실적을 50% 이상 높일 수 있는 방법이 있다고 말했다. 슈왑 회장은 "회사가 필요한 건 지식이 아니라 더 많은 실행력입니다. 어떠한 일을 해야 하는지는 우리 스스로도 잘 알고 있어요. 우리에게 더 나은 계획 실행 방법을 알려준다면 합리적인 범위 내에서 당신이 요구하는 금액으로 사례하겠습니다."라고 말했다.

전문가는 회장에게 백지 한 장을 주며 말했다. "내일 당신이 해야 할 가장 중요한 일 6가지를 적어보세요."

회장은 전문가가 말한 대로 했다. “당신과 회사에 중요한 순서대로 당신이 적은 일에 번호를 매긴 다음 종이를 주머니에 넣으세요. 내일 아침에 가장 먼저 해야 할 일은 종이를 꺼내 첫 번째 항목의 업무를 끝마치는 겁니다. 같은 방법으로 퇴근 전까지 두 번째 업무부터 마지막 업무까지 차례대로 진행하세요. 하루 종일 첫 번째 업무밖에 못 끝냈다고 걱정하지 마세요. 첫 번째 업무는 당신이 해야 할 가장 중요한 업무니까요.”

전문가의 말이 조금 석연치 않았지만 슈왑 회장은 일단 해보겠다는 의미로 고개를 끄덕였다. 전문가는 다시 한 번 말했다.

“매일 같은 방법으로 해야 합니다. 이 방법에 대해 확신이 생기면, 직원들에게도 똑같이 하도록 하세요. 이 실험은 당신이 하고 싶은 만큼 하면 됩니다. 당신이 가치가 있다고 생각되는 만큼 제게 수표를 보내주세요.”

한 달 뒤, 슈왑 회장은 전문가에게 2만 5천 달러의 수표와 한 통의 편지를 보냈다. 편지에는 “내 인생에서 가장 가치 있는 수업이었소.”라는 내용이 적혀 있었다. 5년 후, 아는 사람이 거의 없었던 작은 철강회사는 세계 최대 규모의 철강기업으로 성장했다. 여기에 전문가가 제안한 방법이 가장 큰 기여를 한 셈이다.

대부분의 사람은 중요한 순서가 아니라 하고 싶은 일이나 쉬운 일을 우선적으로 처리한다. 중요한 순서대로 일을 처리하면 시간효율을 더 높일 수 있다.

성과를 얻고 싶다면 현재 가장 중요하고 급한 일은 무엇인지, 또한 다음에 해도 되는 일은 무엇인지 스스로에게 물어라. 충분히 파악한 다음에 가장 중요한 일을 먼저 끝마친다. 업무의 중요도에 따라 일을 처리한다. 가장 중요한 일을 제일 먼저 끝마친다. 일의 중요도에 따라 우선순위를 파악하고, 다음 순서에 처리해야 하는 일은 급한 업무지만 중요성의 여부도 함께 고려해야 한다.

업무일정표를 가져와 "해당업무가 당신의 인생목표 혹은 단기 목표를 이루는 데 도움이 되는가?"라는 질문을 하면서 항목별로 점검한다. 그렇다고 생각하는 업무에 표시하고 우선순위에 따라 번호를 매긴다. 급한 정도와 시간효율도 함께 고려한다. 예를 들어 당신이 병에 걸렸다면 병원에 가는 것이 가장 중요하다. 이때 열심히 일을 한다면 얻는 것보다 잃는 것이 더 많아질 것이다. 또 다른 예로 지금 쇼핑을 가고 싶은데 상사가 시킨 업무가 있다. 그렇다면 고민할 것도 없이 업무를 끝마친 다음 쇼핑을 가야 한다. 업무는 중요하고 급하지만, 쇼핑은 급하지도 중요하지도 않은 일이기 때문이다.

시간효율은 일종의 평가방법이다. 어떤 업무가 다른 업무보다 중요하지 않고 급하지도 않지만, 해당업무를 제대로 수행하면 더 큰 이익을 얻게 되고 시간도 오래 걸리지 않는다면, 우선적으로 그 업무를 끝마치는 게 좋다. 예를 들어 오늘 가장 중요한 업무가 상사에게 제출할 보고서를 입안하는 것이다. 그런데 해당업무를 끝마치려면 몇 시간이 소요된다. 당신이 해야 할 또 다른 업무 중에 다른 사람이 처리할 수 있는 게 있다면, 보고서를 작성하기 전에 몇 분을 투자해 그 업무들을 다른 사람에게 넘겨라. 그럼 더 많은 시간 동안 중요한 보고서를 작성하는 데 집중할 수 있다.

당신이 정한 우선순위 번호에 따라 항목들을 배열하고, 중요하지 않은 업무도 우선순위에 따라 배열해서 업무를 처리한다. 업무효율이 상당히 높아질 것이다.

하버드 시간관리 비법

우리가 매일 처리해야 하는 일들을 '중요하고 급하게 처리해야 하는 일, 중요하지만 급하지는 않은 일, 급하지만 중요하지 않은 일, 급하지도 중요하지도 않은 일'로 나눌 수 있다.

1. 중요하고 급하게 처리해야 하는 일

가장 중요하면서 우선적으로 처리해야 하는 일이다. 당신의 사업이나 목표를 성공으로 이끌 수 있는 업무이거나, 당신의 생활과 밀접하게 관련이 있어서 다른 업무보다 우선적으로 처리해야 하는 업무다. 해당업무들을 우선적으로 해결해야 다음 업무를 순조롭게 진행할 수 있다.

2. 중요하지만 급하지는 않은 일

우리가 적극적이고 자발적으로 처리해야 하는 일이다. 여기에 해당하는 업무처리를 잘하느냐의 여부로 그 사람의 사업 목표와 진행과정에서의 판단 능력을 확인할 수 있다.

3. 급하지만 중요하지 않은 일

일상생활에서 흔히 볼 수 있는 일이다. 자고 싶은데 친구가 술 마시러 가자고 전화를 걸어온 경우, 이를 거절할 만한 충분한 이유가 없다. 다음날 머리가 띵하고 하루 종일 정신이 없어서 도서관에 가서 책을 보려던 계획을 취소해야 한다. 다른 사람의 일에 이끌려 당신이 중요하다고 생각한 일을 수행하지 않았기 때문이다. 중요하지 않은 일에 제대로 대처하지 못하면 당신은 자율성을 잃게 될 것이다.

4. 급하지도 중요하지도 않은 일

이러한 일들이 일상생활에 자주 발생한다. 어느 정도 가치가 있다고 해도 통제하지 못하고 여기에 빠진다면 당신은 소중한 시간을 낭비한다.

실제 생활에서 이 네 가지 단계로 나누어 일을 처리한다면, 시간을 충분히 이용하고 업무효율도 높아질 것이다.

진행상황에 따른 목표 수정

미래가 불투명하면, 현재도 모호하다.

윈스턴 처칠 Winston Leonard Spencer Churchill

필라델피아에서 귀금속을 사고팔던 찰스 굿이어는 파산을 했다. 그런데 1834년 9월, 뉴욕으로 건너온 것이 그의 인생을 바꿔놓았다. 그가 재기에 성공하게 된 건 바로 맨해튼의 작은 상점 덕분이었다. 섬세한 성격을 가진 그는 상점에서 구명조끼, 비옷, 장화 등 고무로 만든 다양한 제품들을 보았다. 상점의 주인은 북아메리카의 변화무상한 기후 때문에 천연고무는 적합하지 않아 고무산업은 이미 한물이 갔다고 경고했다. 그러나 굿이어는 그 말을 무시하고 고무를 이용해 더욱 다양한 제품을 만들기 시작했다.

주방을 실험실로 개조했다. 가족도 돌보지 않고 전 재산을 실험에 투자했다. 재료를 구입하기 위해 아이의 교과서를 팔아버리기까지 했다. 자금이 부족해 더 이상 실험을 진행할 수 없게 되자 그는 투자자를 찾아 나섰다. 이웃집이나 거래상들을 찾아가 "일단 성공만 하면 앞날이 보장된 실험을 하고 있습니다. 자금이라는 한계에 부딪혀 실험을 마무리하지 못하고 있습니다."라고 말했다.

고무로 만든 제품의 잠재된 수익을 보여주기 위해 굿이어는 영국의 고무산업 성공 사례들을 말했다. 영국 상인과 스코틀랜드 학자가 이중으로 된 면직물 사이에 고무를 넣은 재질을 개발했다. 이 재질은 물이 옷에 닿지 않는 방수 기능을 했다. 비가 자주 내리는 영국에서 고무의 단점을 드러내지 않으면서 방수 기능이 있는 제품들은 대단한 성공을 거두었다.

굿이어가 실험하는 몇 년 동안 다양한 사건들이 발생했다. 1839년, 실수로 고무와 유황 혼합물을 난로 위에 떨어뜨렸는데, 난로에서 쌕쌕거리며 끓는 소리를 내며 타버렸다. 녹아버린 혼합물을 제거하자 놀랍게도 남은 부분은 건조하면서도 탄성이 있었고, 어떠한 온도에서도 버티는 강력한 물질로 변했다. 고온으로 인해 혼합물은 더 짙은 색깔을 띠고 더 질기게 변한 것이다.

고온이 성공의 열쇠였을까? 130도에서 가열한 고무에 화학성분을 넣자 가황 고무로 변했다. 가공하지 않은 고무는 물리적인 성질이 떨어져 풍선껌과 같았다. 그런데 유황과 다른 화학물질을 혼합해 가열하니 화학 결합이 일어나 더 질겨졌다. 가공하지 않은 고무가 고온에서 모양이 변하는 것과 달리 가황 고무는 고온에서도 형태를 유지했다. 고온은 고무의 성질을 변화시켜 탄성을 갖게 한다.

굿이어는 반복해서 여러 번 실험을 진행했다. 최상의 고무를 만들기 위해 혼합 비율, 가열 온도, 가열을 멈추는 시기까지 구체적인 방법으로 연구했고, 수십 개의 고무제품이 만들어졌다. 반복되는 실험 끝에 가황고무를 만들어내는 새로운 방법을 착안했고 1844년 특허권을 취득했다. 찰스 굿이어의 최초 목표는 단순히 고무로 된 제품들을 만드는 것이었다. 하지만 고무에 화학 성분을 혼합한 뒤 가열하면 고무의 성질이 변한다는 걸 알게 되면서 찰스 굿이어는 최상의 고무를 만들어내는 것으로 목표를 수정했다. 그 결과 수십 가지의 고무 제품을 만들어냈고 가황고무 특허권까지 취득했다.

당신은 자신의 목표를 분명하게 말할 수 있는가? 목표에 수정이 필요한가? 하버드 시간관리 프로젝트 연구원들은 부동의 계획은 계획이 없는 것보다 더 나쁘다고 말했다. 이 말은 두 가지 의미가 있다. 첫째, 목표를 세우는 과정도 중요하지만, 업무목표를 사전에 완벽하게 계획할 수 없다는 걸 알아야 한다. 둘째, 언제든지 계획을 수정하고 조율할 수 있는 능력을 갖춰야 한다. 업무를 처리할 때도 외부 환경이 변하면 자신의 계획을 즉각적으로 수정하고, 조율해야 하며, 적절하게 목표를 조정하고 고집을 버려야 한다.

외부 환경은 계속해서 변하기 때문에 목표를 달성하기 위해선 수시로 자신의 선택에 오류가 있는지 점검해야 한다. 그래야 확실한 목표를 갖고 업무에 집중할 수 있다. 또한 계획을 수행하는 과정에서 발생하는 돌발 상황을 뜻밖의 행운이라고 여기자. 하버드대학의 한 교수가 "업무효율이 높은 사람은 늘 행운을 맞이할 준비가 되어 있습니다."라고 말했다.

진행과정에서 계속 수정하고 조율하려면 목표를 세울 때부터 유연성을 발휘해야 한다. 정해놓은 목표에 유연성이 발휘되면 마음이 한결 편해지기 때문에 업무효율에 영향을 받지 않고, 오히려 업무효율을 더 높일 수도 있다. 그리하면 제시간에 일을 끝마치고 목표를 달성할 수 있을 것이다.

하버드 시간관리 비법

목표를 수정해야 한다면 다음의 단계를 따라 진행하는 것이 좋다.

1. 목표 수정이 아닌 계획 수정

목표는 쉽게 수정하면 안 되지만, 목표를 이루기 위해 세운 계획은 현실에 맞게 조율할 수 있다. 새로운 방법과 계획을 찾았다면 목표를 수정하지 않아도 된다.

2. 기한 수정

만약 (1)에서 효과를 얻지 못했다면 목표를 달성할 수 있도록 기한을 연장해야 한다. 애초 계획을 세울 때 효과적인 방법을 찾기 위한 시간이 부족했기 때문에 계획을 수정해도 목표를 달성하지 못한 것이다. 더 많은 시간을 투자해 방법을 찾아야 한다.

3. 목표량 수정

기한 수정으로도 목표를 달성하지 못했다면 목표량을 수정하는 수밖에 없다. 단, 목표량을 수정할 때 반드시 심사숙고해야 한다. 자신에게 관대해져서 쉽게 꿈을 줄이고 현실에 순응해버리면 안 된다. 기한 내에 목표를 더 합리적으로 바꿀 새로운 방법을 찾기 위한 노력을 아끼지 말자.

4. 쿨하게 포기하기

성공하고 싶은 사람에게 포기는 정말 견디기 힘든 일이다. 포기는 실패를 의미하고, 다시 시작하는 것을 의미하기 때문이다. 포기하고 다시 시작할 수밖에 없다면 좌절하지 않고, 낙담하지 않고, 긍정적인 마음으로 실현할 수 있는 목표를 세워야 한다.

5. 새로운 목표 마주하기

새로운 목표를 세울 때는 첫 번째 과정인 계획, 방법, 규칙 순으로 수정하면 된다.

단계별 목표 실현

성공과 목표는 동일하다. 그 외의 것들은 보충 설명일 뿐이다.
브라이언 트레이시 Brian Tracy

음악 프로듀서가 되고 싶은 마이클이라는 청년이 있었다. 19살이었던 그는 휴스턴대학의 컴퓨터를 전공하면서, 학교 옆 한 우주선 실험실에서 일을 했다. 자는 시간 외에는 학업과 일을 하면서 하루의 대부분을 보냈지만, 남는 시간은 자신의 꿈을 이루기 위해 곡 작업에 몰두했다.

어느 날, 마이클은 자신보다 작사에 능한 발레리라는 여학생을 찾아갔다. 발레리는 음악에 대한 마이클의 고집과 간절함을 보고 도와주기로 결심했다.

발레리가 마이클에게 말했다. "5년 뒤에 네가 어떤 모습일지 상상해봤어?"

마이클은 잠시 생각한 뒤 말했다. “음반을 발매하고, 많은 사람들에게 인정받고 있을 거야. 또 하나는 음악으로 둘러싸인 곳에 살면서 세계적인 프로듀서들과 함께 작업하는 거지.”

“확신할 수 있어?” 마이클은 천천히 말을 늘어뜨려 겨우 그렇다고 대답했다.

“그렇다면 그 목표부터 반대로 체크해보자. 5년 뒤 음반이 발매되려면, 4년째에는 음반사와 계약을 해야겠지. 3년째에는 음반사에게 들려줄 음반이 완성돼야 해. 2년째에는 괜찮은 곡들로 녹음을 시작해야 하고, 1년째에는 녹음할 곡들의 편곡과 연습을 끝내야 해. 6개월째엔 미완성곡들의 수정을 끝낸 다음, 곡 선정 작업을 해야 돼. 1개월째에는 현재 작업 중인 곡을 완성시켜야 해. 이번 주까지 끝내야 할 일은 수정해야 할 곡과 곧 작업이 끝날 곡의 리스트를 작성하면 돼. 자, 다음 주에는 어떤 일을 해야 할지 감이 와?”

발레리는 계속해서 말을 이어나갔다.

“5년 후에 음악으로 둘러싸인 곳에 살면서 세계적인 뮤지션들과 함께 작업할 거라고 했지? 5년째에 함께 곡 작업을 하려면 4년째에는 개인 작업실이 있어야 돼. 3년째에는 이미 누군가와 함께 작업을 해야 하고, 2년째에는 뉴욕이나 로스앤젤레스로 이사 가야 해.”

발레리가 세워준 5년 계획은 마이클에게 큰 도움이 되었다. 1977년, 마이클은 직장을 그만두고, 로스앤젤레스로 이사 갔다. 6년째 되던 해, 마이클은 최고 인기 가수가 되었고, 음반도 대단한 호평을 받았다. 매일 세계적인 뮤지션들과 함께 곡 작업을 하는 꿈도 이뤄냈다.

어떠한 일을 할 때 알맞은 계획을 세워야 목표에 도달할 수 있다. 한 사람의 인생목표와 직업 목표를 한 번에 달성하는 건 불가능하다. 목표를 이루기 위해서는 끊임없는 누적의 과정을 거쳐야 한다. 구체적인 목표를 성공을 위한 길의 이정표와 쉼표를 정해야 한다. 출발점마다 한 번의 성공, 한 번의 위로, 한 번의 격려의 순서를 거쳐야 한다. 한 번에 목표를 이룰 수 없다면 최종 목표에 다다를 수 있도록 장기적인 목표를 하나씩 세분화해야 한다.

목표는 구체적이면서 실현 가능성이 있어야 한다. 계획이 구체적이지 않을 경우 실현 가능 여부를 평가할 수 없고 의욕도 떨어질 것이다. 목표를 향해 나아가는 것은 원동력의 원천이기 때문이다. 목표까지 얼마나 남았는지 가늠할 수 없다면 자신감이 사라지고 결국 포기하고 싶어진다.

목표를 하나씩 하나씩 완성해나가는 것, 단기적인 목표를 이루는 것은 성공을 위한 필수적인 과정이다. 하버드 시간관리 수업에서 제안하는 '목표를 성공으로 변화하는 방법'을 살펴보자.

1. 수치화된 목표

막연하게 "돈을 많이 벌 거야."라고 말하는 것은 아무런 도움이 되지 않는다. 얼마를 벌고 싶은지, 어떠한 일을 하고 싶은지, 어떠한 성과를 거두고 싶은지 등 자신이 바라는 성공의 구체적인 기준을 정해야 한다.

2. 하나씩 달성하기

구체적인 목표를 썼다면 다음에 해야 할 일은 간단하다. 자신이 쓴 목표들을 하나씩 달성해나가면 된다. 5년 내에 끝마쳐야 한다면, 5개의 구체적인 목표로 나눠 1년에 한 가지씩 달성한다. 이렇게 하면 지금부터 내년이 오기 전까지 어떠한 일을 끝마쳐야 하는지 확실해진다. 목표를 다시 12개로 나누면 매달의 목표가 정해진다. 달마다 어떠한 일을 해야 하는지 확실해질 것이다. 매달의 목표를 다시 4개로 나누면, 다음 주에 어떠한 일을 해야 하는지 시간을 낭비하지 않고도 알 수 있다.

목표를 조금 더 세분화하여 매주의 목표를 5~7개로 나눌 수 있다. 몇 개로 나누느냐에 따라 일주일 동안 며칠의 시간을 투자해야 하는지 결정된다. 5일 만에 끝마칠 수 있다면 5개로 나누고, 7일이 소요된다고 생각하면 7개로 나눈다. 이 방식대로 하면, 이미 전반적인 계획이 세워졌기 때문에 목표를 향해 달려 나가면 된다. 하루 또 하루, 일 년 또 일 년, 그렇게 진행하다 보면 마침내 목표에 다다를 것이다.

하버드 시간관리 비법

성공하는 사람들은 목표를 세우고, 결과를 이루어낸다. 목표를 결과로 만들고 싶다면 아래 세 가지를 기억하자.

1. 확실함

계획과 목표 사이에 존재하는 원인과 결과를 고려한 다음 달성 가능한 계획을 세워라. 즉, 계획한 일을 끝마쳐야 목표에 달성할 수 있다.

2. 선 별

목표 달성이 가능한 몇 가지 계획을 나열한 다음, 목표를 달성할 수 있고 가장 안전하면서 업무량은 가장 적고 난이도가 가장 낮은 계획을 가려내 해야 할 업무를 선별한다.

3. 신속함

해야 할 업무를 확실하게 알고, 소요되는 시간에 따라 전반적인 계획을 세웠다면 최대한 빠른 시간 내에 목표를 달성해야 한다.

이 세 가지 과정을 거친다면 목표는 결과로 바뀌어 있을 것이다.

파레토법칙을 이용한 시간관리

시간은 가장 진귀한 자원이다. 시간을 관리하지 못하면 그 어떤 것도 관리할 수 없다.

피터 드러커 Peter F . Drucker

하버드대학에 재학하던 시절 한 선배가 리처드슨에게 말했다. “자네의 취미가 독서가 아니라면 책을 처음부터 끝까지 다 읽을 필요는 없네. 책을 읽으면서 그 책의 가치를 깨닫는 것이 책 전체를 읽는 것보다 훨씬 가치가 있다네.”

선배가 한 말에는 책 한 권에 80%의 가치가 있다면, 이미 읽은 20% 정도의 페이지에 다 이야기되었을 것이니 책의 20%만 읽으면 된다는 의미가 담겨있다.

이러한 학습 방법을 좋아하는 리처드슨은 다른 곳에도 이 방법을 계속 적용했다. 하버드대학의 평점 시스템은 과목이 끝나는 기말고사가 학생의 성적을 결정한다. 리처드슨은 이전 시험문제를 분석하여

20%만 공부한 다음, 과목과 관련된 내용을 조금만 준비해도 시험문제의 80% 정도를 대답할 수 있다는 사실을 깨달았다. 한 부분을 제대로 아는 학생이 시험관의 기억에 남고, 반대로 한 부분에 정통하지 않지만 모든 부분을 조금씩 아는 학생이 시험관의 마음에 들 수 없는 이유가 바로 여기에 있다. 이러한 심리가 하루 종일 열심히 공부하지 않아도 좋은 성적을 거둘 수 있는 방법이다.

졸업 후, 리처드슨은 한 석유회사에 취직했다. 하지만 자신에게 가장 적합한 업무는 컨설턴트라고 생각하고, 필라델피아로 건너가 컨설팅 회사로 이직했다. 급여도 석유회사의 4배나 됐다. 이곳에서 리처드슨은 파레토법칙의 다양한 사례들을 만났다. 컨설팅 회사의 80% 성장은 20%도 안 되는 직원들이 이뤄내고 있었다. 첫 번째 컨설팅 회사를 그만두고 두 번째 회사로 이직했을 때는 더 놀라운 사실을 발견했다. 두 번째 회사의 직원들은 첫 번째 회사의 직원들보다 훨씬 업무효율이 높았다. 최선을 다해 일을 하지 않았지만 파레토법칙을 충실히 이용하고 있었다.

파레토법칙은 19세기 말 이탈리아의 경제학자 빌 프레도 파레토가 제시한 학설로 '80:20 법칙'으로도 불린다. 20%의 소수가 나머지 80%보다 더 큰 가치를 가진다는 내용이다. 하버드 경영대학원의 한 교수가 파레토법칙을 응용한 업무처리 방법을 제안했다. 일정표에 있는 내용에서 큰 수익을 얻을 수 있는 2~3가지 핵심 항목에 많은 시간을 분배해 업무를 끝마치는 것이 유용한 시간관리 방법이라고 말했다.

파레토법칙은 당신이 얻을 수 있는 시간과도 관련이 있다. 창의적이고 성과가 큰 80%의 업무는 20%의 시간에서 결정된다. 즉, 20%의 시간을 투자해 80%의 성과를 낼 수 있다. 하루의 4~5시간이 골든타임이라면, 골든타임이 언제인지 파악한 다음 그 시간을 이용하는 것이 이상적이다.

성공한 사람들의 특징은 자기 관리 능력이 철저해 컨디션이 최상일 때 가장 중요한 업무를 처리한다. 남들보다 더 큰 성과와 만족감을 얻는 이유이다. 성공하고 싶다면 일상생활과 업무에서 20%와 80%를 찾아낸 다음 순서대로 업무를 처리해보자. 표를 만들어 인생목표와 취해야 할 행동, 최선을 다해야 할 일들을 적고, 어떠한 업무에서 20%의 시간으로 80%의 성과를 얻었는지 살펴보자.

파레토법칙을 고객 관리에 사용할 수도 있다. 이 법칙을 업무에 이용하는 직원들은 '핵심 고객'을 이용해 실적을 올린다. 성공할 수 있는 요소가 무엇인지 파악했다면, 당신이 성공으로 나아갈 수 있도록 파레토법칙이 묵묵히 도와줄 것이다. 20%의 고객이 80%의 이윤, 실적 증가의 중요한 요소다. 어떤 고객이 20%인지 파악하고, 그들을 '평생 핵심 고객'으로 삼아 성심성의껏 관리하자. 새로운 고객을 단골고객으로 만드는 것도 중요하지만, 단골 고객을 계속 유지하는 것이 사업 성패의 핵심이다. 모든 고객을 핵심 고객으로 관리하는 것은 현실적으로 불가능하기 때문에 상위 20% 고객에 집중해야 한다. 이 방법이 100%의 고객을 관리하는 것보다 훨씬 쉬우면서 효율도 높다.

20%의 핵심 고객인지 알기 위해서는 상대방의 상황을 최대한 많이 파악해야 한다. 영업 대상이 개인이라면 이름, 학력, 취미, 경제력, 결정권의 유무, 영향력 있는 친구, 소모임 등 고객의 개인 정보를 최대

한 많이 수집해야 한다. 영업 대상이 회사나 단체라면 개인 정보 외에 단체의 총괄 책임자, 가장 영향력 있는 인물, 최종 결정권자, 구매 시 핵심 역할을 하는 사람은 누구인지 또 구매를 결정하는 파트는 어디인지 등과 같은 정보를 수집해야 한다.

정보 수집을 통해 고객의 가치를 판단할 수 있고, 전혀 관계가 없거나 목적이 없는 고객에게 시간낭비를 하지 않을 수 있다. 수집한 정보를 토대로 실적의 중요도에 따라 VIP 고객, 우수 고객, 일반 고객, 마이너 고객으로 나눌 수 있다.

하버드 시간관리 비법

시간관리 노트를 일주일 동안 가지고 다니면서 직접적이든 간접적이든 당신의 만족도를 극대화할 수 있는 행동들을 기록해보자. 다음의 내용들이 포함되어 있을 것이다.

1. 파트너와 대화하기(진지한 대화, 성과 있는 대화, 목적 없는 잡담이든 상관없다.)
2. 아이를 데리고 공원에 가서 놀기
3. 소설 읽기(추리소설, 연애소설, 고전소설 등 장르는 상관없다.)
4. 운동(조깅, 농구, 축구 등 아무 운동이나 상관없다.)
5. 좋은 기분에 사로잡혀 있기(한참 못 본 친구를 우연히 만났다든가, 급여가 오르는 것 등)
6. 명소를 여행하면서 힐링한다.

전형적인 일과표를 함께 살펴보았다. 이번 주에 했던 일 중에 가치가 있었던 건 어떤 것인지, 시간을 낭비해서 불만족스러운 건 어떤 것인지 돌아보자. 아마 다음의 내용이 포함되어 있을 것이다.

1. 집안일
2. 식품 구매
3. 수도세와 전기세 납부
4. 주간 직원회의 참석

파레토법칙을 이용해 일상생활을 조율하고, 시간을 관리해서 의미 있고 가치 있는 일을 많이 하자. 파트너와 대화를 나누고, 아이를 데리고 공원에 가서 노는 것, 좋은 책을 읽는 것은 여유 시간에 할 수 있다. 지금은 열심히 일해야 한다. 중요한 업무에 정신을 집중하고, 자신의 가치를 높이고, 수입을 올리기 위해 열심히 일하면 더 많은 돈과 여행을 갈 수 있는 시간이 생길 것이다.

시간을 충분히 이용하면 경제적인 안정감 부여, 자신의 가치 증진, 사업상의 발전, 신체 건강 등의 효과를 얻을 수 있다. 시간을 충분히 이용할 수 있는 가장 효과적인 방법은 올바르게 파레토법칙을 활용하는 것이다.

내가 헛되이 보낸 오늘 하루는
어제 죽어간 이들이 그토록 바라던 하루다.
단 하루면 인간적인 모든 것을 멸망시킬 수 있고
다시 소생시킬 수도 있다.

소포클레스 Sophocles

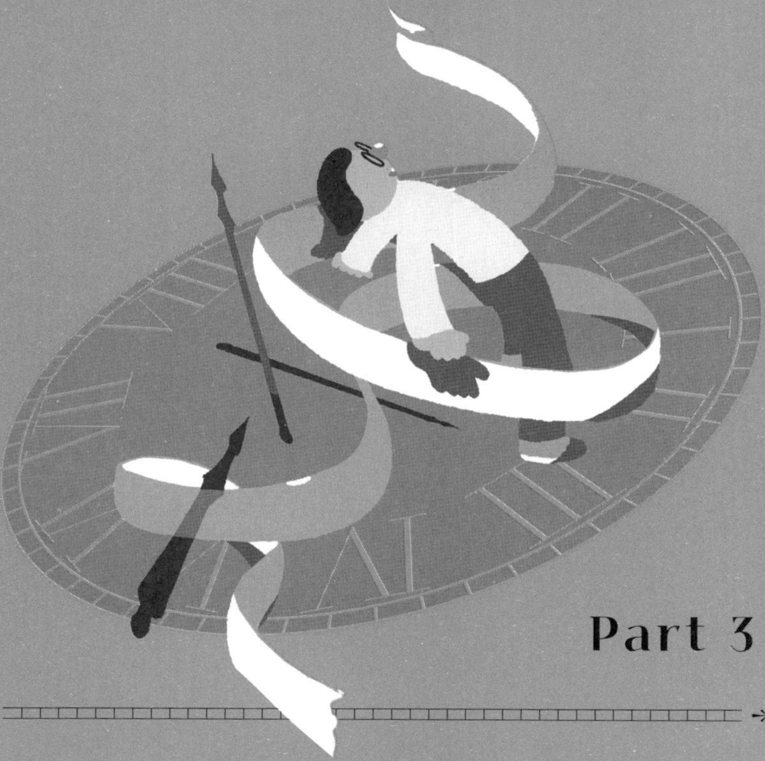

Part 3

나만의 시간관리표를 만들자

H A R V A R D

T I M E

M A N A G E M E N T

제대로 된 시간관리를 하고 있는가?

하버드 출신의 성공한 사람들은 놀라울 정도로 시간관리의 중요성에 대해 일관적인 반응을 보였다. '시간관리의 중요성', '시간관리 전략', '시간관리 혁명' 등의 화려한 제목으로 시간의 중요성을 강조했다. 우리는 이상하리만큼 바쁜 사회에 살고 있다. 회사의 관리자, 전문가, 어떤 직업을 막론하고 모두가 정신없이 바쁘다. 그렇다고 바쁜 삶이 반드시 성공으로 연결되는 것도 아니다. 끝을 가늠할 수 없는 바쁨은 오히려 업무효율을 더 떨어뜨린다. 사람들이 바쁘기만 한 이유는 하나 밖에 없다. 알맞은 시간관리를 하지 않기 때문이다.

시간관리에 도움이 되는 수단

우수한 결과를 얻고 싶다면 그만큼 자신의 시간을 소중하게 여기고 배치해야 한다.

나데즈다 크룹스카야 Nadezhda Konstantinovna Krupskaya

로스앤젤레스 한 무역회사의 제이슨 팀장은 평소에도 매우 바쁘다. 자신이 바쁜 이유가 시간관리를 제대로 하지 못하고, 업무에도 우선순위가 없기 때문이라고 생각했다. 늘 적절하게 시간분배를 못하고, 효율적으로 시간을 쓰지 못한다는 생각을 갖던 그는 시간관리 수업을 들었다. 그리고 3주 전부터 시간관리를 시작했다. 매일 평소보다 15분 정도 일찍 일어나 하루 스케줄을 작성했다. 할 수 있는 업무들을 기록하고 업무마다 우선순위를 매겼다. 급한 업무는 A+, 중요한 업무는 A, 유용하지만 잠시 하지 않아도 되는 업무는 B, 할 가치는 있지만 중요하지 않은 업무는 C로 표시했다. 다른 사람들과 달리 제이슨의 스케줄에는 A+와 A만 존재했다.

그런데 3주 동안 스케줄에 기록된 항목들 중 끝마친 업무는 단 하나도 없었다. 제이슨은 우울했다. 잠을 이루지 못했으며 전보다 더 쉽게 좌절감에 빠졌다. 시간관리 수단이 자신에겐 전혀 쓸모가 없다는 생각이 들어, 시간관리를 포기하려고 했다. 사실 시간관리 수단이 없다고 해도 끝마칠 수 없는 업무를 나열하지 말았어야 했다.

일상생활에서 제이슨과 같은 사람들은 흔하다. 매일 바쁘고 시간에 쫓긴다고 생각한다. 이런 사람들은 시간관리 수단을 이용하지 않았기 때문에 매일 어떤 일을 해야 하는지, 어떤 일을 하면 안 되는지, 어떤 일이 더 중요한지 또는 급한지 모르는 것이다.

시간관리표를 만들 때는 적합한 수단을 사용해야 하는데, 그 수단의 종류는 다양하다. 좀 더 질서 있고 업무효율을 높일 수 있도록 도와주는 시간관리표를 작성하는 수단으로는 일 리스트, 스케줄러, 일간/주간 계획표, 스케줄 어플 및 프로그램 등이 있다.

미국의 많은 회사나 기관들이 컴퓨터 프로그램 Microsoft Outlook처럼 일정에 따라 스케줄이 나열되어 있는 수단을 사용하고 있다. 컴퓨터에 저장할 수 있고, 사내 네트워크가 공유되어 있다면 동료의 일정표도 확인할 수 있다. 네트워크 공유를 통한 계획표 작성은 회의를 열기에 적절한 시간을 쉽게 파악할 수 있고, 서로 협의하면서 일할 수 있게 도와준다. Microsoft Outlook은 일 리스트 기능도 있다. 이러한 시간관리 수단은 굉장히 효율적이며, 전담해야 하는 업무를 줄일 수 있다. 모 시간관리 교육 회사에서 근무하는 프랭클린 그웨이는 Microsoft Outlook과 방법은 똑같지만 지식 전문가들이 중요한 업무에 집중하고, 팀의 업무효율을 높일 수 있는 부가적인 수단을 연구 개발했다. 업무를 좀 더 질서 있도록 하고, 업무효율을 높여 더 큰 성과를 얻는 데 도움이 되는 실용성이 강한 프로그램이다.

어떤 업종에 종사하고, 어떤 회사를 다니던 자신에게 맞는 시간관리 수단으로 계획을 세워야 한다. 자신의 업무계획을 세우는 것이므로 회사에서 사용하는 스케줄 프로그램이 자신에게 맞지 않다면 다른 프로그램을 이용해야 한다.

하버드 시간관리 비법

스케줄을 작성할 때 좀 더 신경 써야 하는 부분에 따라 적절한 방법을 사용해야 한다.

1. 스케줄러에 너무 많은 업무를 담지 않는다. 생각만으로 스케줄을 짜는 것이 아니라 자신의 희망과 실제 시간을 정확하게 파악한 다음 현실에 맞는 스케줄을 짜야 한다. 이렇게 하면 있어도 되고 없어도 되는 사소한 일들이 스케줄을 차지하고 있는 것을 막을 수 있다.
2. 실현 불가능한 꿈이 아닌 실현 가능한 것을 나열하라. 스케줄 속의 구체적이 내용이 아니라 스케줄 짤 때의 마음에 관한 이야기다. 터무니없는 상상이 아닌 그날 끝내길 희망하는 일을 적어야 한다.
3. 스케줄은 유연성이 있어야 한다. 스케줄에 끌려 다니지 않으려면 유연성이 필

요하다. 스케줄을 변경하고, 삭제하고, 통제할 수 있어야 도움이 되는 스케줄이다.

4. 우선순위가 필요하다. 질서가 있어야 업무효율이 높아지고 더 많은 양의 중요한 업무를 끝마칠 수 있다.
5. 휴식, 잠깐 동안 몸을 움직이는 것처럼 자신에게 주는 선물도 스케줄에 넣어라. 대부분의 사람들이 쉬는 시간을 스케줄 마지막에 넣는다. 쉬는 시간을 스케줄에 넣지 않으면 당신은 쉴 수 없다. 쉬는 시간은 일과표의 마지막이 아니라 긴장하거나 피로해지기 직전과 같이 쉬면 좋을 시간대를 찾아 넣는 것이 바람직하다.

시간계획 짜기

시간은 이성보다 더 많은 신봉자를 만들어낸다.
토마스 페인 Thomas Paine

에일리는 맨해튼 한 회사의 사장 비서다. 그녀는 일이 힘든 데다 급여도 적고 늘 시간에 쫓긴다고 불평불만이었다. 매일 일상적인 사무를 하지만 시간에 맞지 않는 계획들 때문에 바쁘고 업무효율성도 떨어진다고 생각했다. 게다가 예상치 못한 일들이 자주 발생해서 늘 기진맥진했다.

어느 날, 출근을 하기 위해 일어나 보니 전등이 켜져 있었고, 휴대폰 배터리가 방전되어 그녀는 1시간이나 지각을 했다. 그녀는 전날 끝내지 못한 업무처리 때문에 평소보다 30분 일찍 출근할 계획이었다. 사장은 어제 보내주기로 한 서류를 받지 못했다며 수차례나 전화를 했다. 그리고 퀵 서비스로 최대한 빠른 시간 내에 서류를 보내라고 재촉했다. 꼭 참석해야 하는 행사, 끝내야 하는 업무, 남겨둔 업무, 돌발 상황들이 에일리의 스케줄에 많은 시간을 차지한다. 온종일 일에 파묻혀 지내느라 에일리는 자신의 인생목표를 실현할 시간이 없었다. 사장과 한번 면담하고 싶었지만, 사장이 매우 바쁘기 때문에 한가하게 자신과 이야기를 나눌 시간이 없어 보였다. 사장은 하버드 경영대학원 박사과정을 이수한 고학력자였다. 에일리는 사장을 부러워하고 존경했으나 직위의 격차 때문에 대화를 나눌 용기가 나지 않았다.

마침내 적당한 시간과 장소에서 에일리는 용기를 내 사장과 면담했다. 사장은 굉장히 편안한 사람이었고, 에일리는 대화 내내 조금도 위축되지 않았다. 면담을 통해 업무상 발생하는 문제점의 원인을 발견하였다. 대부분의 시간을 전화 응대, 팩스 송수신, 서류 정리, 손님 응대, 손님의 질문에 답변, 사무용품 관리 등의 일상 사무를 보는 데 사용하고 있었다. 짧은 시간 내에 끝낼 수 있는 업무들을 처리하느라 너무 많은 시간을 허비하는 바람에 다른 업무를 할 시간이 없었던 것이다.

문제점을 파악한 에일리는 업무방식을 변경하기로 했다. 스케줄러에 계획을 세우고, 시간을 잘 계산한 다음 스케줄 순서대로 하나씩 하나씩 해결했다. 얼마 지나지 않아 일에 흥미가 생겼고, 일도 잘하게 되면서 사장의 칭찬과 인정을 받았다.

우리 주변에도 자질구레한 업무에 파묻혀 중요한 일을 할 시간이 없는 사람들이 많다. 시간을 미리 계산하고 계획을 짤 시간조차 없이 바쁘다는 생각이 들겠지만, 사전에 시간계획을 짜면 실제로 더 많은 시간을 얻을 수 있다.

시간계획을 짜기 가장 적합한 시간은 아침에 일어난 직후와 저녁에 쉬는 시간이다. 막 일어났을 때가 가장 정신이 맑기 때문에 이 시간에 계획을 세운다면 온종일 질서 있게 업무를 처리할 수 있다. 정신이 가장 맑을 때 계획을 세우면, 계획에 따라 하나씩 하나씩 업무를 처리할 수 있으며, 예상치 못한 상황 때문에 업무가 중단되는 걸 방지할 수 있다.

저녁에 시간계획을 세우는 것도 장점이 있다. 퇴근 후 집에 오면 긴장이 풀리기 때문에 다음날 업무계획을 잘 배치하고, 더 정확한 계산이 가능하다. 하루의 업무를 끝낸 다음이기 때문에 해야 할 일과 하지 않아도 될 일을 고민하는 데 시간을 낭비하지 않을 수 있다. 또 다른 장점은 무의식중에 업무를 하기 때문에 다음날 더 괜찮은 방법으로 일할 수 있도록 계획을 세울 수 있고, 발생할 문제에 대해 더 좋은 해결책을 찾을 수 있다. 그래서 다음날 출근하면 최상의 컨디션에 이를 수 있다. 시간계획을 세우는 시간이 아침이냐 저녁이냐에 따라 각자 장점이 존재하기 때문에 두 가지 방법을 모두 시도해보는 걸 권한다.

매일 조금의 시간을 투자해 시간계획을 세우면 하루의 업무효율을 높일 수 있다. 시간계획을 확실하게 세워두면 개인에게도 많은 도움이 된다. 가장 중요한 업무에 많은 시간을 투자하기 때문에 사소한 업무에 낭비하는 시간이 줄어든다. 즉, 시간계획은 가장 중요한 업무에 집중할 수 있도록 도와준다.

시간계획은 사람들의 사회활동 및 그 과정 속의 수단과 척도를 측정한다. 내용은 다음과 같다.

1. 어떤 사람(혹은 어떤 단체)이 어떤 활동(밥 먹기, 잠자기, 업무, 휴식 등)을 하는가.
2. 언제 해당업무를 해야 하는가.
3. 해당업무를 처리하는 데 필요한 시간은 얼마인가.
4. 일정한 주기(하루, 일주일, 한 달) 안에 해당업무를 하는 빈도와 목적에 따라 시간을 어떻게 분배할 것인가.
5. 해당업무를 하는 시간 순서가 어떤가.
6. 어디서, 어떤 사람과 해당업무를 하는가.

우선 시간계획은 정량분석을 통해 일정한 시간의 총량에서 각 활동의 연관성, 협동성, 보편성과 주기성을 밝힌다. 시간의 변수를 통해 전체적으로 개인의 업무와 생활방식을 알고, 일상생활에서 각각의 활동을 하기에 가장 좋은 시기를 골라 확립하고, 개인업무 주기를 분석한다. 시간의 선택과 순서를 배치한 자료에 근거하여 시간을 이용하는 방식을 개선하고, 합리적으로 업무를 조직하고 생활을 적절하게 배치한다.

일상생활의 시간관리 법칙

시간을 선택하는 것은 시간을 절약하는 것이다.

프랜시스 베이컨 Francis Bacon8

에디슨은 일생 동안 무수한 실험을 했고 셀 수 없이 많은 발명품을 만들었다. 어느 날도 마찬가지로 온 정신을 집중하여 실험을 하고 있었다. 전구를 사용하는 실험이었는데, 전구의 용량을 알아야 했다. 에디슨은 꼭지가 없는 유리전구를 조수에게 건네며 다음 실험에 필요하니 전구의 용량을 측정하라고 말한 뒤 다시 실험에 집중했다.

얼마 후 조수에게 물었다. “전구의 용량을 측정했는가?”

조수는 아무런 대답을 하지 않았다. 뒤돌아보니 조수는 줄자로 전구의 둘레, 경사도를 측정하고 숫자를 적어가며 열심히 계산을 하고 있었다. 이 광경을 지켜보던 에디슨이 다급하게 말했다. “시간, 시간,

시간을 보시게. 어찌 이리 시간을 낭비하는가?"

에디슨이 다가와 유리전구에 물을 담은 뒤 조수에게 건넸다.

"이 속에 있는 물을 비커에 따르고 용량이 얼마인지 말해주게."

그리하여 조수는 손쉽게 전구의 용량을 알 수 있었다.

"이렇게 하면 얼마나 쉬운가. 정확하고 시간도 아낄 수 있다네. 줄자로 재고 계산까지 하다니. 쓸데없이 시간을 낭비한 것이네."

에디슨의 말에 조수의 얼굴이 빨갛게 변했다.

"인생은 짧네. 시간을 아끼면서 더 많은 일을 해야지."

에디슨이 눈부신 성과를 얻게 된 건 그가 천재여서가 아니라 시간관리와 시간계획을 이해하고 자신만의 시간관리 기준을 만들었기 때문이다. 또한 바쁜 와중에 어떻게 시간을 아낄 수 있는지, 제한된 시간 내에 어떻게 더 많은 일을 할 수 있는지 알았다.

시간을 어떻게 관리하는지 모른다면 아무것도 얻는 것 없이 시간만 낭비하게 된다. 어떻게 시간을 관리하고, 어떻게 시간관리 기준을 세워야 하는지, 어떻게 시간을 축적시키는지 알아야 한다. 시간을 관리하고, 축적시키는 과정을 반복하다 보면 자신의 인생목표가 실현될 것이다.

대부분의 직장인들이 뚜렷한 목표가 없고, 강한 추진력도 없으며, 소통하는 습관도 없다. 컴퓨터 앞에 앉아서 온종일 바쁘기만 하고, 많이 지쳐 보이지만 정작 업무효율은 높지 않다. 성공하고 싶다면 적절한 시간관리 기준을 세우고, 자신에게 맞는 시간표를 작성해야 한다. 그래야 자신만의 시간을 예상하고, 계획을 짤 수 있다. 어떠한 시간관리 기준이 적합할까? 우선, 뚜렷한 목표가 있어야 한다. 목적 없는 시간은 목적 없이 흘러가게 마련이다. 이러한 손해는 셀 수조차 없다.

두 번째는 분명한 과정이 있어야 한다. 업무를 할 때, 분명한 방법과 과정이 있으면 좋지만 그렇지 않다면 최소한 정기적인 검사가 필요하다. 일시적으로 흐름을 관리할 수 없다면 적어도 중간 점검은 해야 한다. 그래야만 문제를 발견하고 즉시 해결할 수 있다.

세 번째는 비효율적인 업무는 최대한 피한다. 비효율적인 업무란 대체로 절대적 비효율업무와 상대적 비효율업무로 나뉜다. 절대적 비효율업무는 아무런 의미가 없기 때문에 시간표에서 즉시 삭제해야 한다. 다음의 구체적인 방법을 참고하자.

1. 업무를 선별한다. 해도 되고 안 해도 되는 업무는 단호하게 하지 않는다.

2. 단일화를 한다. 같은 종류의 업무는 한 사람이 처리하고 평가하는 구조를 만든다.

3. 한꺼번에 할 수 있는 업무는 최대한 집중해서 같이 끝내고 감독 시스템을 구축하자.

상대적 비효율업무는 해당업무를 끝내는 시간이 잘못되어, 업무 중에 나타나는 시간 이용 편차를 말한다. 이러한 문제점을 해결하는 방법은 시간 배정이다. 편차를 줄이는 방법을 배운 다음 가장 적합한 시간표를 만든다.

마지막은 사람과의 의사소통에 주의한다. 때론 사람들이 힘을 합쳐야 순조롭게 끝나는 업무도 있다. 의사소통의 포인트는 서로 의기투합할 수 있는 시간을 찾는 것이다.

하버드 시간관리 비법

효율적인 계획을 세우기 전에 시간관리 기준을 세워 해당 계획을 끝내는 데 얼마나 많은 시간을 쓰는지 검사해야 한다. 필요하다면 시간 연구 방법을 사용하여 측정할 수 있는 부분을 나눈 다음, 해당업무에 얼마의 시간을 사용해야 할지 실제 기준을 지정한다. 이런 방법은 다음의 특징과 효과가 있다.

1. 평소에 낭비로 보이지 않았던 일상생활 속 활동이 두드러지게 보인다. 이러한 활동을 지금 당신이 하고 있든 다른 누군가가 대신해서 하고 있든, 해당업무의 부분적 혹은 전체적인 위임을 고려해야 한다.
2. 업무를 다시 계획하라. 시간관리 기준의 주요 편차는 시간관리 행위에서 제기된다.

적절한 시간관리 기준을 세우면 기계적이고, 둔해지고, 활기가 없는 생각을 떨치고 업무와 일상생활을 정상적인 궤도로 올릴 수 있다.

나만의 시간관리 리스트 작성

하루 일과 중에 두 딸과 보내는 시간이 있어야 합니다.

버락 오바마 Barack Hussein Obama II

2010년 8월, 미국 유명 잡지의 한 기자는 백악관에서 하루 종일 있을 수 있는 허가를 받고, 오바마 대통령의 하루 일과를 옆에서 지켜보게 되었다. 대통령은 많은 양의 업무를 신속하게 처리해야 했으며 업무도 무척 복잡했다. 적절한 시간관리 리스트가 없었다면 대통령의 하루가 어땠을지 상상조차 하기 힘들었다.

대통령의 일과를 살펴보면, 동틀 때 일어나 45분 동안 운동하고, 가족과 아침식사를 한다. 그리고 틈틈이 아침 신문을 읽는다. 식사를 마친 후에는 대통령 일일 업무보고서를 읽고 9시 반이 되기 전에 백악관 집무실에 앉아 오늘의 업무를 처리한다. 오전 9시 반부터 오후 4시 반까지 글로벌 경제, 군사기밀, 외교정책, 연방 활동 등 각종 회의에 참석한다. 회의 개최 시간은 전담자가 사전에 배정해놓는다.

오후 6시에서 6시 반 사이에 오바마 대통령의 정식 업무가 끝난다. 유일하게 공무의 방해를 허용하지 않는 시간이 바로 아내, 딸과 함께 하는 저녁식사다. 온종일 쌓아두었던 긴장감을 풀 수 있는 시간이기도 하다. 저녁 8시 반에서 야심한 밤까지 대통령은 중요한 메일과 전화 업무를 처리한다.

시간관리의 비법은 생산력 있는 일을 하는 것이다. 시간을 잘 다루는 시간해결사가 되고 싶다면, 자신의 업무 중점을 반드시 정리해야 한다. 모든 업무의 중점을 찾아낸 다음 구체적인 선택을 하면 된다. 자신을 단속하고, 순조롭게 시간관리를 할 수 있는 유일한 사람은 바로 자기 자신이다.

시간관리에서도 '파킨슨법칙'이 존재한다. 사람들은 최종 마감 일자에 맞춰 업무의 속도를 조정한다. 예를 들어 어떤 업무의 마감기한이 한 달이라면, 자신도 모르게 일하는 속도가 느려지고 한 달을 빼곡하게 써서 업무를 끝마친다. 일주일 안에 해당업무를 끝내라고 누군가가 말한다면, 일주일 내에 완벽하게 끝낼 수 있도록 업무진행 속도를 조정한다. 여기서 나만의 시간관리 리스트 작성의 중요성이 다시 한 번 더 강조된다. 시간관리 리스트 작성은 특정한 시간 내에 특정한 업무를 끝낼 수 있게 도와주며, 당신이 그 시간 동안 얻을 수 있는 최대 효율을 내도록 도와준다.

전체 시간 리스트 작성

1년 안에 끝내야 하는 업무나 목표를 모두 작성하고, 구체적인 목표를 분류한다.

1. 연간 목표를 분기 목표로 나눈다. 리스트에서 분기마다 어떤 일을 해야 하는지 정확하게 적는다.
2. 분기 목표를 월간 목표로 세분화한다. 돌발 상황이 발생했을 때 목표를 즉시 수정할 수 있도록 매월 초에 목표를 다시 한 번 나열한다.
3. 다음 주에 끝마쳐야 하는 일을 매월의 일요일에 작성한다.
4. 다음 날 해야 하는 일들을 매일 밤 작성한다.

일일 시간 리스트 작성

일일 시간관리 리스트를 작성할 때 몇 가지 사항을 주의한다.

1. 한 가지 일을 끝내는 데 필요한 시간을 계산한다

이상적인 일일 계획표를 작성하고 싶다면, 하루에 있었던 일들을 나열하는 것으로는 부족하다. 자신의 실제상황에 맞춰 각 항목마다 끝내는 데 필요한 구체적인 시간을 계산한 뒤 일정을 분배해야 한다. 처음 하는 사람들은 시간이 얼마나 걸리는지 구체적인 개념이 없으므로, 처음 계산할 때 너무 많은 일정을 계획하지 않는 것이 좋다. 시간제한의 중요성을 꼭 인지한 다음 정해진 시간 범위 내에서 업무를 처리해야 한다. 계획을 짰다면 정해놓은 시간을 지킬 수 있도록 자신에게 엄격해지자. 외부의 방해를 이겨내야 오랫동안 실천할 수 있다.

2. 탄력적으로 여지를 남긴다

앞으로 어떤 일이 생길지 아무도 알 수 없다. 다음 날 계획을 너무 빡빡하게 짜면 돌발 상황이 발생했을 때 차분하게 대처할 수 없다. 계획을 세울 때, 알 수 없는 상황도 자신의 계획의 일부로 고려해야 한다. 내일 확실하게 해야 하는 일들을 50%의 시간만 사용해보자. 남은 50%는 돌발 상황에 대비하는 시간이다.

3. 단호하고 정확한 선택을 한다

자신의 일정표를 좀 더 계획적이고 보람차게 짜고 싶다면, 다양한 업무들을 중요도와 급선무에 따라 취사선택할 줄 알아야 한다. 특정 시간 동안 유난히 바쁘다면, 가장 중요한 일을 찾아서 제시간에 끝마쳐야 한다.

4. 일일 시간관리 리스트의 실천 효과를 구체적으로 점검한다

우리의 삶을 더욱 편하고 이상적인 생활 질서를 정립하기 위해 일일 시간관리 리스트를 작성한다. 일일 시간관리 리스트를 구체적으로 점검하면 어떤 계획을 끝냈는지 알 수 있고, 아직 끝내지 못한 업무들은 내일로 미룰 수 있다. 이대로 진행하면 당신은 미루는 습관을 개선할 수 있다.

하버드 시간관리 비법

제안한 내용대로 리스트를 작성하면 시간관리를 완벽하게 할 수 있을 거라 생각할 것이다. 조금 더 정교한 시간관리를 하려면 아직 끝내지 못한 업무들을 찾아낸 다음 왜 업무를 끝내지 못했는지 전체 계획을 조금 더 세밀하게 분석해야 한다.

1. 하루에 너무 많은 일정을 짜지 않았는가?

2. 어떤 한 가지 일을 처리하는 데 너무 많은 시간을 쓰지 않았는가?

3. 중요하지 않은 일에 시간을 낭비하지 않았는가?

4. 외부의 방해 때문에 오늘 계획된 일을 끝내지 못했는가?

원인을 찾아냈다면, 이 문제를 어떻게 개선할지 생각해보자.

1. 일정표에 부족한 점이 있는가?

2. 업무효율을 높일 수 있는 방법에는 어떤 것들이 있는가?

3. 당신이 좀 더 효율적으로 끝낼 수 있는 일에는 어떤 것이 있는가?

마지막으로 당신이 보낸 하루의 의의와 가치를 자세히 살펴보자. 일일 리스트를 실천하면서 업무효율이 대폭 상승되었는가? 전체 시간 리스트와 목표를 향해 또 한 걸음 더 가까이 나아갔는가? 그렇지 않다고 대답했다면, 이러한 문제를 어떻게 해결하면 좋을까?

나의 시간관리 리스트를 실천할 때 완강한 의지와 인내심이 있는 사람이 승리자다. 중간에 포기하는 사람은 영원히 승리의 기쁨을 맛보지 못할 것이다.

매일 시간을 대하는 태도

시간을 헛되이 보내지 않는 사람은 시간이 부족해도 불평하지 않는다.
토마스 제퍼슨 Thomas Jefferson

벤저민 프랭클린은 하버드대학을 졸업한 유명한 발명가이자 과학자다.

어느 날 한 청년이 다급하게 만나고 싶다는 전화를 걸어왔다. 프랭클린은 청년의 부탁을 들어주고자 만날 시간과 장소를 정했다. 약속된 시간이 되자 청년은 프랭클린의 방문을 세게 두드렸다. 프랭클린의 방을 본 청년은 깜짝 놀랐다. 방 안이 너무 지저분했다. 청년이 뭐라 말하기도 전에 프랭클린이 먼저 입을 열었다.

"방이 상당히 지저분하죠? 금방 치울 테니 밖에서 1분만 기다렸다 들어오세요."

말을 끝낸 뒤 바로 방문을 닫았다. 1분도 채 되지 않아 프랭클린은 다시 방문을 열어 청년을 거실로 안내했다. 놀랍게도 방안이 잘 정돈되어 있었으며, 탁자 위에 와인 두 잔이 놓여있었다. 놀라 어안이 벙벙해진 청년이 인생과 사업에 대한 이야기를 꺼내지 못하고 있자, 프랭클린이 와인 잔을 건네면서 다 마신 뒤 돌아가도 좋다고 말했다.

와인 잔을 손에 쥔 청년은 난감하면서도 불만이 가득 담긴 목소리로 말했다.

"아직 아무런 질문도 하지 못했습니다."

"이걸로 부족한가요?"

얼굴에 미소를 띤 프랭클린이 방을 휙 둘러보며 말했다.

"그럼 1분 있다 다시 들어오실래요?"

"1분이라고요!" 청년은 무언가 깨달은 바가 있다는 듯 말했다.

"이제 알겠습니다. 선생님께서는 1분 동안 많은 일을 처리할 수 있고, 상황을 바꿀 수도 있다는 걸 제게 알려주시려는 거였군요."

하버드대학의 교수들은 학생들에게 1분을 잘 활용하면 목표를 이룰 수 있다고 말한다. 살아가면서 우리는 예기치 못한 일들에 휘말리고, 그 일들은 기분을 망가뜨리기도 한다. 그렇다고 망가진 기분에 너무 많은 시간을 낭비해버리면 삶은 걱정 이외에 아무것도 남지 않는다.

하버드대학의 에드워드 밴필드 교수의 연구 중에 우리 삶을 변화시키기 위해 배워야 할 점이 있다. 그는 현재 미국 사회에서 나타나는 현상과 문제에 대한 연구에 빠져 있으며, 미국이 발전할 수 있었던 원동력에 대한 연구를 다년간 진행하고 있다. 대를 거치면서 더욱 잘 사는 사람들이 있는 반면 그렇지 않은 사람들은 어떤 이유 때문인지 밝

혀내기 위해 연구하고 있다.

다양한 가설을 설정한 다년간의 연구 끝에 결론을 도출해낼 수 있었다. 한 사람의 성공 여부는 바로 시간을 대하는 태도에 달려있었다. 밴필드 교수는 그 태도를 '시간관념'이라고 불렀다. 눈부신 성과를 낸 성공인사들은 모두 장기간에 걸친 시간관념을 가지고 있었다. 매일, 매주, 매월 해야 할 일들을 장기간의 관점으로 살펴본 다음 계획했다. 그들은 5년, 10년, 심지어 20년의 미래까지 계획했다. 단 한 번도 맹목적이거나 급하게 자료를 나눠주고, 결정을 내리지 않았으며, 몇 년 후 자신의 자리를 예측한 다음 행동했다.

반면에 부질없이 바쁘게 보내면서 이룬 바가 없는 사람들은 단기간의 시간관념을 가지고 있거나 시간관념이 아예 없었다. 장래의 성공과 성취가 아닌 눈앞의 이익에만 관심이 있었고, 미래의 경제적인 보장이나 성공이 아니라 당장의 즐거움이 우선이었다. 시간에 대한 정확한 태도가 없으면 단기계획을 자주 세우고 나중에 고생하게 된다.

성공에 관한 연구결과는 대부분 성공 인사들의 적극적인 태도를 가장 중요한 점으로 꼽았다. 목표를 성취하려면 멀리 보는 시각으로 자신의 인생과 사업에 대한 계획을 세워야 한다. 사회 초년생이라면 몇 년간은 열심히 일하면서 자신이 가진 잠재력을 모두 발휘해야 돈을 벌 수 있는 지점에 도달하게 된다. 그때가 되어서야 사업이나 업무성과를 얻을 수 있고 만족스러운 생활을 할 수 있다. 멀리 내다볼 수 있는 시각을 가져야 하는 것이다.

어떤 직업에 종사하든 최소 5년 이상의 준비기간이 있어야 두각을 나타낼 수 있다. 남들보다 뛰어나고 싶다면 5년 동안 마음의 준비를 해야 한다. 사업, 업무에 대한 장기적인 안목은 업계에서 큰 성과를 얻을 수 있는 가장 중요한 조건이다.

직장생활에서 장기적인 안목이란, 5년이란 시간을 투자해야 진정한 직장생활을 하는 사람이라는 뜻이 담겨 있다. 이러한 안목은 교육, 일상 업무, 고객, 자기 자신, 동호회, 업무태도 등 당신을 완전히 변화시킬 수 있다.

하버드 시간관리 비법

시간관리를 시작하기 전에 "나는 현실에 만족하는가?"라고 매일 자신에게 물어라. 충실하게 사는 게 어려울 때가 있고, 어제나 내일이 오늘보다 더 나을 수도 있다. 어제나 내일에 비해 당신은 무엇을 알게 되었는가? 당신의 인생관은 오늘의 할 일, 즐거움, 기회에 집중하고 있지 않은가?

오로지 오늘만이 현실이기 때문에 현실의 각도에서 문제를 해결해야 한다고 말하는 사람들도 있다. 당신은 이 의견에 동의하는가? 의미적으로 따지고 보면 어제도 현실이고 내일도 현실이다. 현실이라는 것을 당신이 보고, 느끼고, 만질 수 있는 것이라고 정의한다면 의미를 축소시킨 것이다. 현재를 소홀히 하고 내일을 중요하게 생각한다면 오늘은 당신에게 현실인 것이다.

현실 도피는 오늘이라는 현실을 피하기 위해 자신도 모르게 허황된 일이나 게임으로 마음을 돌리는 것이다. 현실 도피 자체의 좋고 나쁨을 정확하게 판단할 수는 없다. 심신을 회복하기 위해 혹은 휴식을 가지기 위해 현실을 도피하는 게 아니라 습관적으로 현실 도피를 한다면 어떠한 방법의 시간관리도 무용지물이다.

제대로 못 하는 것보다 거절하는 것이 낫다

시간을 충분히 잘 활용하면, 시간이 부족하다고 걱정할 일이 없다.
요한 볼프강 폰 괴테 Johann Wolfgang Von Goethe

휴스턴의 한 보험회사에 근무하는 톰은 어느 날 카페에서 고객과 만났다. 톰은 온갖 기교를 다 써서 보험의 내용과 이익에 대한 설명을 했지만, 정작 고객은 별 관심이 없다는 듯 커피만 마셨다.

고객은 컴퓨터 하드웨어 판매와 관련된 일을 하고 있었다. 하버드 대학에서 컴퓨터를 전공한 톰이 요즘 전자제품 시장에서 컴퓨터 하드웨어가 처해진 보편적인 문제들에 대한 것으로 화제를 돌리자, 고객은 점점 대화에 흥미를 갖기 시작했다. 두 사람은 재밌게 대화를 나누었다. 마침내 다음 주 같은 시간, 같은 장소에서 정식으로 보험계약을 맺기로 약속했다.

드디어 보험 계약서를 손에 쥐게 된 자신이 너무 자랑스러웠다. 약속 당일 일찍부터 계약에 필요한 모든 자료들을 준비했다. 그때 팀장의 전화가 걸려왔다. 팀장의 대학 동기가 오기로 했는데, 마중 나갈 시간이 없으니 대신 공항에 갔다 오라는 부탁이었다. 톰은 팀장이 시킨 일이니 당연히 해야 한다고 생각했다. 게다가 아직 시간이 남았으니 그러겠다고 대답했다. 하지만 공항에서 돌아오는 길에 차가 너무 막혀 정작 자신에게 필요한 약속장소에 가지 못했다. 톰은 힘들게 얻어낸 기회를 놓치고 만 것이다.

이처럼 대부분의 사람은 체면 때문에 혹은 거절하기 어려워서 무수한 시간을 낭비하고, 많은 일들을 그르치고, 충분히 잡을 수 있는 기회를 놓친다.

다른 사람의 부탁을 거절하는 건 어려운 일이다. 확실한 방법으로 거절하지 않으면 우정이 깨지거나 오해를 사고, 욕을 먹을 수도 있다. 어쩔 수 없이 거절해야 하는 순간도 있다. 그렇기 때문에 다른 사람의 부탁을 거절하는 방법을 아는 건 매우 중요하다.

거절하는 방법만 배워도 일에 집중할 수 있다. 사람의 체력에는 한계가 있으니 한 번 할 때 일을 잘 끝마쳐야 한다. 어떤 일을 할 때 자신에게 가장 중요한 일이 무엇인지 확실하게 파악하고, 방해되는 요소들을 없앤 다음, 집중력을 발휘해 일을 잘 끝마치면 된다.

능숙하게 거절하는 것은 매우 중요하고, 유용한 스킬이다. 다른 사람의 요구에 응답하기 전에 "내가 하고 싶은 건 무엇이지?", "하기 싫은 건 무엇이지?" 혹은 "어떻게 해야 나한테 좋을까?"를 자신에게 먼저 물어보라. 과연 상대방의 요구에 응했을 때 현재의 업무 진도에 어떤 영향을 미치는지, 내가 이 요구를 미루면 다른 사람에게 어떤 영향을 주는지, 요구에 응했을 때 상대방이 요구한 목표에 도달할 수 있는지를 충분히 고려한 다음 결정을 내려야 한다.

거절을 결심했다면 확실한 방법과 기술을 사용해야 한다. 방법과 기술을 제대로만 사용하면 상대방의 미움을 사지 않고도 내가 해야 할 일을 계속할 수 있다. 거절할 때 다음의 방법을 참고해보자.

1. 사람이나 사물을 교묘하게 바꿔 상대방을 속이는 방법

상대방이 어떤 일에 대한 이야기를 꺼내면 또 다른 일에 대한 이야기를 꺼내 교묘하게 상대방을 거절하는 방법이다.

보스턴의 한 유명한 판매원은 회사에서 만든 알람시계를 판매하려고 집집마다 방문하다가 어떤 집의 문을 두드리며 말했다. "선생님, 알람시계가 있으면 아침에 정확한 시간에 일어날 수 있습니다."

집 주인이 말했다. "아내가 옆에 있기 때문에 알람시계가 따로 필요하지 않습니다. 당신은 모르시겠지만 시간이 되면 옆에서 얼마나 시끄러운데요."

집 주인은 재치 있고 완곡하게 거절했고, 판매원도 더 이상 아무런 말을 할 수 없었다.

2. 혼잣말을 하는 방법

사람들은 체면 때문에 거절하는 말을 대놓고 할 수 없다. 그럴 때 혼잣말하는 것처럼 속에 있는 말을 하면 상대방은 알아서 물러날 것이다.

3. 먼저 승낙한 다음 바꾸는 방법

단도직입적으로 거절하면 상대방의 기분을 상하게 만들 수 있다. 먼저 승낙한 다음 바꾸는 방법이란 대놓고 말하는 것이 아니라 간접적으로 상대방이 먼저 거절하도록 유도하는 방법이다. 그리고 상대방이 함정에 빠지면 그 순간 말머리를 돌려, 상대방이 먼저 요구를 포기하게 만드는 방법이다.

4. 상대방의 전의를 상실시키는 방법

상대방의 특성과 목적을 파악하고, 상대방의 심리를 탐색한 다음 심리적 공격을 개시한다. 상대방을 기쁘게 하거나 대단하다고 치켜세워서 불합리한 요구를 보이지 않게 거절하는 방법이다.

하버드 시간관리 비법

친구가 당신에게 어떤 일을 맡기려고 한다. 당신은 이미 할 일이 넘쳐나거나 해당 일에 별로 관심이 없다면 억지로 응답할 필요 없다. 진심을 다해 완곡하게 거절하면 된다. 거절의 법칙에 관한 몇 가지 사항을 살펴보자.

1. 부탁하는 사람의 요구를 인내심 있게 경청한다.
2. 바로 결정할 수 없거나 요구를 받아줄 수 없다면, 생각할 시간이 필요하니 언제까지 답변을 주겠다고 분명하게 말하라.
3. 상대방의 요구에 대해 신중하게 고민해보았다는 것과 상대방이 얼마나 중요한 사람인지 부탁하는 사람이 느낄 수 있을 만큼 충분히 보여준 다음 거절한다.

4. 거절할 때는 진지하고 확고한 태도를 보이면서도 상냥하고 친절해야 한다.
5. 거절하는 이유를 말하는 것이 가장 좋다.
6. 당신이 거절하는 것은 상대방이 부탁한 일이지, 상대방 자체가 아니라는 걸 분명히 알도록 해야 한다.
7. 제3자를 통한 거절은 절대로 하지 않는다. 이러한 행동은 상대방으로 하여금 당신이 나약하고 진지하지 못한 사람으로 여겨질 수 있다.

거절할 때 한 가지 법칙이 있다면 신중하게 응답해야 한다. 그렇지 않으면 본래 일이 아닌 다른 일들로 당신의 시간을 낭비하고, 상대방과 자신 모두에게 만족스럽지 못한 결과를 얻게 된다.

최적의 업무시간 알기

성과를 얻을 수 있는 업무에 집중하면 금방 목표를 달성할 수 있다.
마크 로버츠(Mark Roberts)

화장품 매장에서 매니저로 일하는 다이애나는 '5시 클럽' 소속이다. 다이애나의 회사에는 아이들을 키우는 엄마들이 매우 많다. 그들은 매일 아침 식사를 준비하고 점심 도시락을 싸서 아이를 학교로 데려다주고 출근한다. 매일 이런 생활을 하면서도 뛰어난 업무실적을 보여주는 데는 어떤 노하우가 있을까?

다이애나가 말했다. "'5시 클럽'이란 우리가 알고 있는 것처럼 특정한 장소에서 다 같이 모여 어떤 활동을 하는 게 아닙니다. 사실 '5시 클럽'은 존재하지 않습니다. 매일 아침 5시에 일어나 공부를 하고, 업무를 한다면 당신은 이미 '5시 클럽'의 회원이 된 셈입니다."

웬만한 의지로 5시에 일어나는 건 힘들다. 아침 일찍 일어나면 조용하고, 마음도 차분해서 행복감을 느낄 수 있다. 또한 가벼운 마음으로 업무에 집중할 수 있다는 여러 가지 장점이 있다. 다이애나는 아무런 간섭도 받지 않는 시간에 상품 재고를 확인하고, 주문서를 작성하고, 감사카드를 쓰고, 하루 업무계획을 작성하라고 제안했다.

여기서 말하는 최적의 시간이란 한 사람이 일하기에 가장 좋은 시간을 말한다. 오랜 기간 일을 하다 보면, 언제가 일하기에 가장 좋은 시간인지 알 수 있다. 아침 이른 시간, 오후 혹은 밤늦은 시간일 수도 있다. 윈스턴 처칠은 깊은 밤이나 새벽에 일을 했는데, 침대에서 신문이나 우편물을 읽었다고 한다.

어떤 사람에게는 낮 시간이 가장 좋은 시간이고, 또 완전히 반대인 사람도 있다. 외향적이냐 내향적이냐에 따라서도 달라진다. 외향적인 사람은 전자에 해당하고, 내향적인 사람은 후자에 속한다.

대부분 사람들은 혼자서 집중하고, 창의적으로 생각해야 하는 업무를 오전 10시 이전에 처리한다. 중요한 일을 최적의 시간에 한다면 노력을 덜 들이고도 더 좋은 성과를 거둘 수 있다. 물론 밤이나 오후에 하는 게 더 효과적인 소수의 사람일 수도 있다.

왜 대부분의 사람들이 아침이 최적의 시간이라고 생각할까? 이는 정신적 피로, 육체적 피로와 관계가 있다. 하루 종일 고생한 끝에 어떤 일을 끝마친 관리자가 피곤함을 이끌고 집으로 돌아왔다. 눈과 얼굴만 봐도 피곤함을 느낄 수 있다. 피곤해지면 감정기복에 빠지기 쉽고 어떠한 결정을 내리기 어려워진다. 이 시간에 어떤 결정을 내려야 한다면 결정의 정확성은 의심받을 수밖에 없다. 쉬고 싶어도 업무적

관성 때문에 쉽게 업무에서 빠져나올 수 없다. 이런 상황에서 그가 자기 자신에게 해줄 수 있는 가장 유익한 방법은 마음을 내려놓는 방법을 찾고, 편안하게 휴식을 취하는 것이다.

수면이 마음을 내려놓을 수 있는 가장 좋은 방법이다. 밤에 잠자는 것과 점심시간에 낮잠을 자는 것은 아주 좋은 습관이다. 아침 식사 전후에는 체력이 상승한다. 이때 중요한 업무를 처리하는 것이 좋다. 회의나 사회적 행사와 같은 흥미성이 짙은 업무는 황금시간대를 피해서 배정한다면 색다른 자극이 될 것이다.

피로가 더 쌓이기 전에 해소해야 더 많은 시간을 아낄 수 있다. 피로가 적을수록 회복하기 위한 시간도 줄어든다. 일하면서 중간에 쉬어주는 것은 좋은 방법이다. 점심 식사 후 1시간의 휴식은 야외활동을 할 수 있는 기회를 제공한다. 최적의 짧은 휴식시간은 오전, 오후 업무의 정점을 찍은 이후, 즉 오전 11시나 오후 4시 이후가 가장 좋다. 업무 중간에 쉬어주는 것은 휴식시간이나 사용하는 방법에 따라 가치가 달라진다. 휴식시간이 지나치게 길면 시간을 낭비하고 집중력을 잃을 수 있다. 휴식시간인 너무 짧으면 피로를 제대로 해소하지 못했기 때문에 업무에 방해받을 수 있다.

그렇다면 어떤 식으로 휴식을 취하는 것이 효과적일까?

1. 업무가 자신에게 맞는지 먼저 확인한다. 두 가지 견해가 있는데, 첫째는 업무내용 그 자체를 말한다. 해당업무의 기술이 자신에게 있는지 확인한다. 둘째는 해당업무가 당신의 성격과 맞는지 여부다. 좋아하지 않는 일을 한다면 분명 쉽게 지칠 것이다.

2. 일하는 방식이 올바른지 확인한다. 업무할 때 적절하게 휴식을 취하는 사람이나, 회사에서 뛰어난 성과를 내는 사람에게서 많이 배운다. 어떻게 적절하게 휴식을 취하고 업무를 하는지 가르침을 요청하라.

3. 업무가 자신의 장기적인 발전에 도움이 되는지 확인한다. 자신과 맞지 않은 업무를 하고 있다면 아무리 애를 써도 실망만 남게 된다. 자신의 몸과 건강 상태를 잘 고려해야 한다.

하버드 시간관리 비법

사람들은 각자 자신만의 생활규칙과 생체리듬이 있다. 아침에 활력이 넘치는 사람이 있고, 밤에 정신이 맑아지는 사람이 있다. 매일 바쁘게 보내도 피곤해 보이지 않고 오히려 활력이 넘치는 사람도 있다. 피로를 느낄 때 신체의 균형이 깨진다. 만병은 불균형에서 오는 것이다. 피로를 떨치고 싶다면 방법을 찾아야 한다.

1. 규칙적인 생활습관을 가진다. 올바른 수면습관은 활력을 준다. 밤 11시 전에 잠들면 다음날 체력과 사고력이 엄청나게 회복한다. 피로를 회복하는 가장 효과적인 방법은 자신의 생체시계에 맞게 생활하고 일하는 것이다.
2. 꾸준한 운동으로 체력을 증진시키는 것은 노화를 방지하는 지름길이다.
3. 신중하고 합리적으로 식습관을 조절한다.
4. 즉각적으로 감정 컨트롤을 한다. 사람에게 피로감을 주는 건 체력의 부족도 있지만 실망, 초조함, 두려움, 분노 등 각종 감정적인 원인도 있다. 꾸준히 감정 컨트롤을 하고, 고민거리를 의식적으로 해소해서 몸과 마음을 건강하게 만들자.

효율적인 업무에 집중한다

어느 한 가지에 몰두하면 놀랄 만한 성과를 보게 될 것이다.
마크 트웨인 Mark Twain

브라이트만은 대학 졸업 후 유명한 글로벌 기업에 취업했다. 똑똑하고 영리한 그녀는 얼마 지나지 않아 팀장 비서로 승진했다. 열심히 업무에 임하는 그녀를 동료들도 무척 좋아했다. 회사에서 하는 일마다 순조롭게 진행되자 기분도 홀가분했다.

브라이트만은 같이 졸업한 동기들 중 가장 뛰어났기 때문에 몇몇 친구들이 전화로 업무에 관련된 일을 문의했다. 전화가 올 때마다 그녀는 싫은 내색 없이 친절하게 방법들을 제시해 발생한 문제들을 해결해주었다. 이렇게 되자 자신의 본래 업무에 집중할 수 없는 상황도 발생했다. 그녀의 이런 행동이 동기, 친구, 회사 직원들의 업무능력을 향상시키는 데는 도움이 될지언정, 정작 자신에게는 아무런 소용이 없었다. 이런 일들이 계속되면 회사와 그녀 자신의 발전에 악영향을 미칠 것이라고 팀장이 지적하기에 이르렀다.

하지만 이렇게 하지 않으면 친구들에게 왠지 미안해질 것 같아 바쁜 중에도 친절하게 그 일들을 처리해주었다. 그러던 어느 날 회장이 사무실에 전화를 걸었는데 계속 통화 중이었다. 회장의 전화 내용은 팀장이 회의에 참석해서 중요한 계약을 체결하고 오라는 지시였다. 30분이 지나서야 겨우 통화가 됐는데, 계속 통화 중이었던 이유는 브라이트만이 다른 사람들을 돕는 비효율적인 일 때문이었다.

회장은 브라이트만에게 팩스를 보냈다.

"자네는 확실히 능력이 뛰어나고 열심히 일하지만, 정작 본인이 해야 하는 업무가 무엇인지, 어떤 일들이 비효율적인지 제대로 파악하지 못하는 것 같네. 나는 내 직원이 효율적인 업무에 집중하는 사람이길 바라네."

결국 브라이트만은 해고됐다. 이후 이 회사의 면접 질문에는 "어떠한 업무가 효율적이라고 생각하는가?"라는 내용이 추가됐다.

중요한 일을 하느라 바쁜 사람들은 일을 처리하기 전에 그 일이 효율적인지 먼저 확인한 다음에 최선을 다해 일을 끝마친다. 모든 사람들은 자신의 시간을 적절하게 배치하고, 가장 중요하고, 가장 효과적인 업무를 처리하는 데 최대한의 체력을 투자한다. 업무에서 뛰어난 성과를 얻길 바라는 사람들이라면 더욱 그래야 한다. 최대치의 힘으로 가장 효율적인 업무를 처리하고, 집중하려면 먼저 자신의 집중력이 가장 잘 발휘되는 시간을 찾아야 한다.

하버드대학의 한 교수는 사람이 한 번에 집중력을 발휘할 수 있는 최대치가 90분이라고 했다. 아침 조회, 토론회, 작문, 강연 등에서 약 한두 시간 정도 최선을 다할 수 있다. 흥미 있는 일이라면 두세 시간 동안 높은 업무효율을 자랑할 수 있다. 처해진 상황에 따라 업무에 대한 집중여부는 달라진다.

효율적인 업무에 집중할 수 있는지는 본인의 능력 외에도 업무내용, 환경의 영향을 받을 수 있다는 말이다. 집중력이 가장 좋을 때를 알면 업무효율을 높일 수 있다. 가장 효율이 높은 시간을 알기 때문에 무의미하게 업무를 서너 시간 연장하지 않을 것이다. 억지로 업무시간을 늘리면 아무리 효율적인 업무라도 집중할 수 없다.

하버드 시간관리 비법

효율적인 업무에 집중하려면 마음을 분산시키는 요소들을 제거해야 한다. 마음을 분산시키는 사람, 일, 사물 등은 시간을 낭비하게 만든다. 이러한 것들은 지금 해야 하는 업무와 계획 중에 있는 일의 흐름을 끊어버린다.

이러한 상황을 피하기 위해서는 방해하는 물건들을 최대한 밖으로 끌어내야 한다. 사무실 안에 개인적인 공간이 있다면 문을 닫고, 책상은 복도와 최대한 멀리 배치한다. 전화기는 자동응답모드로 전환시키고, 문 앞에 '방해금지'라는 팻말을 붙인다. 사무실을 동료들과 함께 쓴다면 동료와 약속한 업무시간 동안 대화를 최소한으로 줄인다. 동료가 부탁을 해오면, 자신의 업무와 상충되는 일일 경우에 완곡하게 거절한다. 단, 직접적으로 상충되지 않고 자신의 업무를 끝마치는 데 영향을 주지 않을 경우에는 응답해도 좋다.

다른 사람 때문에 업무에 지장을 받고 집중할 수 없을 땐 시간을 내서 그 사람과 대화를 나누거나 전화로 이야기한다. 물론 그 시간이란 업무 외의 시간을 말한다. 그리고 다른 사람이 만들어놓은 스케줄이 아니라 자신의 스케줄대로 업무를 처리한다. 자신의 시간을 잘 통제할수록 업무 집중도가 높아지고, 자신의 삶을 제대로 지배할 수 있다.

잘못을 인정하고 완벽주의와 작별하라

멋진 결말을 선사하는 최고의 극작가는 바로 시간이다.

찰리 채플린 Charlie Chaplin

완벽주의자인 한 조각가가 있었다. 그는 해야 할 가치가 있는 일이라면 완벽하게 처리해야 했다. 조각상들은 어떤 것이 사람이고, 어떤 것이 조각인지 모를 정도로 완벽했다. 어느 날 저승사자가 조각가에게 죽음이 멀지않았다고 말했다. 조각가는 매우 슬펐다. 그 역시 다른 사람들처럼 죽음이 두려웠다. 한참을 고민한 끝에 한 가지 방법을 생각해냈다. 자신의 모습을 한 11개의 조각상을 만들어놓고, 저승사자가 왔을 때 숨을 참고 11개 조각상 사이로 숨는 것이었다. 똑같이 생긴 12명의 사람을 본 저승사자는 자신의 눈을 의심했다. 도대체 어떤 것이 진짜 조각가인지 가려낼 수 없었다. 하느님은 완전히 똑같은 사람을 만들지 않았으며, 이 세상에 존재하는 모든 사람들은 다 하나의 존재였다.

누구를 데리고 갈지 고민하던 저승사자는 당혹스러움을 안고 저승으로 돌아갔다. 저승에 돌아온 사자는 하느님에게 물었다.

"어찌하여 똑같이 생긴 12명의 사람이 존재하는 겁니까? 어떻게 가려낼 수 있을까요?"

하느님은 웃으며 저승사자를 곁으로 불러 귓가에 속삭였다. 저승사자는 반신반의하며 물었다. "효과가 있을까요?"

"걱정하지 말게. 해보면 알 거 아닌가."

저승사자는 조각가의 방으로 다시 돌아와 주위를 살피며 말했다.

"과연 당신의 조각상은 완벽하군요. 근데 여기에 살짝 흠이 있네요."

완벽을 추구하는 조각가는 순간 자신이 처해있는 상황을 잊고 밖으로 나와 말했다.

"어디에 흠이 있다는 거요?"

저승사자가 웃으며 말했다.

"하하. 드디어 찾아냈군요. 이게 바로 흠이라는 겁니다. 저승에도 완벽한 것이 없는데 어찌 인간세계에 존재하겠습니까? 자, 이제 가야 할 시간이 다 됐습니다!"

당신도 조각가처럼 언제나 완벽을 추구하고 있는가? 일상생활이나 업무에서도 무결함을 추구하고 있지 않은가? 단점이 하나도 없는 친구를 만나고 싶지 않은가? 복지가 좋고, 직위도 높고, 일이 편한 곳에서 일하고 싶은가? 그렇다면 꿈에서 깨라. 이런 생각이 당신의 시간을 낭비하고 있다. 완벽주의를 버려라. 허황된 완벽을 추구하느라 시간을 낭비하지 말자.

하버드대학의 교수들은 지나치게 완벽을 추구하는 사람들은 대부분의 시간과 체력을 완벽하게 만드는 데 투자하기 때문에 막상 해야 할 일을 처리할 시간이 없다고 주장했다. 그러면서 어떠한 일을 하든지 애써 완벽을 추구하지 말라고 말했다. 시간관리에 있어서 적당한 때를 알고 내려놓는 것이 즐겁고, 기쁜 마음을 유지할 수 있는 방법이다.

완벽을 추구하지 말라는 것이 일을 망치거나 대충하라는 말이 아님을 명심해야 한다. 목표가 최상의 상태를 가져오는 것이라면 가지고 있는 능력, 지식, 경험, 시간, 지혜를 총동원해 기본적인 수준에 도달해야 한다. 완벽주의자라면 당신이 생각한 최상의 상태는 영원히 도달할 수 없다. 최상의 상태는 적당히 만족스러운 상황이다. 가능한 한 대다수 사람과 비슷한 상황에서 잘하면 된다.

완벽주의라는 것은 머릿속에만 존재하는 허구이므로 절대로 그 상태가 될 수 없다. 자신을 완벽주의라는 늪에서 꺼내면 완벽하지 않을 수 있다. 스스로에게 떨어질 용기를 주고, 머릿속에 있는 '실수'라는 개념을 뒤로 미루고, 다양한 가능성을 시도해볼 수 있는 기회를 주어야 한다. 그렇지 않으면 다른 사람들처럼 완벽하게 잘할 수 없을까봐 두려워 새로운 일을 수용하지 못한다.

일단 시작하고 판단은 다음에 하라. 너무 이른 판단은 당신을 발전할 수 없게 억눌러 버린다. 행동을 하는 과정에서 더 멋지고, 더 훌륭하고, 더 능숙하게 할 수 있다. 능숙함은 완벽은 아니지만 제법 잘하게 할 수 있다. 경험이 늘어나고, 노력하는 과정에서 배운 지식들, 피드백을 받으면서 얻은 결과와 예측을 비교하면 더 개선될 수 있다. 이러한 변화를 알아차릴 수도 있고, 알아차리지 못한 사이에 많은 변화가 생길 수도 있다. 당신이 노력해야 하는 것이 있다. 자신에게 너그러워지는 것, 완벽주의에서 자신을 구해내는 것이다. 그래야 더 발전할 수 있다.

하버드 시간관리 비법

어떻게 해야 이 복잡한 사회에서 완벽 추구가 만들어낸 나쁜 영향을 피할 수 있을까?

1. 문제의 근원을 찾는다. 일단 근원을 찾고 나면 해결하는 건 쉽다. 대부분 완벽주의자들의 문제점은 어떻게든 문제점을 찾아내려고 한다. 소위 말하는 가장 완벽한 상태에 이르려고 하는 것이다. 그들은 99.9%에서 100%에 도달하기 위해 필요한 0.1% 때문에 표준보다 몇 배의 시간과 체력을 사용한다. 어떤 일이든 마지막 0.1%가 가장 어렵다는 사실은 다들 알고 있을 것이다. 0.1% 때문에 눈앞에 있는 것을 놓칠 수도 있다. 얻는 것보다 잃는 것이 더 많기 때문에 애써 완벽을 추구하지 않아도 된다.
2. 어떤 일이든 규칙이 필요하다. 규칙적으로 생활하면 정상적으로 꾸준히 학습하고 일할 수 있다. 취미생활을 만드는 것도 중요하다. 취미생활, 동호회 활동은 완벽하려고 하는 마음을 분산시켜 준다.
3. 평정심을 유지하라. 이 세상에 완벽한 것은 없으니 완벽하려고 고집부릴 필요가 없다. 언제 어떤 일을 하건 평정심을 유지하라.

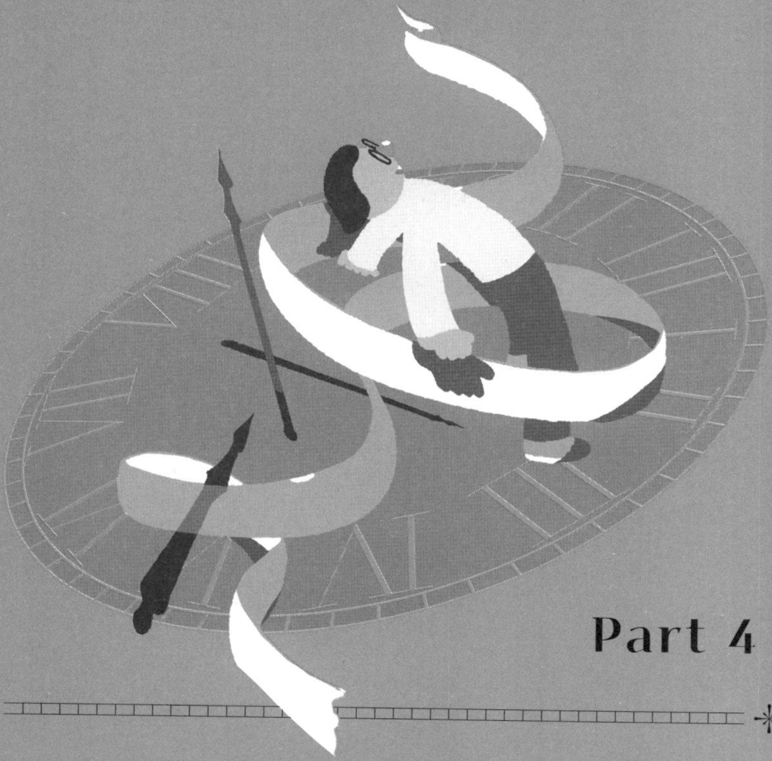

Part 4

권한부여와 업무위임은 더 효율적으로 시간을 이용할 수 있다

H A R V A R D

T I M E

M A N A G E M E N T

팀을 이끌면서 많은 스트레스를 받는가?

전 세계적으로 명예로운 자리에 있는 사람들은 한 가지 특징을 가지고 있다. 그들은 권한부여와 업무위임의 중요성을 잘 알고 있다. 우리는 주어진 모든 일을 혼자서 처리할 수 없기 때문에 효과적으로 업무를 위임하는 법을 배워야 한다. 일을 잘 마칠 수 있도록 부하직원을 격려하는 방법도 있다. 업무위임이란 가장 기본적이면서도 가장 중요한 직원 관리기술이라고 하버드 시간관리 연구원들은 말한다. 권한부여와 업무위임을 제대로 이해하면 직원이 관리자 업무를 대신 할 수 있고, 제대로 이해하지 못한다면 관리자는 직원의 업무만 끝낼 수 있다.

자신의 역할 제대로 이해하기

자기를 통제하지 못하면 영원히 노예로 산다.
세상을 지배하고 싶다면 자신을 먼저 지배해야 한다.
소크라테스 Socrates

미국 덴버의 유명 가전제품회사 지점장인 마크는 콜로라도 주 전체 시장을 관리한다. 마크는 본사에서 교육을 받았을 때 직속상사를 만나 친하게 지냈다. 상사는 성실하고 따뜻한 마음을 가진 사람이었다. 상사는 회사에서 일한 지 10년이 됐고, 신입사원부터 시작해 현재의 자리까지 오른 인물이었다. 회사에서 그에 대해 나쁘게 말하는 사람은 없었다. 마크는 좋은 상사를 만났다고 생각했다.

덴버로 돌아온 마크는 바로 회의를 소집해 각 시장 관리자들의 브리핑을 듣고, 최근 판매 현황에 대해 열심히 토론했다. 그 결과 자사 제품의 시장 점유율이 경쟁사 브랜드보다 상당히 뒤처진다는 결론을 얻었다. 마크는 전화와 메일로 수차례에 걸쳐 현 상황을 상사에게 보고했다. 상사가 이에 대한 확실한 의견을 줄 것이고, 지점의 판매지표 외에 다른 중장기적인 요구를 보내줄 것이라고 생각했다. 그러나 상사는 도움을 주기는커녕 마크의 의도를 잘 이해하지 못한 듯 조급해하지 말고 더 많이 찾아보라고 위로만 했다. 또한 상사의 즉흥적인 업무처리 방식이 마크를 난처하고 힘들게 한 일도 있었다. 일주일 전 덴버로 온 상사가 중개인과 농담을 주고받더니, 반입할 물건의 값을 할인해달라는 중개인의 제안을 그 자리에서 승낙해버린 것이다. 실제로 그 지역을 관리하는 마크는 안중에도 없었다.

덴버에 있는 동안 상사는 마크와 함께 지점을 방문했다. 상사는 콜로라도 주 사정을 굉장히 잘 알고 있는 듯 보였다. 마크가 콜로라도 주 일부 지역의 관리자를 조정해야 할 것 같다고 말하자 상사는 반대 의견을 내세웠다. 회사 입장에서 한 지역의 관리자를 바꾸는 것은 결과를 예측할 수 없는 결정이라고 말했다. 지금 할 수 있는 가장 확실한 방법은 '업무의 중심을 점점 내리는 것'이라고 했다. 그리고 자신이 판매총괄을 맡아 지점관리에 힘쓸 것이니, 마크에게는 더 직접적으로 관할구역 시장의 업무에 참여하라고 말했다. 그날 밤 마크는 상사의 방식을 받아들이기 힘들어 잠을 이룰 수 없었다. 관할구역 시장의 업무에 직접적으로 참여하는 것은 지점장이 해서는 안 될 업무였기 때문이다.

하버드대학 교수들의 말에 따르면 한 사람은 '생활' 속 역할과 '업무' 속 역할 두 가지를 동시에 한다고 했다. 우리는 생활, 업무를 막론하고 모두 자신의 역할을 확실히 알아야 한다. 생활 속 역할이라면 '아들 혹은 딸', '친구', '애인' 등이 있으며 역할에 따라 해야 하는 일도 다르다. 아들과 딸로서 해야 할 일은 어떻게 하면 부모님을 기쁘게 해드릴까 고민하는 것이다. 부모님은 여러분의 경제적인 도움보다 애정과 관심이 필요하다. 자주 연락하고, 부모님의 건강을 묻는 것, 부모님을 자주 뵙는 것을 일정에 꼭 넣도록 하자. 친구라면 자주 연락하고, 이야기를 나누고, 도움이 필요할 때 서로 도와주는 것 등이 있다.

생활 속 역할은 자주 변하는데, 우리의 성격이 변하기 때문이다. 자신이 해야 하는 역할과 상대방의 역할이 충돌하게 될 때, 즉시 되짚어보며 원인을 찾고 해결방법을 찾아서 서로의 역할에 큰 영향을 주지 않아야 한다.

생활 속 역할에 비해 업무 속 역할은 간단하다. 업무 속 역할은 참고할 기준이 있기 때문이다. 우리는 한 가지 역할을 갖고 특정한 종류의 일을 한다. 역할이 분명해지면 언제, 어디서, 어떤 일을 해야 하는지 확실히 알기 쉽다.

우리는 업무상 자신의 역할이 무엇인지, 어떤 일을 해야 하는지를 확실히 알고 효율적인 업무방법을 찾아야 한다. 가끔 상사의 단점을 비웃거나 상사를 욕하느라 시간을 낭비하곤 한다. 자신의 업무방식 역시 상사의 시간을 낭비할 수 있다는 걸 알아야 한다.

상사의 도움 없이도 잘 끝낼 수 있는 업무인데 왜 상사를 업무로 끌어들이는가? 당신의 부탁은 상사의 자원을 낭비하고, 상사가 원래 갖고 있던 자본 역시 낭비된다. 굳이 가치가 없는 일은 상사에게 부탁하지 않도록 하자.

관리자라면 부하직원이 당신에게 문제를 떠넘기지 않도록 하자. 부하직원을 돕는 것이 관리자의 업무 중 하나인 건 맞다. 현명한 관리자는 부하직원에게 충고해주거나 자원을 제공하여 업무 중에 발생한 문제를 해결하도록 돕는다. 그 문제는 부하직원의 몫이지 당신의 몫이 아니라는 걸 명심하자.

지금부터는 당신의 문제를 점검해보자. 당신의 문제를 상사에게 미룬 적이 있는가? 그렇다면 당신 역시 상사의 시간을 낭비하고 있다.

당신의 직급이 무엇이든, 상사 혹은 부하직원은 서로 의존하게 된다. 부하직원이 당신의 시간과 자원을 낭비하지 못하게 해야 하며, 당신 역시 상사의 시간을 낭비하지 않아야 한다. 상호 의존적인 관계일수록 좋은 관계를 유지해야 효율적으로 업무를 할 수 있다. 상사 혹은 부하직원은 어떤 식으로 당신의 시간을 낭비하는지 알아본 다음 현재 상황을 개선할 수 있는 방법을 찾아보자.

하버드 시간관리 비법

직장생활에서 팀원마다 각자의 책임과 해야 할 일이 나눠져 있다. 팀의 구성원으로 일을 할 때 팀의 목표를 이루기 위해 책임감을 가져야 한다.

1. 자신의 위치를 파악한다

회사나 팀에서 각자의 위치가 있고, 그에 따라 책임져야 하는 부분이 있고, 책임지지 않아도 되는 부분이 있다. 자신의 위치를 지키면 된다. 다른 사람의 책임 범위를 침범하면 이미 정해진 업무 질서가 깨진다.

2. 혼자만 영웅이 되는 걸 막아야 한다

일을 하다 보면 혼자서만 영웅이 되려는 직원들을 볼 수 있다. 자신의 커리어는 갈수록 좁아지고, 소속한 곳의 발전에는 전혀 도움이 안 된다. 아무리 능력 있는 직원일지라도 우월감에 빠져서는 안 되며, 단체의 이익을 중점을 두어야 이익을 얻을 수 있다는 걸 명심하자.

3. 다른 사람과 함께 일하라

자신의 가치를 실현하려면 혼자만의 힘으로 부족할 때가 있다. 다른 사람과 함께 해야 하거나 도움이 필요한 경우가 있다. 회사 내에서 직원은 자신에게 맞는 책임을 분명히 하고, 자신의 역할을 잘 수행하면 된다.

자신의 역할이 무엇인지 확실히 알고 있어야 상사의 호감을 얻을 수 있고, 단체의 이익 속에서 자신의 이익도 얻을 수 있다. 자신의 능력이 부족하더라도 단체 속에서 도움을 받고 직장 내에서 성공할 수 있다.

업무위임의 기능 이해하기

성공한 기업의 지도자들은 권한위임에도 능하지만, 권한을 통제하는 데도 고수다.
피터 드러커 Peter F. Drucker

평소 영업실적이 좋은 피터는 사장의 추천으로 영업팀의 팀장으로 임명되었다. 사장의 신임에 보답하기 위해 피터는 더욱 야심차게 일하기로 결심했다. 피터는 보름 동안 팀에서 일어나는 모든 일을 직접 관여했다. 큰일 작은 일 따지지 않고 직접 참여했다. 그런데 영업실적은 전임 팀장보다 성장하지 못했고 직원들도 안절부절 못했다. 서로 간의 협조나 소통도 줄어들었다.

피터도 고통스럽기는 마찬가지였다. 불면증과 두통에 시달리고 생체리듬이 깨지는 현상까지 겪는 등 무척 힘들었다. 하지만 부하직원들의 생각은 피터와 달랐다. 직원들의 눈에 피터는 혼자서 공을 다 세우고 싶어 하고, 혼자서 권력을 차지하고, 독단적으로 일을 처리하는 사람이었다. 영업팀의 상황을 알게 된 사장은 피터와 이야기를 나누기로 했다. 사장은 금요일 오후 피터를 자신의 사무실로 불렀다.

"거기 앉게." 사장이 말했다.

"안녕하십니까. 어떤 일로 저를 찾으셨는지요?"

피터의 질문에 사장이 말을 이어나갔다.

"업무와 관련된 이야기를 나누고자 불렀다네. 일은 할 만한가?"

"어려운 도전과제 같습니다. 열심히 했다고 생각했는데 조금 지칩니다."

"자네가 일에 대한 열정이 많다는 건 잘 알고 있네. 다들 그렇게 생각하고 말이야. 자네가 더 나은 업무방법을 찾는다면 이렇게 지치지 않을 거라고 생각하네."

"업무방식이라는 건 어떤 걸 말하는 건가요?"

"내가 알기론 자네가 한 가지 실수를 하고 있는 게 있다네. 모든 일을 다 자네가 하려는 것이지. 어떤 일이라도 자네의 노력이 있어야 잘될 거라고 생각하지. 물론 칭찬받아야 할 점이지만 이러한 방법은 균형을 잃기 쉽다네. 업무를 직원들에게 골고루 분배하고, 다들 적극적으로 일할 수 있도록 조정한다면 지금처럼 지치지 않을 거네."

피터는 자신이 큰 실수를 하고 있었다는 걸 깨달았다. 업무위임을 할 줄 몰랐던 것이다.

면담 이후 피터는 업무방식을 변경했다. 합리적이면서 과학적으로 일을 분배했다. 한 달이 지나자 직원들은 서로 돕게 되었고 영업실적도 훨씬 향상됐다.

훌륭한 관리자는 업무위임의 기능을 이해하고, 부하직원들이 갖고 있는 능력을 충분히 발휘할 수 있도록 한다. 관리자의 일은 보통 직원들과는 다르다. 선결과제와 최종과제는 관리다. 업무상의 일을 나누어주고, 전체적인 계획을 세우고 업무의 진도를 파악하고, 적절한 타이밍에 결정을 내려야 한다. 이것이야 말로 관리자가 존재하는 이유다. 관리자가 업무위임을 이해하려면, 업무위임의 의미와 중요성을 알아야 한다.

1. 업무위임은 관리자의 업무부담을 줄일 수 있다. 부하직원들에게 한 가지씩 업무를 처리하도록 하면 업무부담을 크게 줄일 수 있다. 이렇게 되면 경영관리에서 나타나는 크고 중요한 문제들을 해결할 수 있는 충분한 시간과 체력이 생긴다. 부하직원들의 업무능력도 성장시킬 수 있다.

2. 직원들의 적극성을 고취시켜 지혜를 발휘하도록 한다. 직원들이 지혜를 마음껏 발휘하고 상상력과 창의력으로 업무를 더 멋지게 끝마칠 수 있다.

3. 조직을 좀 더 수평적으로 만들 수 있다. 수직구조가 사라질수록 관리자가 관리해야 할 폭이 넓어지고, 관리해야 할 직원의 수가 점점 더 늘어날 것이다 이때 권한부여가 그 어떤 때보다 중요하다.

업무위임을 할 때 직원 각자의 능력과 업무를 이행할 때 필요한 시간을 고려해야 한다. 그렇지 않으면 시간차가 발생하고 더 큰 낭비가 될 수 있다.

관리자는 완전한 부하직원의 일로 만들어야 한다. 관리자가 업무위임을 할 때 해당업무의 책임과 권한도 동시에 위임하는 것을 말한다. 그래야 관리자의 시간을 단축하고 더 중요한 일을 처리할 수 있다. 업무를 위임받은 부하직원도 더 즐거운 마음으로 업무를 수행하게 되므로 전체적인 조직의 업무효율이 오르게 된다. 생각해보라. 상사가 당신에게 어떤 일을 맡기면서 사사건건 개입한다면 업무에 대한 적극성은 점점 사라지고 상사 역시 바쁘기만 할 것이다. 또한 업무를 즉시 지시할 수 없기 때문에 일도 지체될 것이다.

하버드 시간관리 비법

업무위임은 시간관리에서 중요한 부분이다. 관리자가 더 중요한 일을 처리할 수 있는 시간이 생기고, 부하직원의 업무능력도 향상시킬 수 있어 업무효율이 동시에 올라간다. 성공적인 업무위임을 위한 몇 가지 단계를 참고하자.

1. 적임자를 선택한다

업무를 위임할 사람을 고를 때 두 가지 사항을 주의해야 한다. 첫째는 업무를 위임받을 사람이 해당업무를 끝마칠 수 있는 능력이 있는지 고려해야 한다. 둘째는 업무를 위임받을 사람이 해당업무를 끝마칠 수 있는 충분한 시간이 있는지 고려해야 한다. 업무를 제시간에 끝마치려면 기존 업무와 충돌이 일어나지 않아야 한다.

2. 확실하게 일을 전달한다

업무를 위임할 때 최종 목표와 마감기한, 실행 방법 등을 확실하게 전달한다. 인

수인계를 대강하면 업무를 위임받은 사람이 실수할 확률은 더 커진다. 관리자는 질문을 던져가며 업무를 위임받은 직원이 확실하게 이해하고 있는지 확인해야 한다.

3. 업무진도를 체크한다

불시에 업무진도를 감독해야 한다. 지나치게 엄격하면 반감을 사거나 업무에 영향을 줄 수 있고, 반대로 너무 가벼우면 업무에 별로 관심이 없는 것처럼 보여 부하직원들의 열정이 식을 수도 있다. 업무진도를 감독할 때는 적당한 거리를 유지해야 한다.

4. 격려와 지원을 한다

업무를 위임받은 직원들에게 적합한 지원을 해주고, 하고 있는 업무에 대해 긍정적인 표현을 하며 격려를 아끼지 않아야 한다. 그래야 위임받은 업무에 대해 자신감이 생겨 업무의 질이 높아지고 진도도 빨라진다.

5. 최종평가를 한다

위임한 업무가 끝나면 즉시 최종평가를 하라. 자신의 업무위임이 성공적이었는지, 업무를 위임받은 직원은 성공적으로 일을 잘 끝냈는지를 분석한다. 성공적이었다면 경험을 정리하고, 한층 더 나아갈 수 있도록 칭찬하고 그렇지 않았다면 교훈으로 삼아 다음 업무위임을 준비한다.

직원의 능력에 따른 업무위임

타인의 지혜를 빌려 자신의 사업을 완성하는 사람은 위대하다.

댄 피아트 Dan Piatt

'석유왕'이라고 불리는 록펠러는 자신만의 경영철학과 능숙한 업무위임 덕분에 큰 성과를 이룩할 수 있었다. 인재를 등용할 때도 자신만의 원칙을 고집했다. 구체적인 업무를 넘겼을 때 상대방이 제시간에 끝내고, 질적으로 보장된다면 업무위임을 받은 사람이 능력을 더 많이 발휘할 수 있도록 해당업무에서 손을 뗐다. 그 사람이 능력이 있다면 업무를 처리하는 방법이나 세세한 문제에 대해서도 지나치게 관여하지 않았다. 업무위임의 중요성을 잘 이해했기 때문에 부하직원들과 협력이 잘 이루어졌다.

남미에서 어떤 프로젝트에 투자할 때 록펠러는 파트너 에드워드 배터에게 정보가 잘못되면 손해를 볼 것이라 말했다. 나중에 손실액이

100만 달러에 달한다는 걸 알게 된 배터는 죄책감에 시달렸다. 자신의 실수를 말하자 록펠러는 웃으며 그를 칭찬했다.

"잘했어, 아주 잘했네! 이만큼 잘 보전한 것도 굉장히 어려운 일 아닌가! 유능한 자네에게 모든 걸 맡겼기 때문에 손해가 이 정도밖에 나지 않은 거야. 내 예상범위를 벗어났다고!"

이후에도 록펠러는 일말의 의심 없이 다른 지역의 투자와 관련된 일도 배터에게 맡겼다. 이러한 록펠러의 업무위임은 배터의 마음속에 있던 무거운 짐을 내려놓게 했다. 배터는 그날의 감동과 충성심을 모두 석유사업에 투자했다. 그리고 더욱 세심하게 노력하는 경영으로 록펠러가 세계적인 자본가로 성장하는 데 큰 공헌을 했다.

업무위임은 범위가 굉장히 넓다. 성공한 지도자는 절대 사사건건 직접 나서지 않는다. 인재기용, 업무처리, 경제, 관리 등의 방면에서 부하직원들이 자신의 창의력과 적극성을 충분히 발휘하여 조직이 목표를 달성할 수 있도록 시기적절한 업무위임을 진행한다. 업무위임의 기능을 이해했다면 관리자가 주의해야 할 두 가지를 살펴보자.

직원의 태도에 따른 업무위임 스타일

사람마다 처해있는 환경에 따라 관리자의 지도방식이 달라져야 한다. 부하직원의 태도와 수준에 자신의 관리방식을 잘 적용시켜야 한다. 아래 네 가지가 관리하는 과정에서 자주 나타나는 직원들의 태도이다.

1. 업무를 받아들이기 싫어하고 제대로 이해 못 하는 사람

팀원 중에 업무와 관련된 지식이나 기술이 전혀 없고, 흥미가 없고,

배우고 싶은 마음도 없는 사람이 있다면 관리자는 엄격한 방식으로 지도해야 한다.

2. 능력은 부족하지만 업무를 받아들이는 사람

첫 번째 과정을 거치고 나면 부하직원은 자신감이 생겨 계속 배우고 싶어 할 것이다. 기술이나 능력은 여전히 기준에는 미치지 않더라도 관리자는 격려를 하면서 적극적으로 지도해야 한다.

3. 능력은 있지만 업무를 받아들이기 싫어하고 이해 못 하는 사람

좀 더 모험적인 일을 맡게 되면 직원은 자신감을 잃고, 동기가 부족해져서 업무를 받아들이는 걸 꺼린다. 이때 관리자가 단체정신을 강조하면서 부하직원을 격려하고, 문제점을 해결할 수 있도록 도와주는 것이 필요하다.

4. 능력이 있어서 업무를 받아들이는 사람, 능력과 자신감이 있어서 업무를 하려는 사람

관리자의 격려와 지도 아래 팀원들은 업무에 점점 능숙해질 수 있고, 능력과 의욕 등 각 방면에서 업무에 적응할 수 있게 된다. 이때 관리자는 마음 편히 팀원들에게 맡기고 업무를 적절하게 감독하면 된다.

현명한 업무위임자 선정

업무를 위임할 수 있는 최적의 대상은 다음의 여섯 가지로 나눌 수 있다.

1. 성실하고 사심이 없는 사람

이런 사람들은 일을 수행할 때 자신의 원칙과 규칙을 고집한다. 성실하며 시작과 끝맺음이 분명하다. 업무를 위임받았다면 가장 충실하게

당신을 도와줄 것이다.

2. 적극적인 희생자

업무능력이 뛰어나지는 않지만 팀에 주어진 업무들을 기꺼이 수행한다. 적극적으로 업무를 처리하려고 하기 때문에 일이나 권력을 이런 사람들에게 위임한다면 업무는 좋은 방향으로 발전할 것이다.

3. 혁신적인 능력자

이들은 평범한 업무에서 새로운 돌파구를 찾아내는 사람들이다. 새로운 방법, 새로운 경로로 문제를 해결하려고 한다. 이들에게 권한을 위임한다면 팀 전체가 새로운 전환점을 맞이하게 될 것이다.

4. 단결을 좋아하는 협력가

인간관계를 잘 다루는 사람들이다. 응집력이 굉장히 뛰어나기 때문에, 단체의 힘이 필요한 일을 이들에게 맡기면 예상치 못한 큰 수확을 얻게 될 것이다.

5. 독립심이 강한 사람

독립심이 강한 사람들은 문제를 잘 발견하고 골치 아픈 문제도 잘 해결한다. 독특한 견해도 가지고 있다. 업무를 위임받으면 그들의 개방적인 사고방식으로 업무를 위임한 사람을 놀라게 할 것이다.

6. 가끔씩 실수를 하지만 개선의 기회를 가진 사람

실수를 했기 때문에 체면이 깎였지만 마음속에 죄책감이 존재하고, 다시 신뢰를 얻고자 하는 사람들이 있다. 관리자가 과감하게 권한을 그들에게 위임한다면 다른 사람들보다 훨씬 적극적으로 일을 수행할 것이다.

성공적인 업무위임을 위해서는 상응하는 기술을 배우고, 업무위임 자체의 기능과 작용을 증진시켜야 한다. 관리자들이 업무위임을 할 때 시도해보면 좋을 유용한 비결 몇 가지를 소개한다.

1. 일의 목적과 마감기한을 분명히 한다

업무위임을 할 때, 최종 목적이 무엇인지, 언제까지 목적을 달성해야 하는지 등의 기본적인 정보를 직원에게 전달해야 한다. 이러한 부분을 확실하게 알아야 직원들도 방향을 제대로 잡을 수 있다.

2. 더 상세하게 질문한다

상대방에게 질문할 때 구체적으로 말해야 한다. "이해했나요?", "알겠나요?"와 같은 방식으로 질문하면 직원들은 자존심에 상처를 받을까봐 쉽게 입을 열지 않는다.

3. 업무위임 후 시기적절하게 손을 뗀다

다그치는 것보다 처음부터 모든 것을 확실하게 알려준 다음 직원이 알아서 처리하도록 손을 떼는 것이 좋다. 관리자의 체력도 아낄 수 있고, 직원도 자신의 능력이 어떤지 확실하게 알 수 있다.

4.해당 일을 통해 어떤 것을 얻을 수 있는지 확실히 알려준다

업무능력이 성장하고, 금전적으로도 보상이 주어진다. 관리자가 단지 자신의 일이 너무 많아서 일을 넘기는 것은 업무위임이 아니라 '관리자의 잡일을 도와주는 것'이 된다.

'역 업무위임'의 상황 방지

권한위임과 신임이 동반돼야 효과적인 권한위임이다.

스티븐 코비 Stephen R. Covey

철도회사 사장 비드웰은 젊은 시절 매우 성실했다. 당시 업무를 위임하고 지휘하는 법을 잘 모르는 상태에서 건축설계 지휘관으로 파견근무를 간 적이 있었다. 비드웰은 이십대였고 약간의 경험이 있었지만 혼자서 일을 분배하고, 다른 사람을 지휘하는 것은 처음이었다. 최단시간 내에 업무를 끝마쳐서 직원들에게 멋진 모습을 보여주는 게 혈기왕성한 그의 목표였다.

첫날부터 비드웰은 일에 몰두하며 같이 온 세 명의 직원들도 자신처럼 열심히 일한다고 생각했다. 그러나 함께 온 직원 세 명은 약삭빠른 사람들이었다. 비드웰이 열심히 하는 모습을 보며 아직 세상물정을 모르는 풋내기 상사로 여기고, 한편으론 칭찬하면서 자기들은 거의 아무 일도 하지 않았던 것이다.

그런데 비드웰도 만만치 않았다. 밤새도록 자신의 방법이 뭐가 잘못됐는지 고민하고 해결방법을 찾았다. 비드웰을 업무 전체를 자신이 꽉 쥐고 있으면 직원들이 노력할 필요가 없다는 걸 깨달았다. 다음 날부터 비드웰은 업무를 직접 처리하지 않고 지휘하고 감독하는 데 집중했다. 그러자 업무효과가 눈에 띄게 좋아졌다.

이처럼 업무위임을 할 때는 '역 업무위임'을 주의해야 한다. '역 업무위임'이란 업무위임 후 부하직원이 가져야 하는 책임과 권한을 상사에게 미루는 행위를 말한다. 이렇게 되면 업무를 위임 받은 부하직원이 처리해야 하는 문제를 관리자가 해결해야 한다.

결국 상사는 부하직원의 부하직원이 되는 셈이다. 상사가 이를 대수롭지 않게 여기고 경계하지 않는다면 부하직원의 보고를 받고, 지시하느라 자신이 해야 할 업무를 소홀히 하게 된다. 부하직원 역시 상사에게 계속 의존하려고만 한다. 이런 상황이 심해지면 상사와 부하직원 모두가 실직하게 될 수도 있다.

'역 업무위임'이 나타나는 이유를 상사의 원인과 부하직원의 원인 두 가지로 나눌 수 있다. 먼저 상사의 원인을 살펴보자.

1. 경험과 용기가 부족해서 업무를 위임하는 데 익숙지 않다.

2. 업무위임을 하고 싶지 않다. 자신이 일을 많이 하더라도 부하직원에게 업무를 위임하고 싶지 않은 관리자들이 많다. 부하직원에 대한 믿음이 부족해서 자신이 해야 마음이 놓이기 때문이다. 혹은 부하직

원이 권력을 쥐게 되어 실권을 잃게 될까 두려운 이유도 있다.

3. 권력을 장악하고 싶다. 업무의 모든 결정권을 꽉 움켜쥐고 부하직원이 모든 일에 대해 보고를 하고, 업무마다 지시를 받을 수밖에 없도록 한다.

4. '역 업무위임'을 거부할 줄 모르는 사람은 권한과 업무를 넘겨줬음에도 사사건건 참견하고 간섭한다. 모험을 두려워하고 업무능력이 평범하면서 아부하기를 좋아하는 부하직원의 경우, 업무 중에 발생하는 모든 상황을 상사에게 보고하고 지시받으려 한다. 겉보기에는 상사를 존중하는 것처럼 보이지만 실상은 그렇지 않다.

이어서 부하직원의 원인을 살펴보자.

1. 책임지는 것을 두려워하고, 공을 세우는 데 욕심은 없고 실수가 없기만을 바란다.

2. 자신감과 업무능력이 부족하다.

3. 상사의 비위를 맞추는 데 급급하고 모험을 하고 싶지 않다. 자칫하면 책임져야 할 수 있기 때문이다.

'역 업무위임'은 지시형, 문제형, 선택형, 사실형, 도피형 다섯 가지 유형으로 나눌 수 있다.

1. 지시형 역 업무위임

출근하자마자 직원에게 업무상황을 묻고 지시하는 상사가 있다. 대부분의 상사들이 이런 유형이다. 직원 역시 이미 업무를 위임받았지만 계속해서 상사에게 업무보고를 하고 지시해주기를 바란다. 이러한 현상은 높은 직위의 지도자와 신입사원 사이에서 흔히 나타난다.

2. 문제형 역 업무위임

업무를 위임받았지만 계속해서 상사에게 질문을 하고 문제를 해결해주길 부탁하는 직원들이 있다. 이는 겸손하게 가르침을 구하는 것이 아니라 상사의 시간을 빼앗는 것이다. 문제를 해결해주는 것을 좋아하는 상사도 있다. 이러한 현상은 힘이 강하거나 아부하기 좋아하는 직원들에게서 자주 나타난다.

3. 선택형 역 업무위임

다양한 방법을 제시하면서 상사에게 선택하도록 하는 직원들이 있다. 문제점을 상사에게 떠넘겨버리는 것이다. 이러한 현상은 머리 좋은 직원들에게서 자주 볼 수 있다.

4. 사실형 역 업무위임

자신의 능력을 과시하기 위해 상사에게 업무보고를 하거나, 지시를 바라지 않고 독단적으로 업무를 처리하려고 하며, 문제가 발생해서야 상사에게 도움을 바라는 직원들이 있다. 이런 현상은 개성이 강한 직원에게서 흔히 나타난다.

5. 도피형 역 업무위임

일하기 싫고 책임을 지기 싫어서 업무 중에 휴가를 신청하거나, 일부러 업무사고를 일으켜 일의 진행을 지체하는 등의 방법으로 업무책임을 상사에게 떠넘기는 유형이다.

역 업무위임의 원인을 살펴보았다. 관리자가 조금만 신경 써서 업무 분위기를 조성하면 역 업무위임을 피할 수 있다.

1. 업무를 위임할 사람을 고를 때는 대책을 잘 세워야 한다. 빠른 시일 내에 업무를 위임할 적임자를 찾는 것이 역 업무위임을 피할 수 있는 전제 조건이다.
2. 업무를 위임할 때는 '책임, 권리, 이익' 세 가지를 확실하게 위임해야 한다. 전면적이고, 상세하고, 유동성이 있을수록 부하직원이 더욱 적극적으로 변하기 때문에 역 업무위임을 방지할 수 있다. 역 업무위임을 피할 수 있는 가장 기본적인 조건이다.
3. 업무보고를 들을 때는 '왜'라는 질문을 자주하라. "왜 이렇게 했나요?", "또 다른 방안이 있나요?", "이러한 상황이 발생했을 때는 어떻게 처리해야 할까요?" 등의 방식으로 부하직원이 스스로 정답을 찾을 수 있도록 하는 게 좋은 방법이다.
4. 도움을 요청했다면 반문을 통해 그의 생각을 도출해내라. 부하직원이 몇 가지 방안으로 도움을 요청하면 대답하지 말고 반문해서 그의 생각이 어떤지 물어본 다음 참고할 수 있도록 제안한다. 부하직원 스스로가 생각이 있고, 견해가 있고, 재능이 있다는 걸 일깨워주자.
5. 위임한 업무가 끝났을 때 평가한다. 성과를 인정하고 부족한 점은 지적하라. 평가를 하는 이유는 첫째, 업무를 중간에 흐지부지하지 않고 잘 끝마친 것을 칭찬하기 위해서다. 둘째, 생각과 견해를 얘기하는 것으로 부하직원의 대한 관심을 표현하기 위해서다. 셋째, 포상을 통해 업무의 실질적 효과를 높이기 위해서다.

업무위임을 잘하면 시간관리에도 효율적이다

최고경영자는 목표를 달성할 수 있는 팀을 만들어야 한다.
마이클 조던이 농구경기를 같이할 팀원이 필요한 것처럼 말이다.
찰스 리 Charles Lee

유능하고 일에 대한 열정이 많은 엔지니어 로렌스는 팀장으로 승진했다. 그는 자신의 기술이 부하직원들보다 훨씬 월등하고 좀 더 일찍 업무를 끝마치길 원했다. 업무를 끝마치면 직원들을 가르칠 계획이었다. 로렌스는 중요한 업무는 자신이 직접 처리하고, 부하직원들에게는 간단한 업무만 시켰다. 그래서 부하직원들은 중요한 업무에 대해 잘 알지 못했다. 팀원 중에 중요한 역할을 맡았던 직원도 업무에 더 이상 도전 가치가 없고, 자신이 발전하는 데 별 도움이 되지 않는다는 이유로 회사를 그만두기에 이르렀다. 결국 로렌스는 혼자 야근하며 업무를 해야 했다.

업무위임은 업무의 책임이나 권한을 특정한 인물 또는 단체에게 부여하는 것을 말한다. 개인이나 단체가 팀에 대한 소속감과 참여성을 부여해 업무의 가치와 조직에 공헌할 수 있도록 하며, 관리자가 일상 업무가 아닌 중요하고 가치가 높은 업무에 집중할 수 있도록 한다. 쉽게 말해서 업무위임이란 부하직원 혹은 다른 사람이 일을 수행하도록 넘기는 행위를 말한다.

관리자는 업무위임의 기능을 잘 이용해야 번거로운 업무에서 벗어날 수 있다. 그래야 부하직원을 교육할 수 있고, 자신이 담당하는 부서의 업무실적을 올릴 수도 있다. 업무위임이 별로 중요하지 않고 관리하는 방식의 차이라고 말하는 관리자들도 있다. 사실 업무위임은 가장 기본적인 것 중에 하나이며 관리하는 방식과는 전혀 관계가 없다. 업무위임이 부하직원들에게 어떤 장점이 있는지 살펴보자.

1. 직원들이 더 성장할 수 있는 기회이며 업무에 대한 열정을 불러일으킬 수 있다.

2. 업무에 대한 책임을 지고 권한을 행사하기 때문에 직원들이 일의 즐거움과 자신의 가치를 느낄 수 있다.

3. 잠재력을 깨울 수 있고 직원들 스스로 커리어를 발전시킬 수 있다는 자신감을 가지게 한다. 업무위임은 팀을 더 질서 있고 유기적으로 운영할 수 있게 한다. 또한 적절하게 업무를 분담하여 각자 맡은 바 일을 완수하고 서로 협조하여 팀의 목표를 달성할 수 있게 한다. 팀의 목표 달성은 특정 직원이나 관리자가 혼자 이루는 것이 아니라 모든 사람의 능력이 고루 갖춰져야 가능하다.

업무위임이 관리자에게 미치는 영향은 다음과 같다.

1. 관리자가 자질구레한 일상 업무를 직접 하지 않기 때문에 업무효율을 높일 수 있다.

2. 대부분의 업무가 관리자의 몫이 되는 부담을 줄일 수 있다.

3. 부하직원의 실제 업무능력을 볼 수 있으며, 그들의 장점, 흥미 등 부하직원에 대해 더 잘 이해할 수 있다.

업무위임을 효과적으로 시행하면 회사는 이익을 얻을 수 있고, 업무를 위임받은 직원도 어느 정도 선에서 결정을 내릴 수 있다. 상사보다 부하직원이 실제로 고객과 더 가깝다. 회사의 일상 업무에 대해 더 잘 알고 있기 때문에 그들이 내리는 결정은 회사의 입장에서도 분명 좋은 점이 있다. 이런 점을 미루어보아 업무위임은 회사의 업무가 부드럽게 진행되면서 회사 내부 소식, 서비스, 자본과 전체적인 자금의 흐름 더 원활하게 해준다.

기업 내부에는 정보 공급망과 서비스 공급망이 존재한다. 정보 공급망은 정보를 전달하는 경로와 방법이 포함되어 있고, 서비스 공급망에는 내부고객과 외부고객, 판매자와 유저가 있다.

소비자와 내부고객은 업무 흐름의 다음 과정이다. 각 파트와 각 부서는 자신의 고객을 위해 금전, 물류, 정보, 서비스 등을 제공해야 한다. 내부고객과의 거래가 원활해야 외부고객도 만족할 수 있다. 중국 전통의학에 "통[通]하면 아프지 않고, 아프면 통[通]하지 않는다."는 말이 있다. 기[氣]의 흐름이 막히면 만병의 원인이 된다는 말이다. 같은 이치로 팀 내부의 업무가 원활하지 않으면 외부고객의 불평이 생기고 결국 회사에도 좋지 않은 영향을 받게 된다.

관리자는 업무를 위임할 때 최선을 다해야 하고, 힘을 적절히 분배하고, 능력을 점검하여 일의 추진력을 높여야 한다. 부하직원은 업무를 위임받으면서 배우고 성장하여 끊임없이 회사의 발전에 이바지하자. 결론적으로 업무위임은 회사, 관리자, 직원 모두에게 큰 도움이 된다.

하버드 시간관리 비법

자신이 가진 잠재능력을 모르는 직원들이 많다. 관리자가 그들의 잠재능력을 발견하고 성장시킨다면 회사의 입장에서는 많은 인재를 보유하게 된다. 업무위임은 직원의 잠재능력을 발굴할 수 있는 방법 중에 하나다. 하지만 업무위임에 대한 잘못된 인식을 가진 관리자들도 있다.

1. 업무위임은 부하직원이 상사의 업무와 그에 따르는 책임도 같이 부담하는 것이다.
2. 부하직원은 업무를 끝마치는 데 필요한 자원과 권한을 가져야 한다. 해당업무를 진행할 때 직책에 맞는 책임, 권리, 이익이 부하직원에게 분명히 주어져야 한다.
3. 업무를 위임하는 사람은 위임한 업무와 위임을 받는 사람에 대한 책임을 져야 한다. 위임한 업무에서 문제가 발생하면 업무를 위임한 상사 역시 책임을 져야

한다.

4. 부하직원이 업무를 끝마쳐야 하므로 어떻게 진행할지 직접 결정하도록 한다. 업무를 위임한 사람은 업무의 진행과정을 감독하고 지도하는 역할만 하면 된다.
5. 업무위임은 부하직원에게 업무를 배울 수 있는 기회를 제공하는 것뿐만 아니라, 부하직원 스스로 업무를 완성할 수 있는 능력을 갖추게 만들기도 한다. 업무위임을 받는 건 원래 부하직원이 해야 하는 일 중에 하나이다. 그래서 이미 업무 관련 기술이나 능력을 갖추어서 직책에서 필요로 하는 요구사항들을 하고 있더라도 업무위임은 해야 하는 것이다.

업무위임 후 평가하기

시간을 컨트롤하는 몇 가지 포인트는 시간을 모으고, 몇 가지 일을 취소하고,
부하직원의 시간을 낭비하지 않아야 한다는 걸 자각하고, 끊임없이 발생하는 위기, 충돌,
잦은 회의 등과 같이 조직생활에서 시간낭비를 불러오는 문제점들을 찾는 것이다.
피터 드러커 Peter F. Drucker

무역회사 영업사원인 피터는 업무능력을 인정받아 팀장으로 승진했다. 피터는 뛰어난 의사소통 기술로 고객과 좋은 관계를 유지하고, 시간을 잘 활용해서 업무효율을 높이고 있었다. 팀장으로 승진한 지 3개월 차가 되자 피터는 업무위임을 시도했다. 그런데 업무위임을 해본 경험이 부족했기 때문에 신중하게 준비했다.

일에 대한 의욕과 업무능력이 있는 켄트라는 직원이 있었다. 피터는 켄트를 무척 신임해서 팀의 중요한 업무를 전부 위임하고, 일반적인 업무는 다른 팀원들에게 분배했다. 그렇게 되자 켄트는 야근을 해야 업무를 끝마칠 수 있었다. 켄트는 불평을 하기 시작했다. 피터는

업무를 다른 직원에게 분담시키려고 했으나 문제가 발생할까 두려워 마음을 놓을 수 없었다. 결국 피터가 켄트와 함께 야근을 해야 했다.

일정 시간이 지난 후 피터는 자신의 방법이 적절하지 않다는 걸 깨달았다. 중요한 업무를 한 사람에게 위임하면 담당자는 감당하기 힘들고, 다른 직원들이 질투할 수 있다는 걸 깨달은 것이다.

피터는 직원 업무능력을 평가하면서 켄트보다는 부족하지만 업무능력이 있고, 효율성이 높은 몇몇 직원을 발견했다. 그 후부터 피터는 중요한 업무의 일부를 그들이 처리하도록 위임했다.

업무위임을 좀 더 효율적으로 하려면 위임하려는 업무의 내용, 위임을 받을 사람에 대해 다방면으로 평가를 해야 한다. 관리자는 자신의 업무위임 스킬을 평가해야 한다. 업무를 위임하는 능력이 어떤지 알아야 업무위임의 기능이 좀 더 효과적으로 작용할 수 있다. 관리자라면 다음에 소개하는 방법으로 자신의 업무위임 스킬을 평가해보자.

1. 부하직원에 대한 기대나 바람을 구체적으로 쓴 다음 면담을 하거나 이야기를 나누는가? 부하직원에게 관리자가 갖는 기대와 바람을 알려줘야 한다.

2. 부하직원을 문제해결, 평가, 목표설정, 생산력 증대와 관련된 활동에 참여시켰는가? 팀 관리업무를 시키지는 않았는가?

3. 관리자는 업무의 중심을 일상 업무나 기술이 필요한 업무가 아니라, 팀을 관리하고 지휘하는 데 두고 거기에 많은 시간을 투자해야 한다.

4. 업무를 분담할 때 심혈을 기울여서 적임자를 선정해야 한다. 해당업무를 누구에게 위임해야 하며, 책임을 누가 질지도 함께 고려해야 한다.

5. 위임한 업무에서 문제가 발생하면 가능한 한 위임받은 직원이 스스로 문제를 해결해야 한다. 관리자가 직접적으로 지나치게 개입하지 않는다.

6. 관리자는 해당업무의 포인트를 어디에 두어야 하는지 알 수 있도록 업무에서 발생할 수 있는 디테일한 부분까지 부하직원에게 간단명료하게 설명한다.

7. 업무위임은 부하직원의 업무능력을 개선하고 향상시킨다. 해당원칙에 따라 업무를 분배하면 부하직원의 업무능력은 상당히 향상될 것이다.

8. 긴급한 상황이 발생했을 때 관리자는 부하직원을 지원해주고 도와줘야 한다. 단, 직접 업무에 참여하거나 끝내서는 안 된다.

부하직원이 위임받은 업무를 끝내지 못했다고 해도 도움을 요청하기 전까지는 관리자가 나서서 도와주지 않는다. 단, 정말 급하거나 특수한 상황이 발생했을 때는 업무를 끝마칠 수 있도록 도와준다.

1. 업무를 분담할 때 기대하는 결과를 분명하게 강조하고, 부하직원 역시 해당업무의 결과에 대해 책임이 있다는 걸 강조한다. 어떻게 업무를 끝마쳐야 하는지 강조하거나 단순히 책임을 미루라는 말이 아니다. 업무결과에 대한 책임은 관리자에게도 있다.

2. 어떻게 업무를 처리해야 하는지 구체적으로 이야기하지 말고, 부하직원이 해야 할 일은 어떤 것이고 해당업무에서 나타날 문제점에 대해 이야기하면 된다. 구체적인 방법이나 계획은 부하직원이 해야 할 업무다.

하버드 시간관리 비법

유능한 관리자들은 자신의 업무위임 능력을 평가하는 데 익숙하다. 그들은 다음의 특징을 가지고 있다.

1. 스스로의 능력에 자신감이 있다.
2. 시간관리 방법을 안다.
3. 직무내용을 중요하게 여기며, 파레토법칙을 잘 이해한다. 20%의 직무내용에서 핵심가치는 무엇인지, 어떤 부분을 잡아야 하는지 확실히 알고 있다.

부하직원의 직무내용과 능력에 따라 책임과 권한을 다르게 부여하고, 지도성을 띤 의견을 제시하거나 필수적인 교육을 제공한다. 이때 그들이 제시하는 의견은 명령이나 지시가 아닌 참고할만한 의견이며, 부하직원들이 더 효율적으로 업무처리를 할 수 있도록 도와주고 지도해준다. 관리자가 회사의 목표, 팀의 목표, 부하직원의 목표를 정확하게 알고 있다면 업무는 상당히 쉬워질 것이다.

준비를 확실하게 한 다음 업무위임을 하자

사람을 고용할 때는 어떻게 단점을 줄이느냐가 아니라
어떻게 장점을 살리느냐에 초점을 두어야 한다.
피터 드러커 Peter F. Drucker

컴퓨터회사를 경영하는 카터는 매일 수십 건의 서류를 처리하고 있다. 늘 몸이 하나 더 있었으면 좋겠다고 불평했다. 쏟아지는 업무에 시달리면서 자신의 업무를 도와줄 직원을 한 명 더 뽑을까 생각하다가도, 그렇게 되면 자신의 책상 위에 보고서만 더 올라올 뿐이라며 생각을 접었다. 회사의 모든 권한을 카터가 갖고 있었기 때문에 직원들은 그저 카터의 업무지시만을 기다렸다. 카터는 매일 사무실에 들어가면 직원들에게 포위당하는 기분이 들었다.

회사 내 최고 책임자인 카터가 해야 할 업무는 회사의 발전, 연간계획, 인사관리 등의 전반적인 부분이고, 각 파트의 디테일한 업무는 부하직원들이 책임지고 맡아야 한다. 큰일을 쉽게 처리하는 것이 관리자가 갖춰야 할 업무방식이다. 반대로 사소한 업무를 처리하는 일이 많아질수록 관리자의 시간과 체력을 아무 가치 없는 일에 낭비하게 된다. 결국 회사의 발전에는 아무런 도움이 되지 않는다.

카터는 고민 끝에 자신이 직접 처리하지 않아도 되는 업무를 부하직원들에게 위임하고 그들이 결정권을 갖고 직접 처리하도록 했다. 비서에게는 보고서를 선별한 다음 가져오게 하고, 보고서의 개수는 10건을 초과하지 않도록 지시했다.

초반에는 비서와 부하직원들이 변화된 업무방식에 적응하지 못했다. 명령과 지시를 따라 처리하는 업무에 익숙해져 있었기 때문에 자신이 직접 의견을 내야 하는 상황에 어찌할 바를 몰랐다. 하지만 이러한 상황은 오래가지 않았고 회사는 곧 정상궤도로 돌아갔다. 직원들은 정확하게 업무에 대한 결정을 내렸다. 업무효율도 눈에 띄게 오르더니 야근하는 횟수도 훨씬 줄어들었다. 마침내 카터는 책과 신문을 읽고, 커피를 마시고, 헬스클럽에 갈 여유가 생겼다. 지금이야말로 회사의 진정한 관리자이자 결정권자가 된 기분이었다.

관리자들은 자신의 시간을 최대한 많이 활용하고 싶어 한다. 부하직원에게 업무위임을 하면 직접 처리해야 할 업무의 양이 줄어들고, 중요한 업무를 처리하는 데 시간과 정신을 집중할 수 있다. 업무를 위임하기 전에 관리자는 다음의 몇 가지 사항에 대한 분석을 해야 한다.

1. 책임과 부담이 얼마나 큰지 분석해야 한다. 업무가 비교적 많다면 불필요한 업무를 감당하고 있는 것이다.

2. 이용 가능한 인적, 물적, 재정적 자원이 얼마나 되는지, 현재 자신은 얼마나 이용하고 있는지를 분석한다.

3. 각종 상황에서 할 수 있는 최대한 많은 선택지를 생각한 다음 모두 한 번에 선별한다.

4. 직책상 느낌이 좋고 객관적으로 납득할 수 있는 선택을 한다.

5. 이성적인 분석과 직관적인 판단을 해야 한다.

6. 자신의 권한, 의무, 책임을 자세히 살펴본다.

어떤 부분의 업무를 처리해야 하는지, 어떤 직무상의 책임이 있는지, 앞으로 어떻게 행동해야 하는지, 어떤 결과에 대한 책임을 져야 하는지 분명하게 파악한 다음, 업무의 우선 목표와 중요한 직책, 업무성과 기준을 재설정해서 업무방향을 정확하게 잡아야 한다.

업무를 위임하기 전에 우선적으로 위임하려는 업무를 확실하게 파악하고 준비를 한다. 그다음은 해당업무를 끝마치기 위해 필요한 기술과 능력에 대해 진지하게 고민한 다음 적임자를 선정해 위임하면 된다.

관리자는 위임할 수 있는 업무와 위임할 수 없는 업무를 분명하게 알고 있어야 한다. 자신의 업무량이 많다고 생각하는가? 만약 그렇다면 어떤 업무를 다른 사람이 끝마칠 수 있는지 평가해야 한다. 좋아하는 업무라도 위임해야 할 때는 위임을 해야 한다. 적임자에게 위임했을 때 해당업무에 신선한 변화가 생길 수도 있다.

특수한 기술과 경험이 필요한 업무도 있다. 해당업무가 너무 중요하고 복잡해서 위임을 할 수 없다면 부하직원이 대신 책임을 부담하고, 한 사람을 더 고용해서 해당업무를 함께 끝마칠 수 없는지 고려해 봐야 한다. 예를 들어 광고 콘티를 작성해야 한다면, 글을 잘 쓰고 관련 경험이 있는 사람에게 광고 문구를 작성하도록 하고, CAD 기술이 있는 사람에게 도움을 요청한다. 물론, 모든 업무를 위임하라는 말이 아니다. 관리자가 갖고 있어야 할 업무가 있다.

1. 기획, 지휘, 직원격려
2. 직원평가
3. 클레임 고객응대
4. 당신의 특정기술이 필요한 업무
5. 인사관리, 직업훈련

그 외의 위임할 수 없는 업무는 구체적인 상황에 따라 판단해야 한다.

위임한 업무를 분석한다. 업무를 위임할 적임자를 선정했다면, 구체적인 업무가 무엇인지 필요한 기술은 어떤 것이 있는지 생각해야 한다. 업무분석은 아래 세 가지 문제에 대한 답변으로 알 수 있다.

1. 해당업무는 어떤 사고를 해야 하는가? 문제해결 능력, 논리적 사고, 결정, 계획, 창의적인 아이디어를 예로 들 수 있다.

2. 꼭 처리해야 하는 업무는 어떤 장비가 필요한가? 문서 분류, 문서 처리 소프트웨어, 조직, 교육 및 개발을 예로 들 수 있다.

3. 해당업무를 끝내려면 어떤 인간관계 기술이 필요한가? 자원을 얻기 위해 공급업자와의 협상이나 전문가의 자문을 구하는 것 등을

예로 들 수 있다.

어떤 업무를 위임하고 필요한 기술이 무엇인지를 확실하게 파악한 다음에 적임자를 선정해야 한다. 그럼 어떻게 적임자를 선정하는 것이 좋을까? 관리자는 다음 몇 가지 방면을 고려해야 한다.

1. 해당업무는 부하직원의 직책 범위 내에서 처리할 수 있는가?
2. 누가 해당업무에 흥미가 있고 능력을 갖추었는가?
3. 누가 해당업무에 대해 도전적인 생각을 갖고 있는가?
4. 누가 최선을 다해 해당업무를 돕고 발전시킬 수 있는가?
5. 업무위임 시 도태되는 직원은 누구인가?
6. 누가 해당업무를 처리할 시간이 있는가?
7. 새로운 업무나 승진을 준비하고 있는 사람이 있는가?

하버드 시간관리 비법

사람들은 업무를 다섯 가지 단계로 나눈다. 단계에 따라 위임도 달라져야 하는데 구체적인 내용을 살펴보자.

1. 관리자만 처리할 수 있는 업무는 절대로 위임할 수 없다.
2. 관리자가 처리해야 하면서 다른 사람의 도움이 필요한 업무라면 일부분을 위임한다. 필수적인 준비를 할 수 있도록 최대한 도움을 받은 다음 처리한다. "모

든 준비를 마쳤으나 마지막으로 중요한 조건이 갖춰지지 않다."는 말처럼 중요한 조건이 갖춰지지 않아 위임을 할 수 없다면, 관리자가 처리해야 하는 업무이기 때문에 다른 업무들을 모두 위임해야 한다.

3. 자신은 물론 다른 사람도 충분히 처리할 수 있는 업무는 최대한 위임한다.
4. 다른 사람이 처리해야 하는 업무지만 때에 따라 도움이 필요한 업무라면 위임해야 한다.
5. 다른 사람이 처리할 수 있는 업무는 반드시 위임해야 한다.

관리자는 '위임 불가', '부분 위임', '최대한 위임', '마땅히 위임', '반드시 위임' 이 다섯 가지 단계를 반드시 알고 있어야 한다.

효율적인 업무위임의 원칙과 방법

관리자가 성공하려면 팀원 개개인의 목표가 일치하고, 공동의 목표를 위해 팀원 전체가 노력해야 한다. 팀원 개개인이 업무에 대해 똑같은 관념을 가지고 있어야 한다.

메리 케이 애시 Mary Kathlyn Wagner

미국의 제28대 대통령 우드로 윌슨은 진보주의 시대의 지도자이자, 미국 역사상 비서를 두지 않았던 일 중독자 지도자 중의 한 사람이었다. 한밤중까지 법령과 서류들을 심사하고 비준하는 것이 윌슨 대통령에게는 일상이었다. 처리하기 까다롭고 복잡한 업무는 업무능력이 뛰어나고 믿을 수 있는 보좌관들에게 맡겼지만, 결코 부하직원들에게 위임하지는 않았다. 의회에서도 성실한 업무처리로 소문이 자자했으며, 후임 대통령들 중에도 그의 업무시간보다 많이 일하거나 그만큼 일하는 사람은 아무도 없었다.

모든 일을 직접 처리하고 연중 내내 쉬지 않고 일하다 보니 그의 건강상태가 급격하게 나빠지기 시작했다. 윌슨 대통령은 국제연맹 가입에 대한 국민의 지지를 얻기 위해 전국을 돌며 연설을 했다. 이일로 건강상태는 더 나빠지게 되었다.

1919년 9월 25일, 콜로라도 주의 푸에블로에서 연설을 끝낸 후 윌슨 대통령은 쓰러져 사실상 업무능력을 거의 상실하게 되었다. 왼쪽 반신은 완전히 마비가 되고, 왼쪽 눈은 실명했다. 휠체어를 타고 다녔으며 걸을 때는 지팡이를 사용해야 했다. 남은 재위기간 동안 윌슨은 부통령과 내각의원, 국회의원들이 방문하면 일부러 피해 다녔다. 영부인은 윌슨의 일상생활을 보살피면서, 대통령이 심사해야 하는 업무와 내각에서 처리해도 되는 업무를 분류했다.

하버드대학의 교수들은 업무위임은 성공한 관리자들이 갖춰야 할 중요한 기술 중에 하나이며, 넘쳐나는 업무를 처리할 시간 없는 관리자들이 신경을 끌 수 있는 장치라고 말한다. 효율적으로 업무위임에 성공한 사람들은 짧은 시간 내에 업무를 끝마치고, 업무를 기획하고, 부하직원들에게 자원을 제공하고, 도움을 주는 데 많은 시간을 투자한다.

효율적으로 업무위임을 하지 못한 관리자는 넘쳐나는 업무 때문에 아무리 많은 시간을 투자해도 숨 쉴 틈이 없다. 이러한 관리자는 업무위임의 원칙을 이해하고, 방법과 순서를 찾아서 효율적으로 업무위임을 할 수 있는 분위기와 환경을 조성해야 한다. 다음에 제시한 원칙을 따라 적합한 분위기와 환경을 조성해보자. 조금도 어렵지 않다.

1. 어떤 업무를 해야 하는지, 언제까지 끝마쳐야 하는지, 어떻게

업무결과를 평가할지 분명해야 한다. 이 질문에 모호하게 대답한다면 결과는 실망스러울 것이다.

2. 부하직원들이 어떤 업무에 흥미가 있는지, 새로운 업무를 언제 끝마칠 수 있는지 말할 수 있도록 격려하라.

3. 팀의 전반적인 목표에 모두가 책임감을 가질 수 있도록 하라. 혼자만의 목표가 아니다.

4. 지루하거나 까다로운 업무만 부하직원에게 넘기지 않아야 한다. 부하직원이 좋아하는 업무를 위임하라.

5. 회사의 중요한 일을 위임해서 그들에게 업무상의 기회를 만들어준다.

6. 업무에 대한 판단력과 끝마칠 수 있는 능력을 가진 신임할 수 있는 사람에게 업무를 위임하라. 부하직원에 대해 잘 알고 있어야 한다.

7. 부하직원에게 업무위임은 배움의 기회다. 필요한 교육과 지도를 가능한 한 제공하라.

8. 신임한다면 체계가 잘 잡혀 있는 업무를, 업무능력이 그다지 높지 않은 직원에게 위임한 다음 잘 끝마칠 수 있도록 도와주라.

9. 업무나 프로젝트의 일부분이 아닌 전체를 위임한다. 전체적인 위임은 직원의 동기부여가 된다.

10. 업무진행과정을 감독하고 피드백을 준다.

11. 의사소통이 원활해야 한다.

효율적으로 업무를 위임하려면 관리자는 업무위임 방법을 잘 파악하고 있어야 한다. 위임할 때는 업무나 프로젝트, 직책의 전체를 부하직원에게 나눠줘야 비교적 양호한 상태로 업무를 끝마칠 수 있다. 일정한 방법과 기술만 있다면 효율적으로 업무를 위임할 수 있다. 업무 위임의 방법은 다음과 같다.

1. 일에 따라 위임한다. 보고서 작성, 조사, 회의 계획 등 구체적인 일도 포함된다.

2. 프로젝트에 따라 위임한다. 해당업무의 범위가 확대되고 위임을 받는 부하직원의 책임도 커진다. 신입사원 가이드 제작, 고객 설문조사, 신입사원의 새로운 프로그램 교육수강 등이 있다.

3. 기능부서에 따라 위임한다. 해당 방법은 관리자에게 부하직원만 존재하는 게 아니라 하급 부서가 있어야 한다. 기능부서에 포함되는 일과 프로젝트는 영업, 교육, 시장 등 현재 진행 중인 업무와 관련이 있는 것들이다. 위임받은 직원은 자주 기능부서에 업무를 위임받고, 기능부서의 업무진행과 관련된 정보를 언제든지 관리자에게 보고해야 한다.

하버드 시간관리 비법

관리자들은 부하직원이 새로운 부서에서 새로운 업무를 할 수 있도록 다른 부서, 다른 직위의 업무를 교차한다. 부하직원에게 배정된 부서와 업무 가치가 그들에게 새로운 재미를 주기도 한다.

1. 중요한 업무를 위임하지 않는다. 최우선적이면서 관리자가 직접 처리해야 하

는 특정 업무는 반드시 직접 처리한다. 문제가 생겼을 때 더 큰 문제를 가져올 수 있기 때문에 이러한 업무는 관리자가 직접 처리하는 게 가장 좋다.

2. 기밀성의 업무도 위임하지 않는다. 업무내용에 관리자만 알아야 하는 기밀성의 정보가 있다면 위임하면 안 된다.

업무위임의 순서

시간은 가장 진귀한 자산을 만들어낸다. 절대다수의 고위관리자들은 자신의 시간을 어떻게 효과적으로 계획하고 분배하느냐를 고민한다. 관리를 잘하려면 이 문제를 해결하는 것이 제일 중요하다.
딕 칼슨 dick carlson

제42대 미국 대통령 클린턴은 1992년 연임을 노리는 조지 부시를 꺾고 대통령에 당선됐다. 1996년에는 강력한 대통령 후보였던 밥 돌을 물리치고 연임에 성공했다. 그리고 2001년 임기를 마칠 때는 가장 많은 국민의 인정을 받는 대통령 중 한 사람으로 평가됐다.

클린턴은 업무위임에 능했다. 취임 후 정치적 야심이 있었던 영부인 힐러리를 위원으로 임명해 건강보험개혁을 담당하게 했다. 당시 이 개혁의 실행 가능성에 대한 의견이 분분했는데, 민주당이 국회의 양원과 백악관을 장악하고 있었기 때문에 법안을 통과시키는데 큰 무리가 없었다. 그런데 힐러리가 이끄는 위원회는 민주당이 아닌 다른 의원의 의견을 구하지 않은 채 개혁방안을 제출했고, 이해관계가 복잡하게 얽혀 민주당 의원들의 지지조차 받지 못하고 실패로 돌아갔다. 그리고 민주당은 1994년 선거에서 참패를 당하고 만다. 이 사태로 민주당은 양원에 대한 통제권을 잃게 되고 공화당의 뉴트 깅리치가 의원장에 오르게 된다.

1994년의 실패로 임기 초기에 혼란을 겪은 클린턴 정부는 1996년 대선 중에 중도노선으로 변경하고, 공화당의 데이비드 거겐과 딕 모리스를 정책고문관으로 고용했다. 모리스는 민주당과 공화당의 입장을 버무려 중간의 입장을 취하는 '삼각주의Triangulation'를 제안했다. 해당 방법은 효과가 매우 커서 1996년 대선 때 중도파들의 많은 지지를 받았고, 정계도 안정되고 경제도 점점 성장했다. 따라서 대다수의 국민들이 생활에 만족을 느껴 클린턴은 연임에 성공을 했다.

업무를 위임하기 전에 부하직원에게 해당업무를 위임하는 이유를 설명해야 한다. 이때 부하직원에 대한 확신, 관심, 믿음 등 긍정적인 부분을 강조해야 한다. 부하직원의 심리적인 부분도 신경 써야 한다. 마음을 잘 다스린 다음 일을 처리하는 방법이다. 부하직원에게 적극성을 부여하려면 해당업무에서 그들이 얼마나 중요한 직책을 맡게 됐는지, 업무를 끝마치면 어떤 좋은 점이 있는지 알 수 있도록 비전이 보이는 설명을 해야 한다.

의사소통의 원칙

업무를 위임할 때 절대로 빙빙 에둘러 말하면 안 된다. 간단명료하고, 정확하고, 효율적으로 설명해야 한다. 관리자는 이 세 가지 원칙을 꼭 지켜야 한다. 관리자는 업무위임을 할 때 시간을 들여 부하직원과 의사소통해야 한다. 해야 하는 업무를 알려주고, 경험이 부족한 직원에게 필요한 기술과 관련된 교육을 제공해주고, 해당업무를 끝마칠 때 필수적인 조건과 결과, 반드시 얻어내야 하는 효과, 평가기준을 부하직원에게 간단명료하게 알려주어야 한다.

의사소통의 방법

업무를 위임할 때 의사소통방법이 굉장히 중요하다. 아래 몇 가지 방법을 살펴보자.

1. 직접 마주보고 하는 의사소통

직접 마주보고 하는 의사소통은 그 자리에서 피드백을 받을 수 있기 때문에 가장 좋은 의사소통방법이다. 관리자는 전체적인 내용을 전달할 수 있고, 부하직원의 표정이나 동작으로 그들이 업무를 잘 이해하고 있는지 관찰할 수 있다. 또한 자신의 표정, 눈빛 그리고 어깨를 두드리는 등의 동작으로 부하직원에 대한 신임을 표현할 수 있다. 몸짓으로 표현하는 것은 언어로 표현하는 것보다 훨씬 효과적이다.

2. 전화로 하는 의사소통

대부분의 관리자들이 전화로 업무를 위임하는 것을 선호하지만, 전화로 하는 의사소통방법에는 문제점이 존재한다. 자주 나타나는 문제점은 다음과 같다.

- 전화를 끊고 나면 대화 내용을 잊어버릴 수 있다.

- 증거가 없기 때문에 책임을 미룰 수 있다.
- 전화라는 것 자체가 일방적으로 전달하는 매개체이기 때문에 상대방의 반응을 살피지 못하고 쌍방적인 의사소통이 어렵다.

3. 다양한 매개체를 통한 의사소통

다양한 매개체란 소리, 언어, 비언어의 방식으로 의사소통하는 것을 말한다. 소리가 있는 언어를 말이라고 하고, 소리가 없는 언어를 글이라고 하며, 소리가 없는 비언어를 몸짓이라고 하고, 소리가 있는 비언어를 제2의 언어라고 한다. 음성, 말투, 어조, 속도와 제2의 언어는 의사소통할 때 효과를 달리 낼 수 있는 중요한 요소들이다. 몸짓이 55%, 제2의 언어가 38%, 기타 언어가 7%를 차지한다.

위임의 방법

이미 확실하게 정해놓은 계획에 따라 순서대로 업무위임을 진행한다. 업무위임 계획에는 대개 다음 몇 가지 내용이 포함되어 있다.

1. 일, 프로젝트, 직책을 정확하게 쓴다.
2. 해당업무가 회사의 미래에 어떤 의미가 있는지 업무의 의도를 정확하게 설명한다.
3. 직원들의 직무 책임 범위를 설명한다.
4. 해당업무에 누가 참여하는지, 그들은 어떤 역할을 하고 있는지 소개한다.
5. 마감기한에 대해 의논한다.
6. 업무태도, 결과, 직책을 평가할 기준을 정한다.

7. 업무의 질, 소요시간, 비용 등에 대해 엄격한 기준을 세운다.
8. 직원들에게 정해놓은 기준에 도달할 책임이 있다는 것을 확실하게 안내한다.
9. 사용 가능한 자원과 얻을 수 있는 자원을 설명해준다.
10. 해당업무를 끝마치는 데 사용할 수 있는 원재료와 물적 자원을 정하고, 그것들의 유용성을 안내한다.
11. 필요하다면 정해놓은 목표를 실현할 수 있도록 다른 직원들에게 협력할 것을 요구한다.
12. 일을 끝마치려면 어떠한 도움이 필요한지 해당직원에게 물어본다.
13. 특별한 교육이나 지도가 필요하다면 방법을 검토해본다.
14. 시간을 정해서 업무진행과정을 평가한다.

업무를 위임하는 것은 일반적으로 권력을 내려놓는 것이다. 처음부터 확실한 규칙과 기대하는 가치를 설정하는 것이 매우 중요하다. 직원의 능력과 당신의 신뢰를 기반으로 얼마의 권력을 부여할지 결정해야 한다. 직원의 이전 모습이나 태도가 평가하는 주요 기준이 된다. 업무의 끝마친다는 전제하에 최소한의 권력을 직원에게 줘야 한다.

얼마만큼의 권한을 부여할지 정한 다음 업무를 넘기면 된다. 업무위임에 대한 결정사항은 해당업무를 하고 있거나 해당업무의 영향을 받는 모든 이에게 전달해야 한다.

업무위임은 간단하게 업무를 부하직원에게 넘기는 것이 아니다. 상세하게 논의하고 업무를 배정하는 과정이기 때문에 소통하는 기술이 필수적이다. 조화와 신임, 이해와 격려가 동반돼야 한다. 업무위임과 관련된 의사소통 단계는 다음과 같다.

1. 해당업무의 목표와 전체적인 정보, 예상되는 결과를 최대한 서술해야 한다.
2. 성과기준과 마감기한이 일치해야 하기 때문에 공동의 진도표를 만든다.
3. 어떤 도움과 기술적 교육이 필요한지, 또 이러한 교육을 언제 제공해야 하는지 확인한다.
4. 각종 변수, 자원, 예산의 범위를 정한다.
5. 관리자는 자신이 기대하는 결과, 피드백 정보, 피드백 방식, 빈도, 경로를 부하직원에게 분명하게 알린다. 예를 들어 주1회 보고를 한다면 토요일 오전에 열리는 주간회의에서 부하직원이 15분간 진도를 보고하게 한다. 혹은 보고서, 회의, 브리핑, 그래프 등 방식에 관계없이 매주 월요일 오전 9시까지 한 주간의 진도를 보고하게 한다.
6. 위임하는 권한의 크기를 정확하게 알려주고 미리 약속해야 한다. 부하직원의 능력에 대한 신뢰도와 업무의 까다로움, 다른 사람에게 알리는 것의 중요성 등 기준을 정해 어떤 문제점이 생겼을 때 누구에게 말해야 하는지, 또 어떠한 상황에서는 누구를 찾아야 하는지 알린다.

업무위임 과정 통제와 감독

리더의 권한이양은 연날리기와 같다. 부하직원의 능력이 강하면 연줄을 놓아야 하고,
부하직원의 능력이 약하면 연줄을 당겨야 한다.
린정다 林正大

영업팀장 토마스는 업무위임의 기술과 방법을 잘 몰라서 직원들에게 목표를 설정해주는 게 전부였다. 팀에 속해 있는 직원들에게 매월 목표액을 정해준 뒤 다른 건 묻지도 따지지도 않고 목표액을 달성하면 보너스를 주고, 달성하지 못하면 월급에서 공제했다. 그러자 직원들끼리 대놓고 고객을 빼앗고 앞다투어 가격을 낮추는 현상이 발생했다. 회사의 평판도 나빠지고 영업실적은 점점 떨어졌다. 영업실적이 부진하자 토마스는 팀장 직에서 면직되었다.

새로 영업팀장으로 부임한 데이비스는 회사의 상황을 분석하고 효과적인 방법을 내놓았다. 20명의 팀원을 4개 조로 분류한 뒤, 역량 있는 한 사람이 능력이 부족한 네 사람을 이끄는 형태로 구성했다. 미

국의 시장을 동서남북으로 나눠 각 조마다 한 지역의 시장을 맡도록 한 다음, 팀 전체 영업 목표를 월 실적 10만 달러로 설정했다. 그리고 4개 구역의 시장상황에 따라 4개 조의 구체적인 일을 설정했다. 팀의 목표가 달성되면 모든 직원이 50%의 보너스를 받고, 4개 조의 목표를 달성하면 각자 5%의 보너스를 받도록 정했다.

데이비스는 세분화한 목표를 각자에게 할당했다. 그러자 직원들 간의 경쟁이나 가격을 낮추는 현상이 사라지고 직원들끼리 더 단합하게 되었다. 부임한 첫 달 영업실적은 12만 달러를 돌파했고 데이비스와 직원들은 모두 기뻐했다.

관리자가 업무를 위임할 때 신경 써야 할 과제는 부하직원이 위임한 업무를 수행할 때 실패하지 않을 것을 보장해야 한다. 가장 좋은 방법은 마감기한을 규정하고, 진도를 감독하면서 해당업무를 통제하는 것이다. 관리자가 "다음 주 금요일까지 잘해놓으세요."라고 말하는 것이 해당업무를 통제하는 것이다. 여기에 "수요일 오후에 현재까지의 업무진도를 체크하고, 어떤 문제점이 있는지 살펴봅시다."라고 한마디를 덧붙이면 업무를 감독하는 것이다. 감독은 관리자의 중요한 직책이다. 감독을 통해 부하직원을 지도하고 그들이 필요한 피드백을 줄 수 있다.

업무량과 까다로운 정도에 따라 관리자는 팀 내에 업무일지를 작성해 업무진도를 따라가게 할 수 있다. 벽에 업무진행 과정을 잘 보이도록 크게 붙여놓는 관리자도 있고, 업무의 현황을 알 수 있도록 정기적으로 업무보고를 지시하는 관리자도 있다. 어떤 방법이든 관리자는 부하직원이 목표를 달성할 수 있도록 업무진행현황을 점검하고 감독해야 한다.

위임한 업무의 진행과정을 평가하는 것도 기술이 필요하다. 지나치게 자주 점검하면 관리자의 시간을 낭비하고, 효율적인 감독이나 정기적으로 점검하지 않으면 일을 망칠 수 있다.

업무에 따라 점검 계획도 달라져야 한다. 업무의 난이도, 직원의 능력, 업무를 끝마치는 데 필요한 시간에 따라 달라진다. 난이도가 높으면서 중요하고 우선적으로 끝내야 하는 업무라면 제시간에 끝마치고, 지나치게 많은 시간을 낭비하지 않도록 이틀에 한 번 정도는 진행과정을 점검해야 한다. 이러한 업무들은 보통 내재된 업무진도 단계가 있으며, 하나의 단계가 끝나면 또 다른 단계가 시작되는 방식으로 진행한다.

단계를 마무리하고 시작하는 시간은 업무의 진행과정을 점검하고 평가하기 가장 적절한 시간이다. 난이도가 있는 업무를 경험이 적은 직원에게 위임했다면 여러 번 진행과정을 점검하는 것이 좋다. 점검하는 횟수를 다른 직원의 두 배로 설정해도 좋다. 정기적으로 업무진행과정을 점검하는 것 외에도 부하직원의 의견과 업무진행 보고에 귀 기울여야 한다. 그들이 하는 업무에 관심이 많고, 언제든지 업무 중 발생한 문제들을 토론하길 원한다는 걸 부하직원들이 알아야 한다.

일반적으로 부하직원에게 업무를 위임했다면, 그가 해당업무를 충분히 감당할 수 있을 거라고 믿어야 한다. 일주일에 한 번 업무를 점검하는 것으로 충분하다. 문제가 발생하면 언제든지 찾아올 수 있도록 제안하고 격려해주어, 불필요한 방해를 하지 않기 위함임을 인지시켜야 한다.

업무진행과정을 평가하는 방법은 반드시 명확해야 한다. 업무보고를 할 때는 구체적으로 어떻게 처리했는지, 끝마치지 못한 업무는 어떤 것이 있는지, 업무 중 발생한 문제점이 무엇인지 알린 다음, 어떠한 방법으로 문제를 해결했는지 보고하도록 요구해야 한다. 또한 업무 마감시간과 요구하는 행동지침을 단호한 말투로 분명하게 알려서 부하직원이 계속해서 열심히 일할 수 있도록 해야 한다.

하버드 시간관리 비법

관리자, 부하직원에 관계없이 이미 끝낸 업무를 학습의 기회로 삼아야 한다. 일을 끝마치면 어떻게 하는 게 올바르고, 어떻게 하는 게 잘못된 것인지, 어떤 식으로 업무를 끝내는 게 더 좋은지 평가해야 한다. 이밖에 다음과 같은 방법도 있다.

1. 해당업무가 어떤 영향을 미쳤는지 직원에게 물어본다.
2. 직원의 성과를 인정하고 완성도가 높은 일은 칭찬한다.
3. 지도해주거나 일을 끝내는 데 필요한 별도의 교육으로 직원이 성장할 수 있도록 지원해주어야 한다.

직원이 업무를 훌륭히 잘 수행했다면 그에 맞는 인정을 해야 한다. 동료, 상사, 고객 등 관련된 모든 사람에게 인정받을 수 있도록 하자.

업무위임은 시간관리에서 가장 효율적인 수단이다. 이를 잘 이용한다면 다른 사람이 해도 되는 업무를 당신의 스케줄에서 삭제할 수 있으며, 잠재적인 영향이 큰일을 하는 데 더 많은 시간을 투자할 수 있다. 영향력이 높은 일은 효율적이면서 가치가 높은 것을 선사할 것이다.

변명 중에서도 가장 어리석고 못난 변명은
"시간이 없어서"라는 변명이다.

에디슨 Thomas Alva Edison

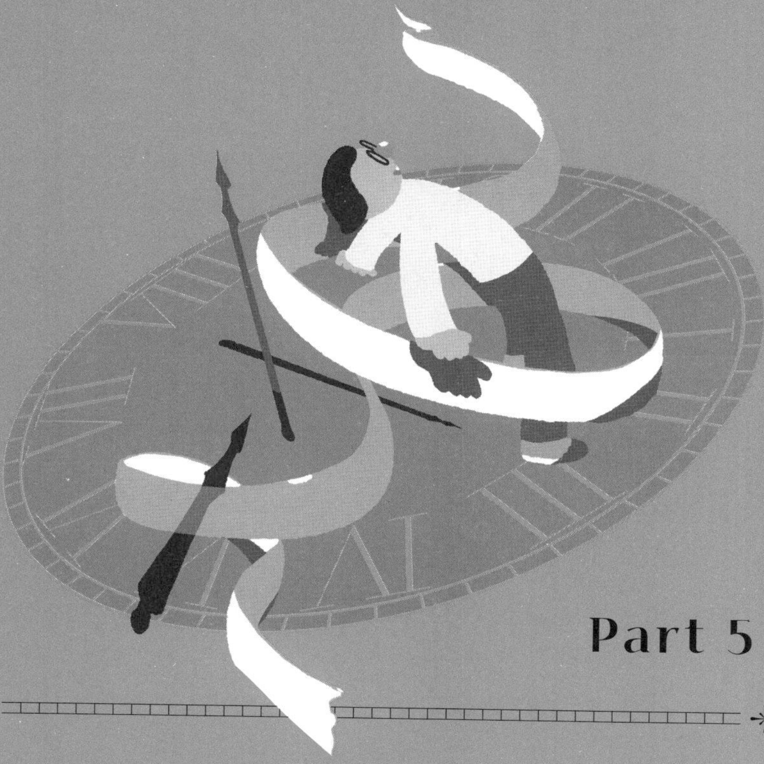

Part 5

업무시간 관리 장애극복

H A R V A R D

T I M E

M A N A G E M E N T

당신의 시간을 능숙하게 통제하는가?

시간을 빼앗는 문제점을 찾아서 개선했고, 합리적이고 효율적인 목표 관리 방법을 설정하고, 자신의 시간관리표를 만들었지만 여전히 업무 효율이 낮다면 이유는 단 하나다. 8시간 동안 업무를 제대로 끝마칠 수 없도록 지나치게 많은 일들이 영향을 주고 있기 때문이다. 이 장에서는 하버드의 성공한 관리자들이 업무시간에 나타난 문제점을 어떻게 극복하는지 살펴본다.

좋지 않은 업무환경을 어떻게 헤쳐 나갈 것인가

"바쁘기만 한 사람은 시간을 균등하게 분배한다."라는 말은 시간효율이 없는 사람을 말한다.
현명하게 시간관리를 하는 사람은 중요한 일에 많은 시간을 할애한다.

노스코트 파킨슨 Northcote Parkinson

업무능력이 출중한 브라운은 한 달 전 팀장으로 임명되었다. 브라운은 더 높은 곳에서 자신의 능력을 맘껏 펼칠 수 있게 되었다며 기뻐했다. 승진 후 맡게 된 새로운 업무는 시간분배를 제대로 할 수 없게 하는 요소들 때문에 골치가 아팠다. 업무는 도전과제와 같았지만 통제력을 잃고 싶지 않았다. 업무환경이 어수선하고 시끌벅적했기 때문에 조용히 시간을 분배하기가 어려웠고, 정상적인 업무진행도 할 수 없었다. 또한 동료들에게 불려 다니기 바빴고, 사장과 관리자들이 지시하는 아무 관련도 없는 회의에 참석해야 했다.

브라운의 머리는 쉴 새 없이 돌아갔다. 처리해야 할 서류가 지나치게 많은 데다 책상 위에는 계속해서 또 다른 서류들이 쌓이기 시작했다. 서류더미를 처리하려고 하면 누군가가 와서 도움을 요청하거나 전화벨이 울리기 시작했다. 혹은 메일이 오거나 회의에 참석하라는 연락을 받았다.

모두가 퇴근한 어느 날 저녁 브라운은 혼자 사무실에 남았다. 아무도 없고, 전화벨도 울리지 않고, 메일도 오지 않았다. 사무실에는 브라운과 서류더미들뿐이었다. 그러나 어디서부터 손을 대야 할지 갈피를 잡을 수 없었다. 가장 중요한 서류 같은 맨 위에 있는 것부터 처리할까? 시간이 오래 걸릴 것 같은 가장 다음에 있는 서류부터 처리할까? 브라운은 한숨을 쉬었다. 능력 있고, 늘 제시간에 업무를 처리했고, 진심으로 일을 즐기던 직원이었는데 어쩌다가 이렇게 되었을까? 관리자가 된 다음에 왜 통제력을 잃어버린 걸까? 정신을 어디에 집중해야 하는 걸까? 어떻게 해야 자신의 시간을 잘 관리할 수 있을까? 이런 문제를 생각하니 다시 머리가 아파왔다. 하지만 이 사태를 해결할 방법을 어떻게든 찾아야 했다.

많은 사람이 시간을 관리하는 과정에서 무질서, 시끄러움, 어려운 업무환경 혹은 방해받는 분위기 때문에 장애와 문제가 발생한다. 사람들은 매일 시간분배와 시간관리 원칙을 잘 따르고, 공부하고, 배우고, 자아인식을 한다. 그리고 목표를 향해 열심히 일하고, 일정표를 조율하는 과정에서 시간을 효율적으로 이용할 수 없게 하는 방해물들을 만나게 된다.

이때 모든 방해물들을 인지해서 방해물 때문에 무너져서는 안 된다. 한 번에 하나씩 방해물을 처리하고, 각종 방해물들을 분리해서 제거해야 한다. 설령 영향력이 크고, 시간에 민감한 환경일지라도 합리적으로 시간을 분배하는 원칙을 사용하면 된다. 도전, 깨달음, 결심, 믿음은 합리적으로 시간을 분배하기 위해 배워야하는 것들이다.

소통이 원활하고 지속적인 팀워크를 강조하는 업무 분위기가 형성된 기업이라면 당신의 사기는 매우 상승할 것이다. 그러나 이러한 기업 문화는 집중력을 흩트리기도 쉽다. 어떤 업무에 대한 시간분배를 다 끝냈다고 해도, 갑자기 누군가가 나타나거나 또 다른 일이 발생할지 아무도 모른다. 방해물의 출현은 해결하기 어렵기 때문에 그 상황에 적응을 하고 효율적인 해결방법을 찾아야 한다.

관리자로서 효율적으로 업무를 처리하고 싶다면 시간을 낭비하는 요소들을 제거할 방법을 이용해야 한다. 사무실에서 당신의 방문을 닫아라. 이는 지금은 소통하는 시간이 아니라는 걸 의미한다. 방해받는 요소들을 이용해서 한꺼번에 몇 가지 일을 처리할 수도 있다. 현재 진행 중인 몇 가지 사업 중에 아직 처리되지 않은 항목의 리스트를 언제든지 살펴볼 수 있도록 컴퓨터에 기록한다.

사교성이 좋은 성격도 시간관리에 좋은 요소는 아니다. 대부분의 시간을 다른 사람들과 교류를 나누는 데 사용해야 하기 때문에 낮에 끝마칠 업무를 저녁에 처리해야 하는 일들이 발생한다. 다른 사람이 만나러 왔을 때 어떤 문제 때문에 온 것인지, 당신이 충분히 해줄 수 있는 것인지 혹은 지금 당장 처리해야 하는 건지 확실하게 물어봐야 한다. 아니라면 미리 정기적인 회의를 열어 다른 사람의 방해를 최소한으로 줄이고, 자주 나타나는 방해 요소를 점검하고 개선할 수 있도록 계획을 변경한다.

업무위임의 방법으로 방해하는 문제를 해결할 수 있다. 만약에 당신만 그 문제를 해결할 수 있다면 바로 처리한 후 다른 업무에 집중해도 된다. 방해하는 요소를 제거하는 데 반나절을 썼다고 해도 남은 시간 동안 정신을 집중할 수 있다. 찾아오는 사람들에게 꼭 문을 열어줄 필요는 없다. 예고 없이 방문하는 사람들은 거절하는 것이 좋다.

1. 예고 없이 찾아온 사람은 급한 일인지 혹은 바로 처리할 수 있는 일인지 확인한다.
2. 가능하다면 방문자와 만날 수 있는 시간을 별도로 정한다.
3. 가능하다면 방문자에게 다른 적임자를 소개한다.
4. 하고 있던 업무를 갑자기 내려놓지 말고, 어디까지 처리했는지 메모를 해둔다. 그래야 방해하는 문제를 해결한 다음에 하던 일을 다시 할 수 있다. 꼭 필요하다면 방해하는 업무를 처리한 다음 그 전의 업무로 돌아가도록 한다.

어수선한
업무공간 정리

성공적인 시간지배자가 되면, 성공으로 향하는 길을 걸을 수 있다.

린든 존슨 Lyndon Baines Johnson

다국적 기업에서 근무하는 에이브릴은 어수선한 업무공간을 잘 정리한다. 동료들이 가장 효율적인 공간을 활용할 수 있도록 사무실을 정리하고 배치한다. 이러한 장점은 그녀의 습관과 연관이 있었다.

처음에는 에이브릴도 굉장히 어수선한 공간에서 생활했다.

어느 날 그녀의 집에 놀러온 친구가 방이 더러운 것을 보고 심하게 놀린 적이 있었다. 민망했던 그녀는 그 이후로 방을 깨끗하게 정리하기 시작했다. 시간이 흐르면서 습관이 되었고 정리에 능숙해졌다.

한번은 남편과 함께 사촌오빠의 집에 잠시 머무른 적이 있었다. 그때 사촌오빠의 집을 깔끔하게 정리해주었다. 치즈가 항상 다른 장소에 있었기 때문에 요리할 때마다 치즈를 찾을 수 없었던 그녀는 4시간을 들여 주방을 대청소했다. 에이브릴은 동료들에게 자주 말했다.

"나는 이미 틀렸다고 생각하는 게 가장 큰 문제점이에요. 내가 몇 시간을 투자해 물건을 치우고, 사무실을 정리할 수 있을 거라고 믿지 않죠. 청소하는 게 업무가 아닌 이상 아무도 이렇게 하지 않으니까요. 몇 시간을 써서 정리해야 한다고 생각하지 마세요. 먼저 해야 할 일은 사무실에서 어떤 물건이 어디에 배치해야 하는지 파악하는 거예요. 이 논리로부터 모든 업무를 여러 가지 부분으로 세분화해서 끝낼 수 있어요."

그녀는 새로운 직원이 오면 자신의 업무공간을 정리하는 것에 대한 이야기를 해준다.

"노트북 안에 폴더를 정리하느라 많은 시간을 써요. 업무를 의뢰하는 사람 혹은 업체마다 하나의 폴더를 생성해요. 그 폴더 안에 제안, 납품할 자료, 기록 등의 이름으로 또 다른 폴더를 만듭니다. 어디에 무엇이 있는지 정확하게 안다면 많은 시간을 절약할 수 있고, 업무는 좀 더 효율적으로 변합니다."

하버드 시간관리 연구원들은 업무공간을 정리하면 시간을 아낄 수 있고 업무효율을 높일 수 있다고 말한다. 대부분의 사람들이 적절한 환경을 만들지 못해 효율적으로 시간을 이용하는 것을 방해한다. 책상 위에 종이, 우편물, 폴더, 영수증이 있으면 업무를 처리할 때 갈피를 못 잡고 혼란스러워한다. 결점이 있는 팀 업무, 어수선한 업무공간에 맞춰 해결방안을 찾아야 한다. 다음과 같이 몇 가지 합리적인 방법을 제시한다.

1. 효율적으로 계획을 세운다. 사무실에 있는 물건이 어질러져 있으면 안 된다. 물건이 있어야 할 적당한 자리를 찾아야 한다. 시간이 오래 걸리더라도 물건을 어디에 둘지 계획을 세운다.

2. 책상을 확실하게 치운다. 책상을 치울 때, 재활용 박스, 쓰레기통, 쓰레기봉지를 사용한다. 책상과 서랍에 있는 모든 물건을 꺼내서 쌓은 다음 정리를 시작한다. 쌓여 있는 물건들을 신경 쓰지 말자.

3. 필요 없는 물건은 버린다. 책상을 치우면서 필요하지 않은 물건들은 버려라. 보관하는 물건이 적을수록 시간은 더 절약된다. 사용하기 싫거나 사용하지 않을 물건이 무엇인지 확실히 알면 된다. 계속 사용할 수 있을지 확신이 서지 않는 물건들은 보관하는 것이 좋다.

4. 새로운 물건을 구입한다. 물품 구입 리스트도 함께 작성하자. 비슷한 물건끼리 보관할 상자가 있어야 한다. 문구점에 가면 필요한 물건들이 다 있다.

5. 물건들을 분류해서 정리한다. 가장 눈에 띄는 물건과 당장 처리해야 하는 문서를 지정된 박스에 담는다. 매일 사용하는 물건은 손이 가장 잘 닿는 곳에 둔다. 융통성 있게 물건들의 위치를 반복적으로 바꾼다. 업무를 끝내면 또 다시 물건들이 쌓일 것이다. 그러나 당신의 책상은 충분히 정상적으로 돌아가고 있다.

6. 디테일하게 나눠서 물건을 보관하는 방법을 배운다. 이제 물건을 보관하는 계획이 있을 것이고, 대부분의 물건을 각자의 자리에 배

치할 것이다. 버릴 것은 버리고, 보관할 것은 적당한 장소에 놓거나 새로운 장소에 배치한다. 몇 분의 시간을 투자해 물건들을 어디에 둘지 결정한다.

7. 업무공간을 조정한다. 이전보다 훨씬 나아졌겠지만 주말이 다가오면 책상은 다시 엉망이 될 것이다. 아직 처리하지 않은 업무자료를 담은 상자가 적절한 장소에 놓여 있지 않거나, 상자가 가득 차 있는데 하나의 상자밖에 사용할 수가 없다면 우선 처리의 원칙에 따라 업무공간을 조정해야 한다. 두 가지 종류를 하나로 합치거나, 대분류를 두 개로 나누는 방법이 필요하다. 상자를 조정하는 것이 처음부터 물건을 다시 정리하는 것보다 훨씬 간단하다.

하버드 시간관리 비법

사무실 책상을 정리할 때 여러분이 참고로 삼을만한 팁들이 있다.

1. 결합상품

사무실에서 필요한 물건이 많다면, 두 가지 혹은 그 이상의 기능을 가진 물건을 구입한다. 휴대폰 거치대와 메모홀더가 결합된 물품처럼 다양한 기능을 가진 물건을 구입하면 책상 위의 공간을 많이 절약할 수 있다.

2. 걸 기

걸어서 보관할 수 있는 물건도 있다. 사무실의 파티션이나 벽을 무시하면 안 된다. 캘린더를 벽걸이 달력으로 바꿔서 파티션 또는 벽에 걸거나, 캘린더의 당월 부분만 찢어서 파티션에 붙이면 날짜를 더 정확하게 파악할 수 있다. 펜도 걸어서 보관할 수 있다. 볼펜 뚜껑에 끈을 달고, 파티션에 갈고리를 붙여서 거기에 걸면 필통이나 볼펜 케이스를 놓을 위치를 절약할 수 있다. 혹은 구부러진 볼펜을 구입하면 따로 끈을 달지 않아도 갈고리에 걸 수 있다.

3. 분 류

사무실에 쌓여 있는 서류들을 분류한다. 어제 처리를 끝냈지만 제출하지 않은 서류는 1번, 오늘 처리해야 하는 서류는 2번, 보충 자료는 3번, 이런 식으로 나눠서 '분류'하는 방법을 사용해보자. 책꽂이는 이미 구역이 나눠져 있으니, 분류대로 서류, 자료, 책 등을 꽂고 그 앞에 라벨을 붙이면 된다.

4. 수 납

자잘한 물건들이 너무 많다면 수납함을 사서 문구, 명함, 포스트잇 등을 담는 게 가장 좋은 방법이다. 사용하기에도 편리하고 보기에도 깔끔해 보인다.

사장의 생각 읽기

자신의 시간을 확실히 안다면, 탁월한 성과를 거둘 수 있다.
피터 드러커 Peter F. Drucker

캘리포니아 주의 한 광고회사 직원인 칸은 업무능력이 매우 출중했다. 어느 날 사장이 뜬금없이 그를 외지로 파견을 보냈다. 그곳에서 하는 업무들은 유독 힘들고 어려워서 칸은 친구에게 불만을 터뜨렸다.

"정말 열심히 일했고 실적도 좋았거든. 그런데 승진은커녕 이런 외진 곳으로 발령한 것도 모자라, 이렇게 힘든 업무를 시키니 화가 나서 도무지 견딜 수가 없어. 이건 회사 그만 두라는 말이 아니고 뭘까?"

사실 사장은 칸을 보기 드문 인재라고 생각했다. 하지만 아직 나이가 어리고 경험이 부족해서 일을 처리할 때 심사숙고하지 않은 경향이 있었다. 그래서 추후 중책을 맡을 것을 대비해 좀 더 많은 경험을 쌓으라고 다른 지역으로 보낸 것이었다.

칸은 사장에게 사직서를 제출했다. 사장은 칸에게 사직하려는 이유를 물었다.

“새로운 파트의 일은 전망이 없는 것 같습니다. 업무가 너무 어렵고 시간만 낭비하는 것 같아 사직을 결정했습니다.”

사장은 고개를 저으며 칸에게 말했다.

“자네는 내 마음을 너무 모르는군. 나는 자네가 앞으로 두각을 나타낼 인재라고 생각했기 때문에 능력을 좀 더 키우라고 그곳으로 발령 보낸 것이네. 비록 그곳에서의 일이 어렵겠지만 자네의 의지를 강하게 만들어주어 좀 더 성숙해질 것이라 생각했지. 그리고 업무능력도 더욱 향상될 것이라 판단했다네. 잘 생각해보게. 우리 회사는 빠른 속도로 발전하고 있고, 시장 점유율도 계속 오르고 있다네. 그래서 앞으로 더 많은 인재를 필요로 하고 있지. 그곳에서의 경험이 자네의 업무능력에 도움이 된다면 앞으로 더 크게 발전할 수 있겠는가.”

사장의 말을 듣고 크게 깨달은 칸은 사직서를 회수하고 기쁜 마음으로 돌아가 그 업무에 충실히 임했다.

하버드대학의 한 교수는 직장생활을 할 때 주목해야 할 중요한 원칙 중에 하나가 사장의 생각을 따라가고, 사장과 보조를 맞추는 것이라고 말했다. 그래야 중요한 업무에 집중하고 회사에 더 큰 공헌을 세울 수 있다는 것이다. 사장과 보조를 맞추는 것은 직원과 사장이 서로 윈윈할 수 있는 중요한 전제조건이다. 만약 당신이 눈치가 없고 일하는 센스가 없어서, 사장이 몇 번을 설명해도 이해하지 못한다면 당신은 반성하고 노력해야 한다. 그렇지 않으면 사장에게 인정받기 힘들다.

사장의 생각을 따라잡아서 유능한 직원이 되고 싶다면 부지런히 머리를 써야 한다. 기술을 익히는 것 외에도 사장을 연구해야 그의 의도를 파악할 수 있기 때문이다.

사장이라는 직위 때문에 그 자리에서 바로 꺼내지 못하는 말이 있을 수 있다. 세심하게 사장의 말투와 안색을 살펴 의도를 알아차린다면 당신은 인정받을 수 있을 것이다. 사장의 의도를 파악했다면, 사장의 관점에서 생각해보자. 실제로 많은 사람들이 사장의 입장에서 생각하는 법을 모른다.

하버드 경영대학원의 원장이었던 킴 B. 클라크는 대부분의 사람들이 사업을 하면서 큰 인물이 될 수 없는 주요 원인 중에 하나가 사장의 입장에서 생각할 줄 모르기 때문이라고 말했다.

"우리가 몸담고 있는 사업장에는 훌륭한 인재들이 많습니다. 열심히 일하고, 상사의 지시를 잘 따르고, 회사의 발전을 위해 열정을 아끼지 않죠. 그런 태도는 어느 정도 상사의 호감을 살 수도 있고, 승진을 할 수도 있겠죠. 하지만 이것은 정작 자신의 능력을 뛰어넘지 못하는 태도로 더 이상 앞으로 나아가지 못하고, 승진도 못 하는 결과를 초래합니다. 그 한계는 맞닥뜨리는 문제마다 회사의 경영자 입장이 아닌 자기의 관점에서 문제를 해결하려고 하는 것입니다. 그들은 '사장님은 왜 이렇게 생각하셨지? 이 문제를 어떻게 보고 계신 거지? 내 생각과 사장님의 생각은 어떤 차이가 있지? 내가 사장이라면 이 문제를 어떻게 해결할까?'라는 생각을 하지 않습니다."

대부분의 직장인은 업무를 분배해준 상사의 업무처리 방식을 따르는 게 가장 도움이 됐다고 말한다. 자신도 나름의 생각이 있지만 능력은 상사에 미치지 못한다는 걸 알고 있다. 업무를 처리할 때 상사를 따라하고 있고, 그들의 앞에 서기 위해 열심히 노력한다. 이러한 노력이 그들을 단련시켜 마침내 성공에 이를 것이다.

하버드 시간관리 비법

사장의 입장에서 생각을 한다면 회사의 생존과 발전은 직원이 가장 원하는 일이고, 다음의 능력을 갖춰야 한다.

1. 책임감이 있고 맡은 바 일에 최선을 다해야 한다. 사장은 책임감이 있는 직원을 좋아한다. 그런 직원은 사장의 마음을 편안하게 해주고 걱정을 덜어준다. 사장이 있건 없건 한결같고, 이런 직원에게 업무를 넘기면 자신의 일처럼 처리한다.
2. 가족을 부양할 능력을 갖춰야 한다. 직원들은 월급의 액수에 신경을 많이 쓴다. 자신의 가족을 부양할 돈이기 때문이다. 직원이 지나치게 작은 돈도 따지고 드는 것은 그 돈이 정말 고생해서 번 돈이기 때문이다. 제한된 금액을 효율적으로 사용하는 능력을 갖추어야 한다.
3. 사장의 간섭에 불편하지 않는다. 사장은 월급을 주는 사람이다. 듣지 않으면 업무는 사라질 것이고 일이 없으면 월급도 없다. 그렇기 때문에 직원들은 억울해도 참는다. 참고 있지만 마음속으로는 여전히 억울하다. 단지 겉으로 내색하지 않을 뿐이다.

4. 어떤 일을 하건 그 일을 좋아해야 한다. 지금 하고 있는 일이 자신의 전공이 아닐 수도 있고, 좋아한다고 해서 그 일을 할 수 있는 게 아니다. 모르면 어떻게 해야 할까? 열심히 배워라. 잘 배우고 부지런히 배워야 한다. 배우지 않으면 경쟁이 치열한 사회에서 도태될 수 있다. 그러니 어떤 일을 하게 되더라도 그 일을 잘 이해하고 좋아해야 한다.

업무 간소화

진짜 천재는 일할 때 최고의 즐거움을 느낀다.
요한 볼프강 폰 괴테 Johann Wolfgang von Goethe

세계 500대 기업 중 하나인 P&G는 인력구조가 간소화되어 있는 것이 특징이다. 이러한 기업제도는 P&G를 세계 최대 생활용품 회사로 성장하게 만들었다.

전 세계적으로 수십 만 명에 가까운 직원이 있으며, 80여 개 국가에 공장과 지점이 설립되어 있다. 섬유부터 위생용품, 육아제품, 미용, 세제, 식품 등 300여 개의 브랜드 상품을 160여 개 국가와 지역에서 판매하고 있다. P&G는 간단하면서도 효율이 높은 업무방식을 시행하고 있는데 바로 한 페이지가 넘지 않는 회의자료이다.

P&G의 총수가 '한 페이지 회의자료'에 대해 이렇게 말했다.

"의견들을 정리해서 한 페이지에 보고하는 것은 P&G에서 정책을 결정하는 가장 기본사항입니다."

총수는 긴 회의자료를 돌려주면서 한마디를 덧붙였다.

"내가 필요한 자료만 간단하게 정리해주세요!"

회의자료가 지나치게 복잡해도 한마디를 덧붙인다. "내가 이해할 수 있도록 간단명료하게 정리해주세요."

문제를 간소화하고 번잡한 것을 피하는 것은 업무의 효율을 높일 수 있는 지름길이다. 어떤 일을 하건 가장 간단한 방법이 가장 좋은 방법이다. 애플의 CEO였던 존 스컬리는 '미래는 단순하게 사고하는 사람의 것'이라고 말했다. 복잡한 업무에서 발생한 문제를 어떻게 단순하면서도 효율적인 수단과 방법으로 해결할 수 있을까? 모든 기업 관리자와 직원이 반드시 고민해야 하는 문제다.

문제를 단순화하는 것은 업무간소화의 중요한 원칙이다. 자신의 업무를 올바르게 구성하고 분배하려면, 먼저 자신의 시간을 정확하게 계산하고 통제해야 한다. 객관적인 조건 때문에 일시적으로 힘들지라도 계획에 따라 시간을 사용하고, 평가하고 분석해서 개선을 위한 적합한 조치를 취한다면 효율적인 결과를 얻을 수 있다.

문제를 단순화하면 우리가 업무의 중점을 파악하고 가장 중요하거나 급한 일에 집중할 수 있게 도와준다. 어려운 업무 조건에서 생각을 정리하지 못하고, 복잡한 문제를 간소화해서 일을 진행하지 못하고, 적절하게 중점 문제를 해결할 수 없다면, 최초에 설정했던 목표들을 실현하기 어렵다.

일을 하기 전에 자신에게 다음 3가지를 질문해보자.

"취소할 수 있는가?", "다른 업무와 같이 처리할 수 있는가?", "더 간단한 방법으로 끝낼 수 있는가?" 이 3가지 질문으로 복잡한 업무를 간소화시킬 수 있고 업무효율도 눈에 띄게 오를 것이다.

하버드 시간관리 연구원들은 업무간소화를 사소한 부분에도 접목시킬 수 있다고 말했다. 예를 들면 사무용품을 효율적으로 이용해서 업무간소화의 목적을 달성할 수 있다.

1. 명함을 이용한 효율적인 인맥관리

명함에는 이름과 연락처가 적혀 있기 때문에 간단하게 인맥을 관리할 수 있다. 방금 알게 된 사람이 명함을 내민다면 즉시 만난 시간, 장소, 대화의 주제와 대화의 포인트, 소개시켜준 사람, 상대방과의 만남 이후 지속적으로 연락할 사항 등을 기재한다.

2. 알맞은 노트 사용

노트를 사용할 때 네 가지로 나누어서 기록한다. 자주 사용하는 연락처, 처리해야 하는 잡무, 대필할 서류, 미처리 업무로 나누어서 기록하고 처리가 끝난 업무는 펜으로 그어버린다. 노트에 필기한 내용이 많다면 다른 색깔의 펜을 사용해서 효율을 높일 수 있다. 예를 들어 빨간색 펜은 급한 업무고, 검정색 펜은 일반 업무를 의미한다. 다른 색깔로 업무의 우선순위와 중요도를 표시하면 된다.

3. 주변환경 관리

업무효율은 업무환경과 큰 관련이 있다. 당신이 관리자이건 사원이건 업무환경을 정리하지 않으면 물건을 찾느라 많은 시간을 낭비할 수 있다는 걸 명심하자.

매일 퇴근하기 전 불필요한 책, 파일, 노트, 각종 자료들을 서랍에 넣어서 다음날의 업무 준비를 해두자. 정리를 하면 다음날 질서정연한 환경 속에서 업무할 수 있고, 기분도 좋아질 것이다.

하버드 시간관리 비법

업무간소화를 습관으로 만들고 싶다면 지금 바로 실행하면 된다. 하버드대학 연구원들이 제안하는 가장 실용적인 업무간소화 방법을 살펴보자.

1. 업무의 목표와 구체적인 바람을 확실하게 안다면 두 번 일하지 않을 수 있고, 실수할 가능성도 줄어든다. 자신이 무엇을 해야 하는지, 업무의 목표가 어떠한 영향을 주는지, 해당목표가 어떤 의미가 있는지 확실하게 파악한 다음에 업무를 진행하는 것이 좋다.
2. 우선순위에 따라 업무를 진행하도록 상사에게 알리자. 업무부담을 크게 줄일 수 있다.
3. 소통이 필요하지 않다면 시간을 낭비하지 말자. 굳이 필요하지 않은데 소통하느라 자신의 시간과 체력을 낭비하지 말자. 동료 또는 고객과 소통하지 않으면 어떤 변화가 있는지 시도해보자.
4. 업무 자체에 집중한다. 일할 때 성과와 실적과 관련된 것을 고려한다는 명목으로 다른 곳에 신경 쓰지 말자.

명확한 팀 목표 설정하기

확실한 목표가 있는 사람은 평생 한가할 틈이 없으며, 못 할 것이 없는 사람이다.

보도 섀퍼 Bodo Schaefer

보스턴의 한 다국적 기업에서 사원으로 근무하는 매케인은 직위가 낮아 영향력은 없지만, 열심히 일하고 시간을 잘 이용하기 때문에 업무효율이 매우 높았다.

어느 날 대표이사가 원가규제 정책을 발표하면서 해당업무를 매케인이 있는 부서로 위임했다. 마감기한이 촉박한 업무였다. 그런데 대표이사는 급하게 정책을 발표한 뒤 다른 도시로 출장을 가버렸기 때문에 매케인의 부서 사람들과 정책의 디테일한 부분을 전혀 논의하지 못했다. 원가를 낮추고 업무효율을 높여야 했는데, 불행하게도 원가를 낮추는 정책의 명확한 기준이 없었다.

매케인과 동료들은 어떻게 원가를 낮춰야 할지 몰랐다. 모든 항목의 소비 원가를 낮추라는 것인지, 백분율에 맞춰 특정한 부분의 소비 원가를 낮추라는 것인지, 아니면 100만 달러를 낮추라는 것처럼 총액에서 구체적으로 원하는 숫자가 있는 것인지 대표이사의 의중을 알 수 없었다. 부서 사람들도 어떻게 해야 좋을지 몰랐고 대표이사도 이에 대해 분명하게 말하지 않았다. 매케인과 동료들은 목표가 애매했기 때문에 혼란 속에서 업무를 처리했고, 결국 아무런 성과도 얻을 수 없었다.

관리자는 명확한 업무목표를 설정해서 부하직원이 훌륭한 업무성과를 낼 수 있도록 유도해야 하는 책임이 있다. 명확한 목표와 바라는 결과를 설정하는 것이 관리자의 기본 책임이다. 불행하게도 대부분의 관리자는 자신도 모르게 부하직원의 시간을 낭비하고 있다. 그들과 부하직원들의 목표가 일치하지 않을 때 '장애'가 발생한다.

목표는 모든 시간관리의 출발점이다. 목표가 명확하지 않으면 시간을 평가하고, 상황을 이용하는 기본을 잃고 우선순위에 따라 업무를 처리할 수 없으며 무엇이 중요하고 중요하지 않은지 알 수 없다. 목표가 불명확하거나 이해하기 힘들다면 시간관리 자체가 시간낭비가 되어버린다.

일할 때 중요한 것은 '어떻게' 목표를 실현하느냐가 아니라 '왜' 해당목표를 설정했느냐다. 목표가 확실하면 업무의 중요도와 급선무를 파악할 수 있고, 적절하게 분배하고, 목표를 달성하는 데 집중할 수 있다. 일을 미루는 시간이 길어질수록 더 많은 체력을 소모할 것이고, 효율도 낮아진다는 걸 명심하자. 또한 해당업무가 계속 마음에 걸리기 때문에 다른 업무를 처리하는 효율도 낮아질 것이다.

관리자가 분명한 목표와 적절한 마감기한을 설정해주지 않고, 목표가 도전적이지 않고, 적절한 평가기준이 없고, 목표와 회사의 전략이 전혀 관계가 없다면 부하직원은 업무의 목표가 없기 때문에 우선순위를 설정할 수 없다.

업무성과가 높은 관리자들은 목표를 설정할 때 많은 시간을 투자해 토론하고 또 토론한다. 아무리 계획이 완벽해도 실행 불가능한 목표는 실질적인 가치를 창출해낼 수 없다. 많은 사람들이 처음에는 목표를 확실히 알고 있었으나, 구체적인 업무를 실행하는 과정 속에서 목표를 잃어버리는 '목표 유실의 오류'에 빠지게 된다. 브랜드 경영의 핵심목표는 이윤을 얻는 것이지 경쟁사와 싸우는 것이 아니다. 경쟁사와 싸우는 것은 돈을 버는 전술 중 하나일 뿐이다. 비슷한 전술로 '각기 다른 소비자의 요구 충족하기', '상품의 원가 개선', '흑자 수준 개선하기' 등이 있다. 관리자들은 잘못된 목표설정을 꺼리기 때문에, 경쟁사와 싸우는 과정에서 상대방의 견제를 받으면 자원을 낭비하거나 피동적으로 변하게 된다.

하버드 시간관리 비법

실제 직장생활에서 고의적이든 무의식적이든 상사가 실수를 저질러서 당신의 능력이나 업무효율을 규제당한 적이 있는가? 있다면, 어떠한 방법으로 헤쳐 나왔는가? 상사의 행위가 업무효율을 제한하고 시간을 낭비한다면 다음과 같이 행동해보자.

1. 업무의 구체적인 목표에 대한 회의를 열자고 제안한다.
2. 회의에서 내년 목표와 6개월 목표를 설정한다.
3. 구체적이면서 측정이 가능한 목표여야 한다.
4. 해당목표의 중요성을 모두가 인지하고 회사 혹은 단체의 전략을 일치시켜야 한다.
5. 늘 목표를 염두에 두는 것과 회사의 장려제도가 부합한지 살펴보고, 목표를 달성하면 보상받을 수 있도록 보장해야 한다.
6. 일을 끝마칠 수 있는 능력이 있는지 생각해본다. 적합한 기술과 자원을 가지고 있는가? 아니라면 상사에게 별도의 교육과 자원을 요청해야 한다.

일단 의견이 통일됐다면 목표를 기록해서 서류를 개인 파일함에 넣어라. 시간이 지난 뒤 업무진도에 대해 상사와 다시 한 번 상의를 하고, 목표가 여전히 의미가 있는지 확인한다. 환경의 변화는 목표를 무의미하게 만들 수 있다는 걸 명심하자.

방향이 불분명한 업무지시

아무런 목표 없이 살아가는 사람들이 있다. 물속에 있는 잔풀처럼 그들의 의지가 아닌 흘러가는 대로 살고 있다.

루키우스 세네카 Lucius Annaeus Seneca

마이애미의 어느 회사 생산팀장인 조단은 업무능력이 탁월하고, 시간계획도 잘 세우고, 의사소통 능력까지 갖춘 주요 관리자이다. 조단의 상사는 경험은 많았지만 업무효율이 낮은 편이었다. 하루는 대표이사가 지시한 일 때문에 상사는 조단과 두 명의 생산 관리자들을 불러 회의를 하게 됐다.

"현재 진행 중인 업무를 중단하고 신제품 판매액에 관한 보고서를 제출해주세요. 또한 신제품이 금년과 내년에 우리 회사에 얼마나 큰 이윤을 불러올 것인지 그 기대치도 작성해주세요."

보고서의 마감기한은 내일 오후 3시까지였다. 자리로 돌아온 조단은 진행 중이던 업무를 중단하고, 신제품 보고서를 작성하기 시작했다. 무려 7~8시간 동안 집중해서 작성한 보고서를 상사에게 제출하고, 이전에 하던 업무를 다시 시작했다.

다음날 오후, 상사는 세 사람을 불러 제출한 보고서가 자신이 원하던 형식이 아니라고 말했다. 상사의 머릿속에는 자신만의 특정한 양식이 있었고, 현재 제품의 이윤도 보고서에 반영하길 바란다고 했다. 상사의 말을 들은 조단은 도무지 이해할 수 없었다. 그 내용을 왜 애초에 말하지 않았을까? 조단과 두 명의 관리자는 보고서를 다시 작성할 수밖에 없었다.

다음날, 수정된 보고서를 받은 상사는 만족스러운 듯 고개를 끄덕였다. 상사의 방에서 나온 조단은 "언제쯤이면 구체적인 요구사항을 제때 말해서 부하직원들과 자신의 시간을 낭비하지 않으실까?"라고 투덜댔다.

하버드 시간관리 연구원들이 미국의 기업을 대상으로 한 조사결과, 대부분의 고위관리자들은 자신들이 지시한 일을 부하직원이 어떻게 수행하길 바라는지 분명하게 말하지 않는다고 했다. 고위관리자들은 일의 대소를 막론하고 부하직원들이 스스로 문제를 해결할 방법을 찾을 기회를 제공하기 위해서라고 말했다. 과학기구나 기술연구기관에서 일하는 연구원들은 분명한 규범이 없는 상황 속에서 발생한 문제들을 스스로 해결한다. 관리자들은 재능과 창의력을 갖춘 연구원들이 해결방안을 찾아내는지 그저 지켜보기만 했다.

결과를 미리 말해주는 관리법은 시간이 촉박한 상황에서 많은 시간을 절약할 수 있다. 관리자는 누구를 보내서 어떻게 처리하는지에 대해서는 신경 쓰지 않아도 된다. 기한 안에 목표를 달성할 수 있도록 필요한 자원, 교육, 격려를 제공해주면 된다.

그러나 부하직원이 특정한 방법으로 일을 완성해야 하는 경우도 있다. 이런 상황에서 관리자는 부하직원이 어떤 일을 수행해야 하고, 어떻게 처리해야 하는지 알려줄 책임과 의무가 있다. 해당업무의 특징과 자신의 구체적인 주문사항에 대해 부하직원과 충분히 소통해야 한다. 그렇지 않으면 부하직원의 시간을 낭비하고 자신도 체면이 깎인다.

업무를 지시할 때 분명한 방향을 제시하지 않고 완성한 업무에 대해서만 다시 평가하는 상사라면, 이러한 상황이 자연스럽게 해소될 것이란 기대를 하지 말고 효과적인 해결방법을 찾아야 한다. 상사가 업무를 위임하면 업무 수행계획을 작성해서 상사에게 보여준 뒤 "업무를 이런 방식으로 처리하면 어떻겠습니까?"라고 물어라. 그리고 상사의 의견에 따라 업무계획을 수정해서 다시 상사에게 보여준다. 상사가 완벽하게 동의하면 그때 계획에 따라 업무를 진행한다. 이 방법은 상사로 하여금 "처음부터 해당업무에 대해 확실하게 지시하면 많은 시간을 절약할 수 있겠구나."라는 생각을 하게 한다. 그리고 상사는 다음 업무를 위임할 때 더 효율적인 방법으로 지시하게 될 것이다.

하버드 시간관리 비법

관리자가 효율적으로 업무위임을 할 수 있는 가장 좋은 방법은 어떤 방식으로 업무를 수행해야 할지 부하직원에게 알려주는 것이다.

1. 업무를 위임할 때, 해당업무를 왜 그에게 맡기는지 분명하게 이유를 말해야 한다. 부하직원의 어떠한 장점이 해당업무를 수행하기에 적합하다든지, 충분히 신임하고 있어서라든지, 긍정적인 부분을 강조하는 것이 포인트다. 또한 업무를 완성할 때 부담해야 하는 모든 중요한 책임도 부하직원에게 알려줘야 한다. 해당업무를 성공적으로 끝마치는 것이 현재, 그리고 앞으로의 진급에 어떠한 영향을 주는지도 강조한다.
2. 업무의 성격과 목표를 설명할 때 누가 해당업무를 주문했는지, 업무보고는 누구에게 해야 하는지, 고객이 누군지 등 알고 있는 모든 것을 부하직원에게 말해야 한다. 해당업무 영역에서의 경험을 말해주고 어떠한 결과를 바라는지 부하직원이 알아야 하는 것이다. 가능하다면 사실, 수량, 구체적인 목표 등을 최대한 늘어놓는다.
3. 마감기한을 정해준다. 또한 업무보고의 절차를 정해주고, 어느 시간대에 업무에 대한 정보를 보고할지, 바라는 결과는 무엇인지도 말해준다.

아이젠하워의 원칙을 이용한 시간관리

시간은 죄를 심판하는 노련한 판사다.

윌리엄 셰익스피어 William Shakespeare

제2차 세계대전 종식 후 연맹군 총사령관 아이젠하워는 콜롬비아대학 총장으로 임명됐다. 부총장은 학교 각 부서의 담당자가 아이젠하워에게 업무보고를 한다고 말했다. 아이젠하워는 부총장이 정해준 스케줄에 따르기로 했다. 부총장은 학과장의 수가 많은 것은 고려해 단과대학의 학장과 학과 연합의 대표들만 업무보고를 하도록 했고, 매일 30분 동안 두세 명의 사람을 만나도록 일정을 짰다.

업무보고를 듣던 아이젠하워는 결국 참지 못하고, 부총장을 불러 도대체 몇 사람의 업무보고를 들어야 하는지 물었다. 부총장은 정중하게 대답했다.

"업무보고를 할 담당자는 총 63명입니다."

아이젠하워는 깜짝 놀랐다.

"너무 많습니다. 알다시피 내가 총사령관이던 시절 역사 이래 최대 규모의 군대였지만, 정작 만난 사람은 몇 명 되지 않았습니다. 직접 군대를 지휘하는 세 사람의 보고면 충분했습니다. 따라서 다른 부하들은 물을 필요도, 만날 필요도 없었습니다. 그랬던 제가 대학총장을 맡으면서 만나야 하는 사람이 이렇게 많을 줄은 상상도 못 했습니다. 담당자들이 제게 하는 말들은 전문적이라 거의 이해할 수 없으므로 깊게 대화할 수 없습니다. 이런 식이라면 그 사람들의 시간과 제 시간을 모두 낭비하는 것이고, 학교에도 전혀 도움이 되지 않습니다. 이후 일정은 취소해야 할 것 같습니다!"

아이젠하워가 미국 대통령 시절 골프를 치고 있는데 백악관 직원이 긴급한 결재문서를 보내왔다. 대통령 비서는 대통령이 '긍정'과 '부정' 둘 중에 하나를 골라 사인할 수 있도록 작성된 문서였다. 결정을 내리지 못한 대통령은 두 가지 모두에 사인하면서 말했다.

"부통령이 결정하도록 하세요."

예상치 못한 말을 한 뒤 대통령은 아무 일도 없다는 듯 골프에 전념했다.

오늘날 사회는 긴박감으로 가득 차 있다. 모두가 일을 신속하게 처리하려고 하기 때문이다. 사람들은 보편적으로 급한 일을 먼저 끝내려고 한다. 그러나 대부분의 급한 업무는 중요한 업무가 아닐 수 있고, 중요한 업무라고 해서 급한 업무가 아닐 수도 있다.

이러한 상황에 기초해 아이젠하워는 '아이젠하워 원칙'을 만들어냈다. 중요도와 급선무에 따라 업무를 '중요하면서 급한 일, 중요하지만 급하지 않은 일, 중요하지 않지만 급한 일, 중요하지 않으면서 급하지도 않은 일'이라는 4개의 구역으로 분류했다. 아이젠하워 원칙을 이용해 업무를 분류하면 더 효율적으로 시간을 사용할 수 있고, 업무효율도 높일 수 있다.

첫 번째 구역_중요하면서 급한 일

이 구역에 해당하는 업무는 위험한 업무라고도 불린다. 시간이 촉박하면서 파급력 또한 크기 때문에 피할 수 없고 미룰 수도 없다. 반드시 우선적으로 해결해야 한다. 중요한 사업 협상, 긴급한 문제 처리, 중요한 회의 혹은 업무, 주요인사 접대 등이 여기에 해당한다. 모든 업무가 다 긴급하고 중요한 일이다. 극소수의 상황에서 각종 원인들이 동시적으로 발생하고, 관련 조건을 갖췄을 때 비로소 첫 번째 구역에 해당하는 업무가 된다.

두 번째 구역_중요하지만 급하지 않은 일

이 구역에 해당하는 업무는 예방 업무라고도 불리며, 4개의 구역 중 가장 가치가 있는 업무다. 사람들은 급하지 않지만 중요한 업무를 등한시하기도 한다. 시간상의 압박은 없지만 개인이나 기업이 존재하고, 발전하고, 주변환경을 보호하고 지키는 면에서 중요한 의미를 가지고 있다. 기업 문화 수립, 가치관 정립, 사업 계획, 사업 준비, 인간관계 정립과 직원 훈련 등이 여기에 해당한다. 보기에는 급하지 않은 것 같지만 해당업무를 잘 끝내는 것은 앞으로 지극히 중요한 작용을 할 것이다.

세 번째 구역_중요하지 않지만 급한 일

이 구역에 해당하는 업무는 교란의 업무라고 불리며 우리를 기만하고 있다. 대부분의 사람은 급한 일이 중요하다고 생각하지만 사실은 아무런 가치도 없는 전화, 우편물 송수신, 보고, 회의, 접대 등과 같이 전혀 중요하지 않은 일들이다. 급하다는 이유로 사람들의 소중한 시간을 차지하고 있다. 실제로 관리자들은 굉장히 급해 보이는 일들을 처리하느라 매일 많은 시간을 소비하고 피곤해한다. 사실 여기에 해당하는 일들은 급해 보이지만 관리자에게 전혀 급한 일이 아니며, 기업에도 큰 이익을 가져다주지 않기 때문에 적합한 부서에서 처리를 하면 된다.

네 번째 구역_중요하지 않으면서 급하지도 않은 일

이 구역에 해당하는 업무는 오락성을 지닌 업무라고 불리며, 급하지 않으면서 중요하지도 않은 잡무에 해당한다. 시간이 촉박하지 않고 중요하지도 않기 때문에 가치가 발생하지 않는다. 쓸데없는 광고, 서신, 잡담 등이 여기에 해당한다. 네 번째 구역은 구역 안에 넣을 필요도 없는 것들이다. 이 구역에 들어가는 걸 피하는 방법은 자신에게 중요한 일에 집중하고, 아무런 할 일이 없을 때 처리하면 된다.

하버드 시간관리 비법

많은 사람이 시간을 분배할 때 첫 번째 구역에 45%를 배치한다. 이 정도는 괜찮다. 그리고 급한 업무가 중요할 것이라는 생각 때문에 세 번째 구역에 35%를 배치한다. 업무적 스트레스가 전혀 없는 네 번째 구역에는 15%를 배치한다. 급하지 않은 일은 중요성이 등한시되기 쉽기 때문에 두 번째 구역에 겨우 5%를 배치한다. 이러한 시간분배는 앞을 전혀 내다보지 않았기 때문에 나타나는 현상으로 50%의 시간을 중요하지도 않은 일에 사용하고 있다. 쓸모없거나 해서는 안 될 일을 하는 것이다.

시간의 긴박함과 업무의 중요도에 따라 네 가지 구역으로 구분해 시간을 관리하는 것은 우리가 시간을 잘 이해하고 효과적으로 관리할 수 있도록 도와준다.

- 첫 번째 구역, 즉시 처리해야 하는 일이다.
- 두 번째 구역, 중요하지만 순차적으로 진행해야 하는 업무다. 두 번째 구역 업무에 잠재된 이익이 가장 크다.
- 세 번째 구역, 사기성이 크기 때문에 어쩔 수 없이 처리하는 업무다.
- 네 번째 구역, 불필요한 업무다.

그렇기 때문에 우리는 첫 번째 구역을 먼저 처리하고, 두 번째 구역에 투자하고, 세 번째 구역을 통과해서 네 번째 구역과 멀어지면 된다.

미루는 습관 버리기

하고 싶다는 생각이 들면 지금 당장 시작하라
빌 게이츠 Bill Gates

패스트푸드 KFC 창립자 할랜드 샌더스는 65세의 나이에 KFC를 창립했다. 화재로 모든 것을 잃은 뒤 얼마 안 되는 연금을 받으며 혼자 생활하던 그는 남을 탓하지 않았고, 오히려 자신에게 묻곤 했다.

"살아있다는 건 누군가에게 도움을 주기 위해서가 아닐까?"

샌더스는 생각 끝에 자신만의 닭 요리법을 생각해냈다. 그가 만든 닭 요리를 먹은 사람들은 모두 좋아했기 때문에 닭 요리법을 식당에 판다면, 식당도 장사가 잘 되고 자신에게 수입이 생길 것이라고 확신했다.

누구나 하나쯤 좋은 아이디어를 갖고 있다. 하지만 생각만 할 뿐 샌더스처럼 행동으로 옮기는 사람은 별로 없다. 샌더스는 식당에 들어가 자신의 생각을 말했다.

"나만의 닭 요리법이 있습니다. 맛도 보장합니다. 이 요리법이면 장사가 더 잘 될 겁니다. 나한테는 판매액의 일부만 떼어주면 됩니다."

샌더스의 제안에 완곡하게 거절하는 사장도 있었고, 바로 거절하는 사장들도 있었다. 심지어 어떤 사장은 비웃으며 말했다.

"당신의 요리법이 그렇게 훌륭하다지만, 지금 행색을 보아하니 어디 믿을 수 있겠소?"

샌더스는 여기서 기죽지 않았다. 다음 식당의 사장을 설득하기 위해 멘트를 더 다듬었다.

2년 후, 마침내 샌더스의 제안을 받아들인 사장을 만났다. 2년 동안 낡은 차를 끌고 미국 전역을 돌아다녔는데, 제안을 받아들인 사장을 만나기 전까지 샌더스는 1,009번이나 거절당했다.

샌더스는 닭 요리법 하나뿐만 아니라 성공하는 법도 알고 있었다. 샌더스의 성공비법은 미루지 않고 바로 행동으로 밀어붙이는 것이었다. 목표를 이루고, 사업에 성공하고 싶다면 미루지 말고 바로 행동으로 옮겨야 한다. 생각만 하고 행동으로 옮기지 않으면 성공의 기회는 날아가 버린다.

미국의 작가 오그 만디노는 늘 자신에게 말했다.

"행동으로 옮겨야 해. 오늘부터 한 시간에 한 번씩 이 말을 하자. 그래서 이 말이 숨 쉬는 것처럼 자연스러워질 때까지 반복하는 거야. 본

능적으로 행동을 취할 때까지 반복할 거야. 행동으로 옮겨야 한다는 이 말을 함으로써 성공에 이르는 행동들을 취하고, 또 이 말을 함으로써 내 정신을 가다듬고 실패하는 사람들이 피하는 도전을 받아들일 용기가 생기는 거야."

많은 사람이 실패하는 건 일을 미루고, 문제를 제때 해결하지 못하기 때문이다. 이러한 습관은 좋은 기회가 왔을 때 머뭇거리고 망설이다가 놓치게 만든다. 미루는 태도는 성공하려는 사람들이 가장 기피하고 고쳐야 하는 나쁜 습관이다. 그렇다면 사람들은 왜 미루는 걸까?

1. 게으름

"내일해도 늦지 않아." 게으른 사람들이 자주 하는 말이다. 새로운 업무를 맡으면 바로 하지 않고 마감기한이 다 돼야 시작한다. 일을 미루는 이유는 다양하지만 게으름은 성공의 가장 큰 적이라는 걸 알아야 한다.

2. 자신감 부족

미루는 습관이 있는 사람들은 마감기한 직전까지 일을 미뤘다가 겨우 끝낸다. 흔히 볼 수 있는 자기기만 행위다. 짧은 시간에 업무를 끝냈기 때문에 결과가 나빠도 자신의 능력이 부족한 것이 아니라 "시간이 부족했으니까."라며 스스로를 위로한다.

3. 어려움과 책임 회피

자주 미루는 사람들은 일상생활 속의 어려움을 극복하고, 책임을 떠맡는 건 정말 힘들기 때문에 현실도피를 택한다. 모험적이고 도전적으로 일하는 사람들과 달리 이런 사람들은 난이도가 쉬운 업무를 선호한다. 조금 어려운 일을 맡으면 자기도 모르게 미뤘다가 마지막에 겨우 끝낸다.

4. 완벽주의

완벽주의자들은 자신과 일에 대한 기준이 비현실적으로 높다. 완벽이라는 것 자체가 실현 불가능한 목표이기 때문에 일이 지체될 수밖에 없다.

5. 의지박약

반드시 끝내야 하는 어려운 일을 맡았을 때, 미루는 습관이 있는 사람들은 지금 당장 처리할 수 있는 일을 훗날 처리할 것이라고 다짐한다. 바로 실행으로 옮기지 않고도 해야 할 일을 포기하지 않았다고 스스로를 위로할 수 있기 때문이다. 사실 이런 다짐은 전혀 의미가 없고, 자신은 의지가 부족한 사람이라는 걸 보여주는 행동일 뿐 이루는 게 아무것도 없다.

6. 결정 장애

결정을 내릴 때 유독 오래 고민하는 사람들이 있다. 너무 많은 것을 고려하다 보면 시간만 낭비할 뿐만 아니라 좋은 기회를 놓치게 된다.

하버드 시간관리 비법

하버드대학의 시간관리 연구원들은 자신에게 미루는 습관이 있다는 걸 알았다면 즉시 그 습관을 고칠 방법을 찾으라고 제안한다.

1. 아무런 이득 없는 습관이라는 걸 인정하기

미루는 습관은 열등감을 부여해서 당신을 좌절, 피곤, 싫증 속에서 살아가게 한다. 이런 삶을 원하는 사람은 아무도 없다. 일을 미루거나 게으른 태도는 삶을 우울하게 만든다는 것을 기억하자.

2. 큰 업무를 여러 개의 작은 업무로 나누기

아무리 방대한 업무라도 짧은 시간 내에 끝마칠 수 있는 여러 개의 작은 업무로 나누면 순차적으로 끝낼 수 있다. 일단 시작하면 업무를 끝마칠 수 있는 원동력이 생긴다. 작은 성공들이 모여 큰 성공이 된다는 걸 명심하자.

3. 불편한 업무 마주하기

불편한 업무를 하게 됐다면, 이런 업무를 처리할 시간을 따로 남겨두고 예산 책정, 재고 조사, 사무실 책상정리와 같은 일을 해보자.

이런 방법이 전혀 통하지 않는 업무도 있다. 능력 없는 직원을 해고하거나 좋지 않은 소식 전달과 같은 일은 조용하게 처리해야 한다. 이때 가장 좋은 방법은 용기 있게 받아들이고 즉각적으로 처리하는 것이다. 오늘 하지 않으면 결과는 내일도 똑같다. 나태한 지휘는 업무만 더 어렵게 만든다. 지금 업무를 끝내기로 결심하면 더 깔끔하게 끝낼 수 있다는 걸 기억하자.

4. 장점과 단점 생각하기

업무를 끝내면 좋은 점과 미뤘을 때 생기는 나쁜 점을 적어보자. 전자보다 후자가 훨씬 많을 것이다. 일을 처리할 때 열정을 불러일으키는 방법이다.

다른 사람의 힘 빌리기

황금시대는 당신의 눈앞에 있다.
마크 트웨인 Mark Twain

어느 IT회사의 영업팀장 캐런은 팀원들과 함께 국제전시회에 참가하게 되었다. 부스설계, 제품조립, 자료정리와 배포 등 전시회 전까지 캐런이 해야 할 일은 산더미처럼 많았다.

캐런은 순간적으로 한 생각이 떠올랐다. '업무를 왜 다른 직원들에게 나눠주지 않았지? 직원들이 도와주면 업무를 훨씬 더 빨리 끝낼 수 있을 거야.' 캐런은 직원들을 불러 자신의 의도를 말해준 다음 부스설계, 제품조립, 자료정리 등의 업무를 나눠준 뒤 문제가 생기면 언제든지 보고하도록 했다. 업무를 위임받은 직원들은 자신들이 중요한 역할을 맡게 됐다는 자부심을 갖고 최선을 다해 업무를 수행했다. 직원들의 힘을 빌린 캐런은 좀 더 넓은 시야로 전체적인 업무를 관리할 수 있었다.

전시회 전날 회사 대표가 전시회장을 방문해 준비 상황을 지켜봤다. 깔끔하게 정리된 모습을 본 대표는 대단히 기뻐하며 캐런과 팀원들을 크게 칭찬했다.

훌륭한 관리자나 똑똑한 사람은 한 사람의 능력이 한정되어 있다는 걸 인지하고 다른 사람의 힘을 빌려 자신의 일을 처리한다. 다른 사람의 도움을 받으면 자신의 시간에 여유가 생기고 인맥관리도 잘할 수 있게 된다. 효과적으로 다른 사람을 힘을 빌릴 줄 안다면 적은 노력으로 큰 성과를 올릴 수 있다.

1. 반드시 직접 처리해야 하는 일 파악하기

어떤 업무를 직접 처리해야 하는지, 어떤 업무를 다른 사람에게 맡길 수 있는지 분명히 알아야 한다. 불필요한 일을 하느라 시간을 낭비하면 안 되기 때문이다.

반드시 직접 처리해야 하는 일이 무엇인지 파악했다면 중요한 업무에 시간을 배치하고 집중해서 처리한다. 또한 무턱대고 급하지만 중요하지 않은 일을 처리하지 않도록 주의하자.

2. 다른 사람이 처리하기에 더 적합한 업무

다른 사람이 처리하기에 더 적합한 업무도 있다. 익숙지 않은 업무가 있다면 해당업무를 잘 처리할 수 있는 사람에게 넘기는 것이 좋다. 내가 해당업무를 처리하는 데 10분이 소요되는데, 상대방은 1분 안에 해결할 수도 있기 때문이다. 이건 능력의 문제가 아니라 각자의 특기와 전문기술, 조건에 따른 차이다.

케이크를 만드는 걸 예로 들어보자. 밀가루, 계란, 버터를 사고 케이크 틀과 오븐을 준비하려면 많은 시간이 필요하다. 게다가 케이크를 단 한 번도 만들어보지 않았다면 어떻게 만드는지 배워야한다. 시간을 투자해서 만들지만 맛도 보장할 수 없다. 그런데 제빵사에게 맡긴다면 이미 재료들이 준비되어 있기 때문에 사러갈 필요가 없다. 기술도 뛰어나기 때문에 훨씬 빠르고 맛있게 만들 수 있다. 그런데도 직접 케이크를 만들겠는가? 케이크를 만드는 데 소요되는 시간을 아껴 다른 능숙한 일을 처리하면 업무효율을 훨씬 높일 수 있다.

3. 다른 사람의 시간관리 스타일 알기

다른 사람과 함께 일을 해야 하는 경우가 많은데, 상대방의 시간관리 스타일을 알면 더 효율적으로 일을 할 수 있다.

상대방의 시간관리 스타일을 파악한 다음 같이 일할지의 여부를 판단한다. 시간관리 스타일은 그 사람의 업무 스타일을 어느 정도 알 수 있다. 일을 지연시키고 자주 미루는 사람이거나 급하고 두서없는 사람이라면 그 사람과 같이 일하는 걸 다시 한 번 고려해봐야 한다.

시간관리 스타일을 알면 함께 일할 때 손발이 잘 맞을 수 있다. 상대방이 언제 시간이 있는지 알기 때문에, 그 시간에 협상을 하면 효과는 더 높다. 상대방의 스케줄에 따라 당신의 시간계획을 변경하면 최상의 협력 관계를 맺을 수 있다. 의사소통이 원활하지 않은 것 역시 시간낭비일 뿐이다.

상대방의 시간관리 스타일을 알면 가장 좋은 타이밍에 도움을 요청할 수 있다. 상대방이 바쁠 때 찾아가 도움을 요청한다면, 그 사람은 상대할 시간이 없기 때문에 헛걸음을 하게 된다. 또한 상대방에게 좋지 않은 인상을 남기게 된다. 타이밍만 잘 잡으면 불가능한 것도 가능하게 할 수 있다. 한 번에 성공하는 게 더 좋지 않겠는가?

4. 외주업체를 이용한 업무 성사

외주란 기업이 외부의 우수한 전문기술을 이용해 비용을 아끼고, 효율은 높이고, 핵심 경쟁력을 충분히 발휘하고 관리하는 방식이다. 간단하게 말하면, 어떤 업무를 전문기업이나 팀에게 완전히 맡기는 것이다. 직업훈련 전문기관에게 직원들의 교육을 맡긴다든지, 광고회사에 기업광고를 부탁한다든지, IT회사에 사내 인터넷 보호를 맡기는 것 등이 여기에 해당한다. 이런 업무를 직접처리하려면 전문가를 따로 부르거나 관련된 장비를 준비해야 하기 때문에 시간과 자원이 많이 낭비된다. 하지만 전문적인 외주업체에 맡기면 시간과 자원을 절약할 수 있고 훨씬 좋은 효과를 얻을 수 있다. 외부 전문 자원을 효과적으로 이용해 업무를 쉽게 성사시킬 수 있다.

하버드 시간관리 비법

복잡하고 무질서한 업무지시, 예측 불가능한 어려움, 갑자기 발생한 긴급 명령, 끝이 없는 방해요소, 도움을 요청하는 친인척, 말로 설명할 수 없는 각종 문제들이 발생할 때 만족스럽지 않은 결과가 도출된다. 매일 처리해야 할 업무가 많고, 이 업무들을 질서정연하게 처리하고 싶다면 다음의 방법을 배워보자.

1. 업무의 복잡함, 중요도, 급선무에 따라 업무를 비교한 뒤 계획을 세운다. 묶을 수 있는 건 묶어서 처리하고, 분리할 수 없다면 그대로 두고, 당장 결정해야 하는 일은 회의할 필요가 없다. 업무에 따라 대략적인 시간을 안배하고 가장 어려운 업무를 집중해서 처리하자.
2. 중요한 업무와 보통 업무를 구별하고, 중요한 업무에 많이 투자하자.
3. 보통 업무는 사례에 따라 처리하고, 고정 업무는 기준을 정해서 처리한다. 테일러가 언급한 '예외 법칙'은 규정에 없는 예외적인 상황만을 처리하는 것이다. 이미 규정된 일들은 따로 신경 쓰지 않고 규정대로 처리하면 된다. 똑같은 문제가 발생했을 때 결과 처리 원칙을 적고, 여러 번 나타난 사례들을 제도로 규정하고 업무의 기준으로 삼으면 된다.
4. 인간관계를 적절하게 맺고 끊어서 다른 사람이 시간을 헛되이 소모하지 않도록 한다. 다양한 관계를 적절하게 잘 처리하면 집중력을 발휘해 큰 건을 잡을 수 있다.
5. 규칙을 찾아낸다. 업무를 하다 보면 자주 또는 주기적으로 발생하는 일들이 많다. 과학적이고 체계적인 방법으로 분석해 반복될 때마다 조금의 시간을 절약하면 나중에는 훨씬 많은 시간을 절약할 수 있다.

확실한
시간관리 방법 찾기

사용한 시간을 실시간으로 기록해보면 시간관리의 부족한 부분을 알 수 있다.

피터 드러커 Peter F. Drucker

모건은 매일 오전 9시 반에 출근해서 오후 5시에 퇴근한다. 모건은 1분마다 20달러를 벌었고, 일과 관련되지 않은 사람과의 대화시간은 5분이 넘기지 않았다.

모건은 회사 내에 개인적인 사무공간이 없다. 넓은 사무실에서 부하직원들과 함께 일하기 때문에 언제든지 업무위임이 가능하고 계획대로 일을 처리했다. 사무실에 들어가면 쉽게 모건을 만날 수 있다. 그러나 중요한 일이 아니라면 그를 방해해선 안 된다.

모건은 상대방이 어떤 일 때문에 자신을 찾아온 건지 놀랄 정도로 쉽게 판단해냈다. 이런 모건과 이야기할 때는 말을 빙빙 돌리지 말아야 한다. 진짜 의도가 무엇인지 금방 판단하기 때문이다. 모건은 이렇게 뛰어난 판단력으로 대량의 시간을 아낄 수 있었다.

성공한 사람들은 자신의 시간을 굉장히 소중하게 생각한다. 한 번 지나간 시간은 절대 돌아올 수 없으며, 시간을 잘 이용하면 큰 자본을 얻을 수 있다는 걸 알기 때문이다. 이리저리 돌아가느라 시간을 낭비하지 않으려면 확실한 시간관리 방법을 알아야 한다.

하버드대학 시간관리 연구원들이 제안하는 방법을 살펴보자.

1. 상황 분석

자신에게 알맞은 시간계획법을 찾으려면 상황을 잘 분석해야 한다. 자신의 성격, 건강, 환경을 분명하게 알고 실천할 때도 계속해서 찾아야 한다. 장기, 중기, 단기의 계획에서 우선순위를 잘 정해야 계획 중인 일을 성공적으로 끝낼 수 있다. 사람의 성격, 습관, 체질, 취향이 사람의 얼굴처럼 각자 다르듯, 사람마다 시간을 계획하는 방법은 모두 다르다. 그리고 가정, 회사, 지역적 조건 등도 다양하다. 아침에 아이디어가 잘 떠오르는 사람이 있고 늦은 밤에 정신이 더 맑은 사람도 있다. 그렇기 때문에 모든 사람에게 좋은 시간관리 계획은 없다. 자신의 실제 상황에 따라 시간을 잘 분배하면 적은 노력으로도 목적을 달성할 수 있다.

2. 자기 암시

시간관리는 사실상 자신의 문제를 관리하는 것이다. 심리적인 방법을 잘 이용하면 더 큰 효과를 얻을 수 있다. 앨런 라킨은 자기 암시를 계속하라고 말했다. "시간을 잘 계획해서 매순간 즐겁게 보낼 거야.", "나는 낙천주의자다.", "성공은 나의 원동력이다.", "실패한 것을 후회하느라 시간을 낭비하지 않을 거야.", "하지 못한 일에 죄책감을 느끼느라 시간을 낭비하지 않을 거야.", "나는 승리자라고 생각하면 온몸에 활기가 돋고 자신감이 배는 증가해." 이런 긍정적인 자기 암시를 하면 하지 않아도 될 후회와 걱정하는 시간낭비를 막을 수 있다.

3. 약 속

오후 시간에 어떤 일을 처리하겠다고 다짐해놓고 그 시간에 다른 일을 한 적이 많을 것이다. 어떤 사람과 오후 1시부터 3시까지 한 사안에 대해 토론해야 한다면, 당신은 시간을 맞춰 약속 장소로 갈 것이다. 사람들은 누군가와 약속을 하면 제시간에 약속 장소로 가지 못했을 때 그 사람이 실망할 것을 두려워한다. 중요한 일을 수행해야 한다면 다른 사람과 약속한 것처럼 수행해보자. 약속했기 때문에 양심이 일을 끝마치려 할 것이고, 약속된 시간 안에 끝마쳐야 한다는 강제성도 부여될 것이다.

4. 잡무 내버려두기

새로운 일, 해보지 않은 일, 아직 모르고 불확실한 일을 맡게 되면 이를 회피하기 위해 처리하는 일이 있다. 책상 정리하기, 연필 깎기, 책상 닦기 등 별거 아닌 일을 하면서 중요한 일을 지연시킨다. 중요도와 우선순위, 소요시간을 고려하지 않으면 방치하는 습관이 생겨 일을 완성하지 못한다. 몇 분만 투자해도 되는 자질구레한 일을 처리하는 목적이 중요한 업무를 하기 위해서라는 걸 분명히 알아야 한다. 가장 좋은 방법은 잡무를 내버려두고 처음부터 중요한 업무를 시작하는 것이다.

5. 효력 우선

효율은 업무를 하는 최상의 전략을 말한다. 회의를 위해 당신은 명단에 있는 사람들에게 전화를 해야 한다. 효율적인 관점에서 본다면 최대한 빠르고 정확하게 회의 참석자들에게 연락을 취할지 고민한다. 하지만 효력의 관점에서 본다면 전화가 가장 좋은 방법인지 고민한다. 전화하는 것을 다른 사람에게 넘길 수 있는지, 회의를 취소한다면 시간을 더 유용한 곳에 쓸 수도 있는지도 생각한다. 시간관리는 효력을 우선적으로 고려하고, 그다음에 효율을 고민하는 것에서 시작된다.

6. 순서 변경

모든 업무는 변화하지만 계획은 변화를 따라가지 못한다. 조건이 바뀌면 ABC 우선순위도 바뀐다. 이전의 조건에서 계획과 이익을 계산한다면, 우선순위는 여전히 A일 것이다. 중간까지 진행했지만 어려움 때문에 끝마칠 희망이 없거나, 조건의 변화로 가치가 사라졌다면 모든 항목의 우선순위를 다시 설정해야 한다.

하버드 시간관리 비법

성공과 실패는 시간을 어떻게 분배하느냐와 시간을 어떻게 통제하느냐에 달려 있다. 몇 시간 또는 몇 분을 낭비하는 게 별 거 아니라고 생각하겠지만, 이 생각 자체가 잘못된 것이다. 몇십 년이 지나고 나서야 보이는 것처럼 시간의 차이는 겉보기에 그렇게 크지 않다. 가끔은 이런 차이가 극명하게 보여서 뒤늦은 후회를 하는 경우도 있다. 효율적이고 의식이 있는 사람들은 업무시간을 최대한 단축시키기 위해 끊임없이 업무처리 방법을 바꾼다.

하버드대학에서 3천 명의 관리자를 대상으로 연구조사를 실시했다. 뛰어난 관리자들은 시간을 잘 통제해서 시간낭비를 최소한으로 줄이고 있었다. 효율과 시간은 밀접한 관계가 있다. 같은 시간 동안 어떤 사람은 많은 일을 처리하고, 어떤 사람은 몇 가지일밖에 처리하지 못한다. 전자는 효율이 높고 후자는 효율이 낮다. 효율이 높으면 시간을 절약할 수 있고 효율이 낮으면 시간을 낭비하게 된다. 시간을 잘 제어하고 업무효율을 높이려면 다음 몇 가지 사항을 참고하자.

1. 업무가 중단되었을 때는 다시 돌아가기 위해 노력해야 한다.
2. 업무 포인트에 집중해서 일한다.
3. 다른 사람과의 약속을 지킨다.
4. 마감기한을 설정한다.
5. 자신의 장점이 필요한 업무에 집중하고 특기를 발휘한다.
6. 보통 사람들은 50%의 업무능력을 사용한다. 1분 동안 경작하면 1분 동안 수확한다. 씨를 뿌리고 수확하는 규칙을 기억하자.
7. 강인한 의지를 가지고 단숨에 일을 끝내자. 한 번에 일을 끝마쳐야 시간낭비를 하지 않는다.
8. 업무를 끝내야 하는 강제력이 필요하다. 반만 하고 끝내면 아무런 소득이 없다.
9. 생산력을 높이는 동작을 해본다. 바르게 앉아 가슴을 쭉 펴고 활력이 있는 모습으로 일하면 생산력은 자연스럽게 높아진다.

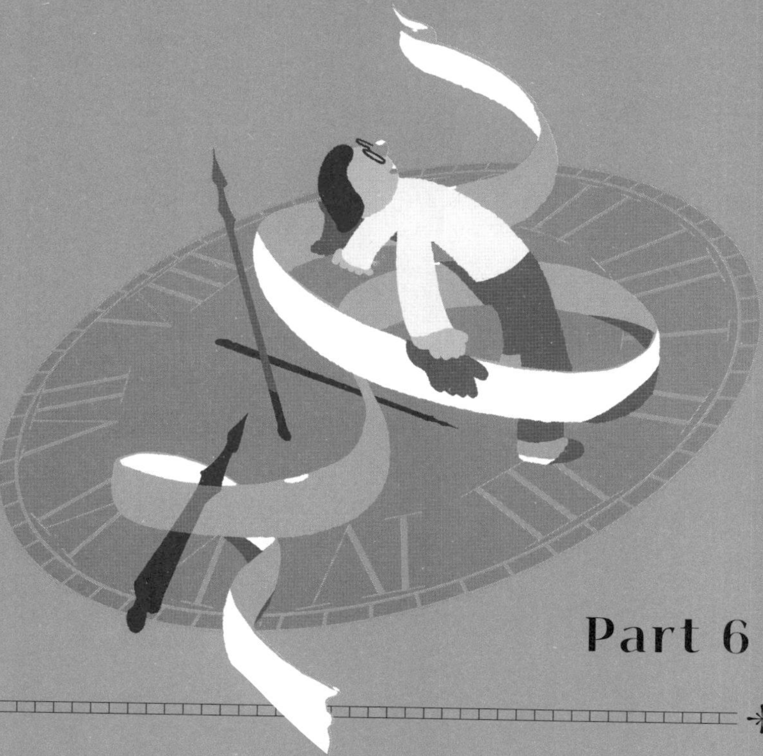

Part 6

효과적으로 업무효율을 높이는 시간관리 방법

H A R V A R D

T I M E

M A N A G E M E N T

당신의 생활태도는 어떠한가?

성공한 사람과 평범한 사람 모두 바쁜 일상을 보내지만 결과는 극명하게 다르다. 시간은 모두에게 공평하게 주어지는데 이러한 차이가 나는 이유는 무엇일까? 80%의 사람들이 자신들이 왜 바쁜지를 모르고, 주변의 도구 활용법을 몰라 시간관리 효율을 높이지 못하고 있었다. 이미 갖고 있는 기술과 조건을 활용할 줄 모르고, 시간관리 방법과 기술이 만들어내는 엄청난 효과를 모르는 것은 실패하는 사람들의 가장 큰 특징이라고 하버드 시간관리 연구원들은 말한다.

효율적인 전화사용

요즘같이 변화무쌍할 때는 시간활용이 막대한 영향을 미친다. 속도는 생명이다.

도코 도시오 土光 敏夫

수년 전 미국의 IMG는 젊고 명랑한 성격의 비욘세를 골프와 테니스의 신인 발굴 담당자로 임명했다. 한 젊은 여성 테니스 선수가 잠재력이 있다고 판단한 비욘세는 그녀를 IMG에 섭외하기로 결정했다. 그때부터 뉴욕 사무실의 비욘세는 매일 더 바쁜 시간을 보내야 했다. 바쁜 중에도 수시로 캘리포니아에 전화를 걸어 그녀의 훈련 상황을 물었고, 유럽에서 경기가 열리는 날이면 출장길에 그녀를 지켜보면서 친분을 쌓아갔다. 비욘세는 일주일 내내 쉬지도 않고 여기저기를 오갔지만 그녀를 체크하는 것 또한 잊지 않았다. 바쁜 중에도 전화를 주고받으면서 그녀와의 관계는 점점 더 발전했다. 곧 IMG의 소속 선수가 될 것 같은 기분이 들었다.

한번은 프랑스에서 테니스 대회가 열렸다. 비욘세는 다른 일정 때문에 경기가 거의 끝날 무렵에 현장에 도착했다. 경기상황은 전혀 알 수 없었지만 그녀와 수시로 연락을 주고받았던 덕에 그 대회에 대해서는 모르는 게 없었다.

그날 선수와 기자들을 위한 파티가 열렸다. 비욘세는 그녀에게 테니스계의 유명 인사들을 소개해주었다. 당시에 명성이 자자했던 스웨덴 출신의 테니스 선수 보르그가 IMG 소속이었는데, 비욘세는 자연스럽게 두 사람도 인사시켰다. 보르그는 그녀의 팬이자 우상이었다. 이후 그녀는 IMG와 정식계약을 맺었고 세계 10위 안에 드는 쾌거를 이루었다.

하버드 시간관리 연구원들의 조사결과 대부분의 직장인들이 전화통화, 회의, 우편물 처리에 너무 많은 시간낭비를 하기 때문에 시간이 부족하다고 말했다. 이와 같은 업무처리는 업무효율을 높일 수 없고 목표를 이루는 데 도움이 되지 않는다. 이러한 일들을 처리하는 시간을 최소한으로 줄이고 더 중요한 문제를 해결하는 데 투자해야 한다. 전화 업무를 볼 땐 짧고 간결하게 핵심만 나눠야 한다. 용건과 관련 없는 이야기를 나누느라 시간을 끌어서는 안 된다. 자주 업무 흐름이 끊기는 상황을 해결할 방법을 찾아야 한다.

효율을 높여주는 업무용 전화 기능

업무용 전화기는 좀 더 효율적으로 시간을 이용하고 업무효율을 높일 수 있는 기능들이 있다. 많은 비용을 들이지 않고도 생산력 향상

기능이 내장된 업무용 전화기를 살 수 있다. 시간을 절약하고 업무효율을 높이고 싶다면 전화기 기능에 신경 써야 한다.

1. 발신자번호 표시

전화기에 발신자번호 표시가 되면 전화를 건 사람이 누구인지 알 수 있다. 전화번호를 보자마자 전화를 받을지, 돌려줄지, 자동응답기를 사용할지 판단할 수 있다. 전화를 걸러 받고 싶을 때 발신자번호 표시기능이 탁월한 기능을 한다. 해당 기능을 이용해서 업무에 방해받지 말자.

2. 단축번호 사용

중요한 전화번호를 저장해서 단축번호로 전화를 걸자. 중요한 고객이나 거래처에 전화를 걸 때 단축번호를 사용하면 번호를 일일이 누르는 시간을 줄일 수 있다.

3. 개별 전화번호 신청

거래처나 고객이 언제든지 당신을 바로 찾을 수 있도록 다른 전화번호를 신청하는 것이 좋다.

4. 음성사서함 사용

고객이 전화를 했을 때 부재중이거나 통화 중일 수가 있다. 이때 음성사서함을 사용하면 된다.

5. 음성인식

음성인식은 전화를 거는 사람이 번호나 이름을 얘기했을 때 자동적으로 전화를 걸어주는 기능이다. 해당 기능이 있으면 전화번호를 직접 누르거나 전화번호부를 가지고 다닐 필요가 없다.

6. 돌려주기

돌려주기 기능은 말 그대로 동료가 직접 전화를 받을 수 있도록 동료의 전화기로 돌려주는 것이다. 해당 기능을 사용하면 발신자에게 잠시 후 다시 걸어달라고 요청할 필요가 없다.

7. 착신전환 혹은 착신거부

업무에 방해받고 싶지 않을 때 해당 기능을 이용하면 된다. 자동으로 사무보조나 비서에게로 전화가 가거나 바로 음성사서함으로 연결된다.

8. 수신차단

특정한 발신번호를 걸러내서 전화를 받지 않는 기능이다. 해당 기능을 사용하면 받기 싫은 전화를 피할 수 있고, 중요한 고객, 동료, 가족의 전화만 받을 수 있다.

효율적인 전화 이용

대부분 회사의 많은 직원이 전화의 방해를 받고 있다. 특히 영업직에 종사하는 직원들이 자주 전화의 방해를 받는 편이다. 전화 거는 시간을 효율적으로 이용하면 어느 정도 해결할 수 있다.

1. 빠르게 받기

가능한 한 전화벨이 한두 번 정도 울릴 때 받아야 전화를 건 사람의 반응도 좋을 것이다. 너무 바쁘거나 외근 나갔을 때는 바로 전화를 받을 수 없다. 사무실 전화는 가능하면 벨이 울리고 4번 이내로 받는 것이 가장 좋다. 그 이상이라면 중요한 전화를 놓칠 수도 있다.

2. 신분 밝히기

전화를 받을 때 먼저 자신의 신분을 밝혀야 한다. '여보세요'로는 부족하다. 자신의 이름과 소속부서를 함께 말하도록 하자.

3. 발신자의 신분에 따라 받을지 음성사서함으로 돌릴지 판단한다.

4. 필요하다면 발신자가 다른 사람에게 전화를 해서 그 사람과 대화를 나누게 한다.

5. 업무시간에서 전화를 걸고 받을 시간을 따로 마련한다.

6. 집중해서 업무를 해야 할 때는 전화기가 없는 공간으로 가서 업무를 처리한다.

7. 짧고 간결한 대화

짧고 간결한 대화는 서로의 시간을 절약하고, 전화통화를 듣고 있는 사람도 당신에게 고마워할 것이다. 전화를 걸거나 받을 때 말할 내용을 미리 생각한 다음 요점만 말하면 된다. 메모지에 요점을 미리 적어두는 것도 괜찮다. 전화통화를 할 때 메모지를 보면서 요점에 표시를 한다. 해당 방법을 사용하면 전화를 걸 때도 다른 이야기로 새지 않는다.

8. 통화 기록하기

반드시 받아야 하는 전화라면 통화내용과 요점을 기록해둔다.

하버드 시간관리 비법

통화내용을 기록할 때 방법과 단계가 있다. 순서를 파악해야 효율적으로 업무를 처리할 수 있다.

1. 컴퓨터와 전화기를 동시에 사용한다. 전화를 하면서 필기를 해야 할 일이 많다면, 전화기에 헤드셋을 설치한다. 당신의 어깨와 목도 보호할 수 있다.
2. 컴퓨터에는 거래, 사업 혹은 비슷한 분류에 따라 폴더를 만드는 것이 좋다.
3. 통화를 하기 전에 질문할 내용과 의사소통이 필요한 정보를 리스트에 기록한다.
4. 전화를 한 시간, 날짜, 대화한 사람을 기록한다.
5. 수집한 관련 정보를 기록한다.
6. 당신과 다른 사람이 함께 처리해야 하는 다음 업무를 기록한다.
7. 아직 끝내지 못한 업무를 나열한다.
8. 네이밍은 간단하게 하자. 필요한 자료나 정보를 쉽게 찾을 수 있다.

시간을 절약하는 메일 사용법

인간의 수명은 한계가 있으니, 남이 아닌 나 자신을 위해 살자.

스티브 잡스 Steven Paul Jobs

스티브 잡스는 애플사의 창업자이자 전 CEO로 컴퓨터 분야에서 빼놓을 수 없는 인물이다. 그는 우리가 잘 아는 매킨토시 컴퓨터, 아이패드, 아이팟, 아이튠즈 스토어, 아이폰 등의 제품을 개발했다. 잡스는 뛰어난 두뇌와 관리능력 외에도 메일을 잘 활용하는 사람으로 유명한데 받은 메일에 대해 적당한 시기에 빠짐없이 답변해주었다.

〈뉴욕 타임즈〉는 세계가 주목하는 애플의 CEO가 여전히 애플에 관심을 가지는 사람들이 보낸 메일에 직접 답변해준다고 했다. 애플과 잡스는 애플의 개선과 관련된 수만 통 이상의 메일을 받았다. 잡스가 끊임없이 세계가 놀랄만한 제품을 만들어낸 건 메일을 통해 사람들과 소통한 것과도 밀접한 관련이 있다.

2010년 9월 초, 한 광고회사의 디자인 총책임자가 아이튠즈 10의 아이콘에 대해 비평한 적이 있었다. 잡스는 바로 그에게 답변을 보냈다. 잡스는 아이튠즈 10의 아이콘이 이상하지 않다고 생각했기 때문이다. 이처럼 잡스는 애플에 대한 외부의 질문과 비평에 메일로 답변했으며, 사람들과 메일로 전쟁을 치른 적도 있었다.

2010년 9월 17일, 미국 롱아일랜드대학의 신문학과 학생이 애플 홍보팀에 대한 불만을 담은 메일을 잡스에게 보냈다. 잡스의 답변 태도는 불량했고 결국 두 사람은 메일로 한차례 전쟁을 치렀다. 참지 못한 잡스는 결국 마지막으로 답변을 보냈다.

"우리 좀 내버려두세요!"

하버드대학의 한 관계자는 메일을 잘못 사용하면 많은 시간을 낭비하고 업무효율도 떨어뜨린다고 말했다. 업무효율이 높은 사람이 메일을 이용하는 자신의 최근 업무현황을 보여주었는데, 그가 작성한 메일은 짧고 간단명료했다. 내용이 지나치게 긴 메일, 복잡한 문제, 제때 답변하지 않은 메일이 업무에 얼마나 큰 손해를 입히는지 모르는 사람들이 굉장히 많다. 잘만 처리한다면 메일은 업무에 사용되는 시간을 최대한 많이 줄일 수 있는 수단이 된다.

메일 수 제어하기

어떤 업종에서 종사하든 어느 정도의 메일은 받게 마련이다. 수신하는 메일 중에서 일부는 업무와 관련된 것이고, 일부는 친구와 가족의 안부나 축하 메시지, 일부는 스팸메일이다. 넘쳐나는 메일은 시간을 낭비하고 업무를 방해한다. 메일 수를 줄일 방법을 찾아야 한다.

1. 메일 제목 읽기

제목을 읽은 다음 자신에게 필요한 메일이면 열어 보고, 스팸메일이나 필요 없는 메일이면 바로 삭제한다. 필요 없는 내용을 보느라 시간을 낭비하지 말자.

2. 쉽게 메일주소 알려주지 않기

수신함의 메일을 줄이려면 메일주소를 특별한 고객, 직장동료, 연락을 주고받아야 하는 사람에게만 알려준다.

3. 한 가지 메일만 사용하기

여러 가지 메일주소를 사용한다면 업무용 메일주소는 한 개만 있으면 된다. 혹은 메일 계정 통합 시스템을 보유한 브라우저나 플랫폼을 사용한다.

4. 불필요한 메일 수신거부

요청한 적 없는 메일을 받았다면 제목에 삭제한다는 답변을 적어 회신하자. 그럼 상대방의 메일 발송 리스트에서 당신의 계정은 삭제될 것이다.

5. 불필요한 답변 피하기

연락하는 사람에게 특정 상황에서는 답변을 하지 않아도 된다고 알려라. 단, 요구할 때는 단어를 신중하게 선택해야 오해가 생기지 않는다.

메일 작성법 알기

메일 작성법만 확실하게 알아도 시간을 단축시켜 업무와 일상생활을 좀 더 편리하게 해준다. 메일을 사용할 때 정보를 짧고 간결하게 보내는 것이 중요하다. 하버드대학 연구원들이 여러분에게 제안하는 메일 작성법을 살펴보자.

1. 쉽게 대답할 수 있도록 질문은 간결하게 한다. 다음과 같이 보내면 된다. "우리가 자주 가던 레스토랑 전화번호를 잃어버렸어. 혹시 네가 가지고 있다면 알려줘."

2. 고객, 동료 혹은 거래처에 현재 진행상황을 보낼 때는 다음과 같이 보낸다. "3시 반에 말씀하신 샘플을 발송했습니다. 내일 오후에 받으실 수 있을 것입니다."

3. 감정적으로 오해가 발생할 수 있는 내용은 메일로 보내지 않는다. "당신의 업무보고서에 문제가 많으니 수정하세요." 혹은 "당신은 이미 수차례 실수를 했고, 미안하지만 당신을 해고하겠습니다."와 같은 내용은 메일로 보내지 않도록 한다.

4. 전달해야 할 문제가 많다면 내용을 정리한 다음 각각의 내용 앞에 번호를 매겨서 보낸다. 수신자는 한 번에 여러 가지 문제에 대한 답을 쉽게 할 수 있다.

5. 관련 업무 폴더에 메일 내용을 함께 보관하면 관련 정보를 쉽게 찾을 수 있다.

6. 자동 답변을 사용한다. 고객에게 필요한 모든 정보를 제공하는 방법으로 간단하면서 비용도 적게 든다. 직접 보내는 것에 비해 지연

되는 일이 없기 때문에 상대방의 기분도 좋게 만든다. 대부분의 사람은 자동답변과 직접답변의 차이를 알아낼 수 있기 때문에 메일에 주석을 다는 것도 좋다. "이 메일은 자동답변이니, 직접답변을 원하시면 개인메일로 보내주세요. 확인하는 즉시 대답하겠습니다."

하버드 시간관리 비법

메일을 사용할 때 주의해야 할 점이 있다. 이러한 부분들을 잘 해결해야 업무효율을 더 높일 수 있다.

1. 수신자가 메일의 내용을 미리 알 수 있도록 제목에 핵심 키워드를 넣는다.
2. 메일에 자신의 전화번호를 기재하면 전화로 답변을 들을 수 있다.
3. 간략하지만 메일의 내용을 다 이해할 수 있도록 워딩을 정리하자. 수신자가 메일을 열었을 때 쉽게 중점을 찾을 수 있다. 공백과 문단정렬을 이용해 메일의 본문을 분리하는 방법도 있다.
4. 불필요하게 스크롤을 내리지 않도록 가능한 한 메일의 내용이 한 화면에 다 보이도록 작성하자.

인터넷으로 빠르게 정보 얻기

일시적인 영감과 기지는 대단한 작용을 하지 못합니다. 꾸준히 실천하고 일해야 합니다.
그 어떤 위대한 사업도 노력 없이는 불가능합니다.
마크 저커버그 Mark Elliot Zuckerberg

뉴욕에 컴퓨터 신동이 있었다. 10살 때부터 대부분의 시간을 인터넷 서핑에 사용했다. 고등학교 때는 교내 MP3 플레이어를 개발했다. 이후 마이크로소프트를 비롯해 수많은 업계에서 스카우트하려는 초대장을 보냈지만, 약 10억의 연봉 제의를 거절하고 하버드대학에 입학했다. 하버드대학에서 그는 컴퓨터와 심리학을 복수 전공했다.

대학 입학 후에도 그는 여전히 인터넷에 빠져 있었다. 대학교 2학년 때는 학교의 데이터베이스에 침투해 학생들의 사진을 자신의 홈페이지에 개재한 뒤 같은 반 학생들이 서로 평가하도록 했다. 그 사건이 있은 후 두 명의 친구들과 프로그램을 이용해 일주일 만에 하버드대학 동문들을 위한 홈페이지를 개설했다. 이름은 the Facebook(이하 페이스북)이었다. 2004년 2월 처음 등장한 이 사이트는 단기간에 하버드대학을 휩쓸었다. 2004년 말 페이스북 가입 회원 수는 백만 명을 돌파했고, 이 청년은 학교를 자퇴하고 사이트 운영에 몰두했다.

현재 페이스북은 미국 최대 소셜네트워크서비스^SNS^이며, 마이크로소프트는 약 2.4억 달러를 투자해 페이스북 주식의 1.6%를 가지고 있다.

2011년, 〈포브스〉가 선정한 413명의 인물 중에 페이스북을 창업한 청년은 약 135억 달러의 자산가로 52위를 기록하면서 세계에서 가장 젊은 억만장자가 되었다. '제2의 빌게이츠'라 불리는 이 젊은 억만장자는 바로 페이스북의 CEO 마크 저커버그다.

인터넷이 빠른 속도로 발달하면서 많은 사람들이 인터넷을 이용해 정보를 검색하고 최신 정보를 얻고 있다. 인터넷을 이용할 줄 모르는 사람은 이미 시대의 흐름에 뒤쳐진 것이다.

인터넷은 글로벌하고 거대한 규모를 자랑하는 컴퓨터 온라인 서비스다. 셀 수 없을 정도로 막대한 양의 정보를 전 세계적으로 제공하고 있다. 인터넷을 통해 우리가 필요한 정보를 모두 얻을 수 있다. 학습, 업무, 오락 등 인터넷에 없는 것이 없다. 인터넷을 잘 활용하면 우리가 필요한 정보를 쉽게 찾을 수 있고 업무에도 많은 도움이 된다.

인터넷으로 정보를 습득하는 데도 방법이 있다. 잘못된 방법을 사용하면 검색해도 찾을 수가 없으니 헛수고만 하는 것이다. 검색방법에 대해 알아보자.

1. 검색사이트의 검색가이드를 읽어본다. 검색엔진마다 항목이 다르며, 검색하는 방법도 검색엔진마다 달라진다.

2. 여러 가지 조건들을 검색해야 한다면 '불리언 검색'의 방법을 사용한다. 불리언 검색이란 영국의 수학자 조지 불George Boole이 창안한 논리를 검색에 적용한 것으로 OR, AND, NOT과 같은 연산자를 이용하는 검색 방법이다. 예를 들어, 질량과 부피의 관계를 검색해야 한다면 검색엔진에서 '질량 AND 부피'로 검색하면 두 가지 단어와 관련된 정보를 동시에 얻을 수 있다.

3. 다른 검색엔진에서 검색할 수도 있다.

4. 검색 결과가 지나치게 많거나 관련 정보를 얻을 수 없다면, 비슷한 영역을 검색하거나 단어를 더 추가해서 검색하면 된다. 검색 결과 내 검색을 사용하는 방법도 있다.

하버드 시간관리 비법

현대사회는 정보의 투명화, 공유화, 세계화 시대다. 빠르게 발전하는 사회에서 우리는 더 많은 자원을 찾을 방법을 알아야 한다. 올바른 방법으로 인터넷을 사용해서 우리의 일상생활, 업무, 학습을 더 풍요롭게 만들어야 한다. 그렇다면 어떻게 올바른 방법으로 인터넷을 사용할 수 있을까?

1. '양날의 검' 인터넷 올바르게 이해하기

인터넷은 넘쳐나는 정보를 전달하는 방법을 파생했다. 메일, 블로그, 트위터 등이 있다. 인터넷이라는 정보의 바다에서 우리는 정보를 얻고, 연락을 주고받고, 교류를 하고, 사회활동을 할 수 있다. 그러나 인터넷에도 단점은 있다. 인터넷에 빠져 자아를 잃어버릴 수도 있다는 것이다. 넘쳐나는 정보에서 우리가 필요한 정보와 도움이 되는 정보만 찾는 게 중요하다.

2. 마인드 컨트롤로 인터넷의 유혹 견뎌내기

인터넷은 우리의 일상생활, 업무, 학습을 편리하게 도와주는 수단이지 놀이도구가 아니다. 많은 시간을 업무, 학습, 사교에 투자할 수 있지만 인터넷에 빠져 있어선 안 된다. 인터넷으로 기사를 접하고, 지식을 늘릴 수 있고, 컨디션을 조절해 긍정적이고 편안한 마음으로 업무에 집중할 수 있다.

3. 합리적인 인터넷 사용시간

업무와 휴식의 적절한 조화는 좀 더 건강하게 업무를 할 수 있는 방법이다. 적절한 휴식은 일상생활과 업무 스트레스를 해소해주고, 다음날 업무를 이어서 할 수 있는 에너지와 원동력을 제공한다. 지나치게 인터넷에 빠져 있는 것은 시간낭비일 뿐만 아니라 정상적인 업무에도 나쁜 영향을 미친다. 인터넷과 업무가 균형을 이룰 수 있도록 인터넷 사용시간을 조정해야 한다. 그래야 일상생활과 업무에 도움이 되는 인터넷 자원을 활용할 수 있다.

교묘하게 시간을 절약하는 소통방법

당신이 말한 내용보다 상대방이 들은 내용이 더 중요하다.

레드 아워백 Red Auerbach

무역회사 CEO인 마요는 시간관념이 철저하고 자신의 시간을 잘 통제해서 업무효율도 매우 높았다. 어느 날 그의 친구 잭이 회사에 찾아왔다.

"오늘 바빠?"

"그렇게 바쁘진 않아. 회사엔 어쩐 일이야?"

"별 거 없어. 본 지 오래돼서 이야기나 나누려고 왔지."

잭은 자리에 앉는 순간부터 쉬지 않고 이야기를 했다. 그리고 한동안 마요에게서 아무런 반응이 없자, 자신이 너무 말을 많이 했다는 사실을 인지했다.

잭이 말했다. "내가 너무 말이 많았군. 혹시 화가 난 건 아니지?"

마요는 뒤늦게 반응했다.

"미안, 어디까지 말했지? 업무에 대한 걸 생각하고 있었어. 계속 얘기해."

이 말을 들은 잭은 당황했다. 마요는 자신의 이야기를 아예 듣지 않고 있었던 것이다. 잭은 적당히 둘러대고 회사를 빠져나갔다. 마요는 이렇게 교묘한 방법으로 수다쟁이 친구를 상대해 자신의 시간을 아꼈다.

시간관리를 하다 보면 의사소통과 관련된 문제에 휩싸이게 된다. 대부분의 시간을 고객을 상대하느라 낭비하면 관리나 전략을 세우는 데 사용할 시간이 줄어든다.

의사소통과 시간관리는 긴밀한 관계가 있다. 의사소통은 인간관계에 필요한 부분이다. 인간관계는 매우 중요하지만 급한 것은 아니다. 하루 일과 중에 10% 정도의 시간에 의사소통과 관련된 일을 처리하자. 의사소통을 하는 데 지나치게 많은 시간을 낭비하면 정상적인 업무진도를 나갈 수 없다. 시간을 절약하면서 효과적인 의사소통을 하고 싶다면 어느 정도 기술이 필요하다.

1. 상담시간 설정

말이 많으면서 말의 요지를 못 잡는 사람들이 있다. 이런 사람들은 오랜 시간 동안 이야기를 나눠도 본론에 들어가지 못하고, 본론을 이야기해도 상관없는 이야기만 늘어놓는다. 이런 사람들과 대화를 나눌 때는 시간을 정해놓아야 한다. 상대방의 이야기를 들은 뒤 대화에 필요한 시간을 판단하고 제한시간을 설정해야 한다. 또한 회의할 때 사용하는 탁자와 의자를 사용하는 것이 고객응대시간을 사용하는 더 좋은 방법이다.

2. 방해받지 않는 방법 알기

하고 있던 업무를 방해받고 짜증이 난 적이 많을 것이다. 손님이 왔으니 가보라든지, 서류를 처리하는데 전화벨이 계속 울린다든지, 회의를 하는데 누군가가 갑자기 회의의 흐름을 끊는다든지 하는 상황들이 있다. 이러한 방해는 적극적으로 피해야 한다. 하던 업무가 도중에 끊기면 나중에 처리하는 데 더 많은 시간이 필요하다. 최대한 다른 사람이 진행 중인 업무를 방해하지 않는 것이 자신의 업무를 방해하지 않는 방법이다.

3. 전달하는 방법

회사의 관리자라면 중요한 내용을 전달해야 할 때는 반드시 모든 사람을 다 소집해야 한다. 일부의 사람만 불러서 전달하게 되면 내용을 전달하는 과정에서 왜곡이 생길 수 있다.

면담은 오후에 배치하는 것이 좋다. 오전에 면담을 하면 하루의 업무가 원만하게 진행되지 못한다. 일부 사람들이 오전에 고객을 만나지 않는 이유 중에 하나다. 오후에 고객을 만나면 책상에 앉아서 쌓인 스트레스와 피로감을 풀 수 있다. 고객이 면담을 요청했을 때 상대방의 상황을 자세히 물어야 한다. 상대방을 잘 알고 있는 상황이 아닌데 아무런 준비도 없이 고객과 대화를 나눌 경우 서로의 시간만 낭비하게 된다.

4. 상대방에게 호의 베풀기

먼저 대화를 요청했을 경우에는 상대방에게 편안함을 제공해야 한다. 호의적이고 친절한 분위기에서 대화를 진행해야 한다. 특히 상대가 다른 도시에서 올 경우 친절하게 “제가 다 준비해두겠습니다.”라고 말하는 것도 좋다. 상대방은 성의를 느낄 수 있고 숙소와 식사에 관련된 사항을 고려하지 않아도 되기 때문에 대화에 더 집중할 수 있다.

5. 실수는 바로 인정하기

의사소통 과정에서 실수를 해서 상대방에게 손해를 입힐 수 있다. 이때 바로 사과를 하면 대부분 용서를 받을 수 있다. 짜증이 났다고 해도 사과를 하면 기분을 조금 풀어줄 수 있다. 반대로 사과를 하지 않고 쓸데없는 변명으로 일관하면 오히려 불에 기름 붓는 꼴이 된다.

하버드 시간관리 비법

성공적인 의사소통은 올바른 방법으로 적합한 상대와 대화하는 것이다. 의사소통의 방법과 기술을 살펴보자.

1. 자신의 위치를 분명히 알기

언제 어디서든 당신과 관리자는 상하관계라는 걸 기억해야 한다. 상사와 의사소통을 할 때는 서로의 역할을 잘 알아야 하고 선을 넘어서는 안 된다. 상사에게 보고, 건의, 문제를 전달할 때는 상사의 개인적인 문제는 언급하지 않아야 한다.

2. 사전준비

매일 상사를 만나서 처리해야 할 업무가 많다면, 의사소통의 질을 높이기 위해 미리 소통하려는 목적과 전달방식을 잘 고려해야 한다. 또한 상사의 업무일정도 정확하게 알아야 한다. 그래야 서로의 시간을 절약할 수 있고 좀 더 효율적으로 의사소통을 할 수 있다.

3. 상사의 성향에 따른 의사소통방법

평소 업무로 인해 상사와 부딪히는 일이 많다면, 상사를 잘 관찰하여 성향에 따라 적합한 의사소통 방식을 찾은 뒤 대화를 하는 것이 좋다.

조용하고 침착한 성향의 상사라면 다루기 어렵다고 생각할 것이다. 이러한 상사들은 일상의 업무에서 호감을 얻을 수 있다. 의사소통을 할 때 최대한 많이 듣고 자신의 주장을 펼치면 안 된다. 화끈하고 털털한 성향의 상사는 좀 더 쉽게 친해질 수 있다. 자신의 생각이나 건의를 과감하게 말해도 된다. 그렇지만 아무리 상사의 예쁨을 받는다고 해도, 지나치게 자신의 주장을 펼치면 상사는 잘난 척한다고 판단할 수 있다. 각자 만나는 상사의 성향은 다를지라도 많이 관찰하고, 생각하고, 배운 다음 의사소통의 기술을 사용한다면 쉽게 상사의 호감을 얻을 수 있다.

업무를 나눌 때의 원칙과 기본 구조

하루를 버리거나 결정을 미루면, 값비싼 대가를 치룰 것이다.

월리엄 번벅 William Bernbach

IBM크레딧은 IT업계의 선두주자 IBM의 완전자회사로 IBM컴퓨터를 판매하기 위한 금융서비스를 제공하고 있다. 거래처에 금융서비스를 제공하는 것 자체가 금융리스크가 적기 때문에 절대적으로 이익이 큰 사업이지만, 1인당 업무량에 따라 대출액이 정해지기 때문에 소액대출로는 경제적 이득 면에서 한계가 있었다. 경영초기에는 업무절차에도 문제점이 있어서 회사의 경영상황은 그리 좋지 않았다. 신용대출 서비스를 받기 위해 소요되는 처리기간은 약 7일이었고, 그 사이에 여러 부서와 절차를 반드시 거쳐야 했다. 절차는 영업사원→접수팀→신용팀→거래조항팀→심사팀→업무팀→배송의 순으로 진행됐다.

접수 신용대출이 필요한 고객에게 IBM신용대출 신청을 해주는 부서로, 본사 접수원이 고객의 신청내용을 기반으로 신청서를 작성한다.

신용 직원이 온라인으로 신청자의 자금 및 신용상태를 확인한 다음 심사의견에 서명한다.

거래조항 신청자의 구체적인 상황에 따라 회사의 대출기준에서 보충이나 수정을 할지 협의한 뒤 특별조항을 신청표에 추가한다.

심사 이 정보를 기반으로 고객의 대출이자를 책정하고, 권장이자와 확실한 근거를 비서에게 전달하면 비서가 다시 부서장에게 제출한다.

부서장은 모든 정보를 종합하여 최종 제시금액을 책정한다. 최종 제시금액은 영업부 대표가 고객에게 전달한다. 이 과정을 거치는 데 7일이라는 시간이 소요된다. 7일 동안 영업부 대표와 고객 모두 진행 현황을 알지 못했고 고객파트에 전화를 해도 소용이 없었다. 전체적인 업무절차에서 분명한 방침과 결정권자가 없었다. 각 부서는 효율적인 정보를 이용해 단독적으로 업무를 진행할 수 없었기 때문에, 금융서비스를 받는 데 시간을 심각하게 지체시키고 있었던 것이다.

이런 문제를 해결하기 위해 IBM은 종합처리반 제도를 만들었다. 이 제도는 4시간이면 충분히 업무를 끝낼 수 있어서 시간을 절약하고 업무효율을 높일 수 있었다.

복잡한 업무를 합리적으로 분배하지 않거나 배치과정에서 문제가 발생하면 업무를 처리하는 과정에서 각 부서의 답변을 들을 수 없다. 또한 부서별 협력에도 문제가 생겨 많은 시간이 낭비된다. 부서별 업무 나눔의 필수성과 중요성을 여기서 알 수 있다.

회사의 진행력을 높이려면 업무를 나누고 모든 직원이 각각의 업무 목표를 가져야 한다. 그래서 자신이 어떤 일을 해야 하고, 어떤 직책이 따르는지 알 수 있도록 하고, 모두가 노력해서 달성할 수 있는 목표를 확인해야 한다. 이러한 직원들의 노력을 과학적으로 계량화하면 직원들에게 당근과 채찍을 줄 수 있다. 직원들 또한 효율적으로 일하고 시간을 아껴 자신의 업무실적을 높일 수 있다.

업무를 분담할 때 분담된 업무구조를 정확하게 파악해야 한다. 어떤 회사는 업무를 분담할 때 프로젝트 별로 팀을 만든 다음 분담을 한다. 모든 팀원이 각자 한 가지씩을 담당한 다음 나중에 종합하는 방식이었다.

업무분담의 원칙을 알고 업무분담 수준을 파악하면 프로젝트 팀원은 메인 목표를 세분화해서 나눈다. 구체적이고 일상적인 업무는 바로 개인에게 넘겨서 처리하도록 한다. 그다음 각각의 일을 더 이상 나눌 수 없을 정도로 세분화하고, 세분화된 구조를 한눈에 알아볼 수 있도록 한다. 마지막으로 일상의 업무를 모두 구분하면 업무를 처리할 구체적인 사람, 시간, 자금 투자를 세분화한다.

업무를 분담할 때 업무분담 방법을 알아야 한다. 업무분해구조業務分解構造를 짤 때 유추, 상명하달, 하의상달, 사용지도 방침 등 다양한 방법들이 있다.

1. 유 추

유추는 새로운 프로젝트와 유사한 업무분해구조를 기초로 본 프로젝트의 업무분해구조를 확정하는 것이다. 예를 들어 대형 여객기를 주로 제조했던 항공기 제조사가 신형 전투기를 제조하려고 할 때, 기존의 대형 여객기를 만들던 시스템을 서브시스템으로 사용하는 것과 같다. 이전의 서브시스템을 기초로 새로운 프로젝트의 업무분해구조를 만드는 것이다.

2. 상명하달

해당 방법은 업무분해구조를 구축하는 통상적인 방법으로 여겨진다. 전체 프로젝트에서 시작해 점점 작은 단위로 분해하고 다시 세분화하는 것이다. 일을 계속해서 세분화한 다음, 구체적인 일을 구체적으로 누군가에게 분배하는 것이 가장 좋다.

프로젝트의 팀장은 폭넓은 지식과 기술, 프로젝트에 대한 전체적인 시각을 갖추고 있기 때문에 상명하달의 방법은 프로젝트를 맡은 팀장에게 가장 좋은 방법이다.

3. 하의상달

하의상달은 한 가지 장점이 있다. 프로젝트 팀원이 처음부터 프로젝트와 관련된 구체적인 일을 이미 잘 알고 있기 때문에 각 일을 통합하고, 재조정하고, 전체적인 활동이나 업무분해구조의 상위 단계로 합칠 수 있다. 해당 방법은 시간을 낭비하는 대신 좋은 효과를 얻을 수 있다.

새로운 시스템이나 방법을 사용한 프로젝트를 하게 됐을 때 전 팀원이 참여할 수 있고, 팀원들 간의 협력을 도모할 수 있기 때문에 많은 팀장들이 하의상달의 방법을 채택한다.

한 기업이 프로젝트 업무분해를 할 때는 다음 몇 가지 단계를 지켜야 한다.

1. 프로젝트의 주요 구성 부분과 주요 성과물을 확실하게 알아야 한다. 주요 구성 부분에는 프로젝트의 성과물과 프로젝트 관리 그 자체를 포함한다. 이 단계에서 프로젝트의 팀원은 반드시 프로젝트의 목적과 목표를 달성하기 위해 어떤 주요 업무를 끝마쳐야 하는지 정확하게 알아야 한다.
2. 모든 성과물의 상세한 수준을 결정해야 한다. 예정원가예산이 통시적 원가예산의 요구사항을 적합하게 맞췄다면, 분해의 정확성만 확인하면 된다. 요구사항에 이르지 못했다면 계속해서 다음 단계를 진행해야 한다.
3. 성과물의 각 내용을 확정한다. 내용은 실용적이고, 검증된 결과로 나타내야 하고, 실적을 계산하기 편리해야 한다.
4. 분해의 정확성을 확인한다. 다음 질문에 답해보자.

- 최하단에 있고 가장 작은 항목은 프로젝트 분해에서 꼭 필요한 것인가? 아니라면 구성요소를 반드시 바꿔야 한다.
- 모든 항목의 정의가 분명하고 완전한가? 불완전하다면 수정하거나 확장해야 한다.
- 모든 항목은 진도와 예산을 적합하게 짤 수 있는가? 직책을 받아들이고 원활하게 해당 프로젝트를 끝낼 수 있는 팀에게 분배할 수 있는가? 불가능하다면 반드시 수정을 하고 적합한 관리를 제공해야 한다.

적절하게 자투리시간 이용하기

공헌을 세울 수 있었던 수없이 많은 사람들이 어려운 기회를 쉽게 놓치는 바람에 이름을 알리지 못했다.

벤저민 프랭클린 Benjamin Franklin

시인이자 소설가이자 피아니스트인 애리스톤은 자투리시간을 잘 활용했다. 14살 때, 그의 피아노 스승이 수업시간에 물었다.

"매일 몇 시간 동안 피아노를 치는가?"

"서너 시간 정도 칩니다."

"한 번에 얼마 정도 치는가? 한 시간 정도인가?"

"그렇습니다. 그래야 한다고 생각합니다."

"그러지 말게나. 자네가 좀 더 크면 그만큼 긴 시간적 여유가 없을 것이네. 앞으로는 여유가 있을 때 피아노를 연습하게. 예를 들면 학교에 가기 전, 점심시간, 하교 후가 되겠지. 자투리시간을 틈틈이 이용해서 피아노를 치면 피아노는 자네에게 없어선 안 될 부분이 되어 있을 것이네."

애리스톤은 콜롬비아대학에서 강의하고 남는 시간에 문예창작을 하고 싶었다. 하지만 수업하고, 시험지를 보고, 회의에 참여하는 데 거의 모든 시간을 다 쓰고 있었다. 거의 2년 동안 이런 생활이 이어졌고, 그동안 애리스톤은 글을 쓰지 못했다. 글을 쓸 시간이 없다고 생각했기 때문이다. 그 순간 스승의 말이 생각난 애리스톤은 자투리시간을 이용해 글을 쓰기로 결심했다. 그때부터 5분 정도의 시간이라도 있으면 앉아서 글을 썼다.

애리스톤은 자투리시간을 여러 번 사용하여 장편소설을 써냈다. 매일 눈코 뜰 새 없이 바빴지만 잠깐의 틈은 있었다. 자투리시간을 이용해 문예창작을 하고 피아노 연습도 계속했다. 그의 삶은 피아노와 문예창작을 하면서 더욱 풍요로워졌다.

시간을 효율적으로 이용하는 사람들은 자투리시간을 충분히 활용해 업무효율을 최대한으로 높인다. 자투리시간은 단기간에 효과를 볼 수 없지만 시간이 지나면 놀랄만한 효과를 얻는다. 자투리시간을 장기적으로 이용한다면 업무와 일상생활은 훨씬 편안해질 것이다.

자투리시간이란 말 그대로 연속되지 않은 시간, 혹은 업무와 다른 업무 사이에 발생하는 잠깐의 틈이다. 이런 시간은 우리가 느끼지 못할 정도로 짧기 때문에 등한시되고 있다. 자투리시간은 매우 짧지만 장기적으로 누적되면 상당히 긴 시간이다. 사업에서 성공을 거둔 사람들은 대부분 자투리시간을 효율적으로 잘 활용하였다.

일상생활과 직장생활에 많은 자투리시간이 있는데, 그 자투리시간을 찾아야 한다. 자투리시간을 찾았다면 다음의 방법대로 해보자.

1. 기다리는 시간 이용하기

공항이나 기차역에 가려면 차를 기다려야 한다. 이때 책이나 잡지를 가지고 가면 몇 페이지를 읽을 수 있고, 이 시간을 이용해 다른 일에 대해서도 생각할 수 있다. 남는 시간을 허비하지 않는 방법이다.

2. 시간 따라잡기

시간 따라잡기란 제한된 시간 안에 계획한 일 한 가지를 끝내는 것이다. 이 방법은 자신과 경쟁한다 생각하고 평소보다 더 빨리 하기 위해 최선을 다하면 된다.

3. 출근시간 이용하기

출근길에 버스나 지하철을 기다리거나, 대중교통을 타고 회사로 가는 도중에 우리는 시간을 소모한다. 집에서 회사까지 30분이 걸린다면, 주 5일 근무니까 50주 동안 길에 250시간을 버린다. 집에서 회사까지 1시간이 걸린다면 3개월의 시간을 길에 버리는 셈이다. 이 시간을 낭비하지 말고 의미 있는 일을 해보자.

4. 업무 중간의 틈 이용하기

시간활용을 잘하는 사람들은 업무 중간의 틈을 잘 활용한다. 3분의 틈이 있으면 전화 통화를 할 수 있고, 판매 데이터를 볼 수 있고, 업무기록이나 감사장을 작성할 수도 있다. 10분의 틈이 있다면 책상을 정리하고, 메일을 확인하고 처리할 수 있으며, 명함을 정리할 수도 있다. 30분의 틈이 있다면 신문이나 잡지를 읽고, 전자문서를 작성할 수 있고, 서점에 가서 새로운 책을 읽을 수도 있다.

하버드 시간관리 비법

시간활용을 잘하는 사람에게 자투리시간은 보배와도 같다. 인생을 즐기는 사람에게 자투리시간은 교양을 쌓을 수 있는 시간이고 어리석은 사람에겐 허송세월이다. 자투리시간을 적절하게 활용하고 싶다면 다음의 노력이 필요하다.

1. 업무효율 높이기

업무처리 속도가 사용되는 시간의 길이를 결정한다. 하나의 업무를 처리하는 데 시간이 오래 걸리는 사람은 2시간이 필요할 것이고, 업무효율이 높은 사람은 30분에 끝내면서 질적인 면에서도 우수하다. 짧은 시간에 한 가지 업무를 잘 끝내면 긴 시간의 여유가 생겨 다른 일을 할 수 있다.

2. 자투리시간 하나로 모으기

업무효율이 높은 사람은 시간을 잘 모은다. 시간 모으는 습관은 업무와 학습에도 매우 큰 의미가 있다. 시간의 이용률을 높이기 위해서는 시간을 모아야 한다. 자투리시간을 거기에 더해서 사용할 수 있다.

3. 휴일 이용하기

대부분의 회사가 공휴일에는 쉰다. 게다가 주말까지 더하면 1년 동안 아주 긴 시간이 있다. 이 시간을 잘 이용하면 큰 수확이 있을 것이다.

회의 효율 높이기

효율은 활용능력이 어떤 목적과 결과에 이르는 것이다.
마크 맥코맥 Mark Hume McCormack

어느 대형 금융기관의 비서로 일하는 마리아는 매니저의 일정을 정리하는 게 아닌, 매니저의 회의를 돕느라 눈코 뜰 새 없이 바쁘다.

사무실에서 일하는 많은 직원들은 회의에 익숙해져 있었다. 대부분의 회의는 특별한 의의가 없었지만, 모두가 회의는 업무의 가장 중요한 부분이라고 인식했다. 그리고 회의를 열지 않으면 회사가 발전하지 못한다고 생각했다. 마리아 역시 그런 생각을 했다.

분명히 몇 사람이 주제가 없는 대화를 하는데 회의라고 말하는 게 이상했다. 시간이 지날수록 마리아는 신경질이 났고, 회의라는 것 자체를 견딜 수 없었다. 회의는 과학적이지 않았고 모두의 소중한 시간을 가치 없는 일에 낭비하고 있었다. 적극적이었던 직원들도 점점 나태해지기 시작했다.

그러던 어느 날 마리아는 회사의 이런 상황을 개선하기 위해 매니저에게 건의를 하기로 결심했다. 용기를 낸 마리아는 매니저의 방으로 들어가 회의에 대한 이야기를 시작했다. 마리아는 회의 준비하기 전에 회의의 주제, 참석자, 시간, 주의사항 등에 대해 이야기를 했다.

마리아의 말을 들은 매니저는 마리아의 방식에 수정과 보충을 해서 더 효과적으로 회의 방식을 바꿨다. 두 사람이 상의한 내용대로 회의를 열어 직원들의 시간을 최대한 절약하고, 회의의 효율을 높이기 위해 노력했다. 마침내 회의는 진정한 의미의 회사의 발전을 위한 장으로 변했다.

하버드대학의 관련 통계에 따르면 고위관리자들은 평균적으로 20~60%의 시간을 회의에 쓰고 있었다. 일주일에 6번 이상 내부회의에 참석하고, 무려 9시간을 사용하는 관리자들도 있었다. 대부분의 관리자들은 회의에 참석하는 시간의 반은 버려진다고 생각하고 있었다.

상황을 개선하려면 우선 의미 없는 회의를 취소해야 한다. 지루하고 긴 회의는 여전히 회사 내부에서 진행될 것이기 때문에 이 방법은 그다지 소용이 없다. 사실상 회의의 효율을 높이면 시간을 절약할 수 있다. 회의의 효율을 어떻게 높일 수 있을까? 다음 몇 가지 방법에 주목하자.

1. 사전준비 철저히 하기

회의는 항상 철저하게 준비해야 한다. 급하게 잡힌 임시회의라도 준비는 철저하게 해야 한다.

회의록을 준비해서 사전에 회의 참석자들에게 보낸다. 회의록에는 회의의 주제, 토론 내용 요점, 회의의 목표, 회의시간 및 회의 예상 소요시간 등이 담겨 있어야 한다. 화이트보드, 펜, 빔 프로젝터, 스피커, 마이크 등을 준비한다. 회의실의 배치를 미리 한다. 회의실의 크기를 선택할 수 있다면 회의 참석자 수에 비해 조금 협소한 공간이 좋다. 좁은 공간에 있어야 현장감이 생기고 적극적인 발언을 유도할 수 있다.

적합한 회의 참석자를 선정한다. 이번 회의와 관련이 있는 사람, 회의 결과를 진행하는 사람, 회의의 주제와 관련 있는 전문가를 회의의 참석자로 선정하는 것이 좋다.

2. 구체적이면서 분명한 목표 설정하기

회의에서 토론할 내용, 얻어야 하는 결과는 이미 회의록에 자세하게 적혀 있다. 회의를 진행하는 사람이 회의에서 토론할 중점 주제를 미리 정해놓아야 하고, 회의 참석자들은 회의의 목표를 기억해야 한다. 필요하다면 회의 전에 참석자들에게 회의의 목표를 자세하게 설명해도 된다.

3. 회의의 역할 선정

일반적으로 의장, 기록자, 참석자로 구분된다. 의장은 회의를 진행하는 사람으로 회의를 개최하는 사람과는 다르다. 회의에 참석하는 사람 중에 가장 높은 직위에 있는 사람이 회의의 개최자이기 때문이다. 만약에 회의 개최자가 의장까지 맡게 되면 회의에 참여할 정신이 분산되고, 다른 참석자의 발언에도 압력을 가하게 될 것이다.

4. 회의시간 선택

회의 참석자들이 충분한 시간이 있거나 체력이 좋을 시간대를 선택해야 회의의 효율을 높일 수 있다. 그리고 엄격한 시간제한이 필요하다. 회의 예정 시간이 1시간이라면 1시간 내에 끝내야 한다. 회의가 길어질수록 참석자들은 끝나지 않는다는 심리가 생겨 회의에 적극적으로 참여하지 않는다.

5. 결론 정리와 실행 확인

회의가 끝날 때 의장은 회의의 결과를 정리하여, 어떤 부서 혹은 어떤 직원이 회의 결과를 담당하고 진행할지 발표해야 한다. 회의가 끝난 뒤 기록원은 회의기록을 정리하여 회의 참석자들에게 배부한다. 회의에 참석한 최고 관리자 혹은 이번 회의 개최자는 회의의 결과가 잘 실행되고 있는지 확인해야 한다.

하버드 시간관리 비법

회의의 효율을 높이는 가장 효과적인 방법은 회의시간을 단축하는 것이다. 회의가 지루하고 길어진다면 회의시간을 줄이기 위한 방법을 사용해야 한다. 참고할 만한 방법들을 알아보자.

1. 일어서서 회의하기

회의의 주제가 무거워서 의견일치가 어려워질 경우 회의시간은 점점 길어질 것이다. 폭신한 의자, 밝은 조명, 따뜻한 온도 등 회의실의 환경이 좋은 편이라면 회의가 더욱 길어질 수 있다. 회의가 길어지길 원하지 않는다면 잠깐 일어나서 회의를 진행해보는 것도 좋다. 최대한 빨리 회의를 끝내고 싶은 긴박한 분위기를 조성하게 될 것이다.

2. 퇴근 전에 회의 열기

최대한 빨리 의견일치를 해서 회의시간을 단축할 수 있는 방법이다. 회의가 길어지는 건 참석자들에게 시간적 여유가 있어서 결단력 있는 결정을 내리지 못하기 때문이다. 퇴근 전에 회의를 열면, 시간제한이 머릿속에 그려져 시간 안에 자신의 의견을 전달하려고 하기 때문에 회의의 효율을 높일 수 있다.

3. 발언 시간 통제

회의시간은 한계가 있다. 회의 참석자 수가 많은 경우를 예로 들어보자. 모든 사람이 의견을 발표해야 하는데, 한 사람이 많은 시간이 써버린다면 회의시간은 길어질 것이다. 사회자는 사전에 한 사람의 발언 시간을 정하는 것이 좋다. 말이 길어지는 사람들에게는 즉시 알려주어 회의시간을 지나치게 많이 사용하지 않도록 하자.

새로운 시간대 만들기

시간을 버리는 것은 기회를 버리는 것임을 명심하라.
리차드 앤더슨 Richard Norman Anderson

올해 30세인 윌리엄은 보스턴에 컨설팅 회사를 차렸고 1년 동안 약 100건의 사건을 맡았다. 미국 전역을 돌아다니는 그는 대부분의 시간을 비행기나 기차에서 보냈다.

그는 고객과 좋은 관계를 유지하는 것이 가장 중요하다고 믿었다. 한번은 같은 비행기를 탄 승객이 수하물을 기다리면서 그에게 말을 걸었다.

"저는 해리입니다. 만나서 반가워요."

"네, 저는 윌리엄입니다. 컨설팅 회사를 다니고 있어요."

"비행기에서 봤습니다. 두 시간 내내 서류에 사인을 하고 있더군요. 사장님이 좋아하시겠어요."

윌리엄은 웃으며 말했다. "사실은 제가 사장입니다."

해리는 감탄하며 말했다. "정말 대단하시군요. 도대체 시간관리를 어떻게 하시나요? 매우 바쁘시겠죠?"

"가끔씩은 정말 바쁩니다. 그러나 새로운 시간대를 만들고, 그 시간대에 한 가지 일을 끝내고 있습니다."

관리자들이 업무를 조직할 때는 외부의 방해를 전혀 받지 않고, 업무에 집중할 수 있는 시간을 따로 분리하는 것이 좋다. 시간을 분리하는 건 어려움이 있다. 대다수의 사람들은 일상생활에서 방해받는 게 습관처럼 되어 있다. 심지어 어떤 사람들은 목욕할 때도 전화기를 옆에 두고 업무를 하는 경우가 있다. 사실 굉장히 잘못된 생활방식이다. 한 회사의 관리자 혹은 유명 레스토랑의 사장, TV 프로그램의 제작자처럼 짧은 시간 동안 수십 가지 결정을 내려야 하는 경우도 있다. 그러나 창의력을 발휘해 무언가를 만들어야 한다면 이 사람들도 프로그램의 방송 전이나 손님이 방문하기 전을 새로운 시간대로 만들 수 있다.

하버드대학의 시간관리 연구원들이 십여 년의 연구 끝에 시간대를 만드는 방법을 찾아냈다.

1. 일찍 출근하고 늦게 퇴근하기

많은 회사의 고위관리자들이 일찍 회사에 오는 이유는 그 시간대에는 전화벨이 울리지 않고, 직원들도 출근 전이어서 활용하기 좋은 시간대이기 때문이다. 업무시간을 늘려 퇴근을 늦게 하는 경우도 마찬가지다. 정시 출퇴근 하는 직원들은 이미 퇴근했고, 퇴근 후에는 보통 전화 벨이 울리지 않는다.

2. 업무 멀리하기

성과가 있는 사람들 중에 매주 집에서 하루나 이틀을 쉬는 사람들이 있다. 시간대를 창조하기 위해서다. 쉴 수 있도록 허락해주는 사장이 있거나 자신이 사장일 때 가능하다.

3. 막간을 이용한 시간대

하버드 의학대학원의 홀 박사는 사무실 세 곳을 왕래하는 시간을 자신의 시간대로 만들었다. 첫 번째 사무실은 교내에 있는 사무실이고, 두 번째 사무실은 병원 근처에 있는 사무실이고, 나머지 하나는 작은 도시에 있었다.

"사무실을 세 곳이나 가진 게 별로 효율적이지 않다고 생각했지만, 놀랍게도 한 곳에서 하는 일보다 더 많은 일을 처리하고 있었죠. 업무효율이 크게 올랐어요."

홀 박사는 사무실을 하나 더 가지고 있는 건 좋은 방법이라고 말했다.

"차로 다른 사무실로 가는 데 약 15분 정도가 걸립니다. 하루 중 가장 멋진 생각을 해내거나 생각을 정리할 수 있는 시간이죠."

여행을 자주 가는 사람들은 비행기 안에서의 시간을 자신의 시간대로 정했다. 대다수의 사람들이 버리고 있는 이동시간을 진귀한 시간으로 바꿀 수 있다.

4. 중요한 일대일 면담을 시간대로 정하기

중요한 면담이 있을 때, 매우 급하거나 당장 처리하지 않으면 안 되는 일이 아니라면 방해하지 말라고 조수나 비서에게 미리 말해둔다. 직원들과 면담이 있을 때 이렇게 한다면, 직원들은 자신들이 존중받는다는 느낌을 받는다. 또 면담하는 동안 어떤 방해도 받지 않을 수 있다.

하버드 시간관리 비법

마음 편히 업무를 하려면 일을 하면서 새로운 시간 영역을 만들고 안정된 시간을 찾아야 한다.

1. 피크타임 피하기

점심시간 30분 전에 사무실을 나서면 밥을 주문하느라 오랜 시간 기다리지 않아도 된다. 너무 일찍 도착하지만 대부분의 식당들은 앉아서 기다릴 수 있도록 할 것이다. 그 틈을 이용해 업무와 관련된 일을 처리할 수 있다.

2. 조용한 장소 찾기

회사가 자유롭게 사무실을 벗어날 수 있는 분위기라면, 빈 회의실이나 휴게실처럼 조용한 곳으로 간다. 마음 놓고 생각을 하거나 업무를 처리할 수 있다.

3. 방해받지 않는 시간 정하기

회사 내에서 관리자의 위치에 있다면 동료들에게 특정 시간에는 찾지 말라고 말하자. 이 시간에는 중요한 업무를 처리하는 데 집중할 수 있다.

4. 업무에 집중할 시간이 필요하다고 상사에게 말하기

방해받는 상황을 피하는 것이 현실적으로 어렵다면 상사와 직접 이야기해보는 것이 좋다. 업무에 집중할 수 있는 조용한 시간이 필요하다고 말하자. 상사의 입장에서 봤을 때 중요하다고 생각하는 업무를 집중해서 처리할 수 있기 때문에 훨씬 좋을 것이다. 생각이 깨어 있는 상사라면 부하직원의 이러한 요구사항을 흔쾌히 들어줄 것이다.

5. 방문 리스트 만들기

퇴근 후나 당신이 외부에 있을 때 회사로 찾아오는 방문객들이 있다. 그럴 때는 레스토랑의 대기 리스트처럼 방문 리스트를 만들어 클립보드에 끼우고, 펜과 함께 개인 집무실 문 앞에 붙여놓는다. 방문객은 클립보드 리스트에 방문 목적의 내용을 작성하게 한다. 이후 방문 리스트의 내용을 확인하고 해결하면 된다. 이렇게 하면 당신을 찾는 사람들도 당신을 방해하지 않으면서 그들의 용건을 해결할 수 있다.

오늘의 식사를 내일로 미루지 않으면서
오늘 할 일은 내일로 미루는 사람이 많다.

C. 힐티 Carl Hilty

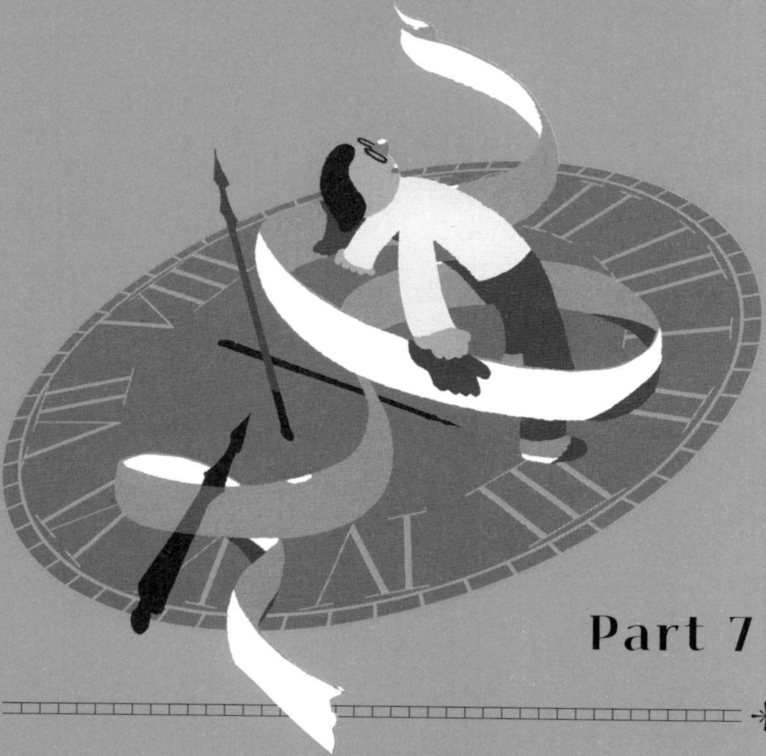

Part 7

직장생활과 일상생활의 균형 맞추기

HARVARD

TIME

MANAGEMENT

직장생활로 인해 당신의 가정생활이 망가지고 있는가?

삶의 속도가 점점 빨라지고 있다. 대부분의 사장들은 직원들이 회사에서 보내는 시간은 이전과 같고 성실하게 업무에 임하지만, 업무효율은 이전보다 별로 오르지 않거나 오히려 더 떨어지고 있는 걸 발견한다. 이렇게 된 원인은 한 가지다. 많은 사람들이 자신의 삶과 업무시간을 균형 있게 보내는 방법을 모르기 때문이다. 하버드대학 출신의 성공한 사람들의 업무시간과 일상생활을 자세히 살펴보면, 업무에 집중하면서도 자신의 삶을 즐기고 있다는 걸 알게 될 것이다.

업무태도 바꾸기

자신의 직책을 돈벌이라고 생각하는 사람과 업무 자체만 보는 사람은 자신의 직업을
좋아하더라도 그 열정을 오래 유지하지 못할 것이다.
단, 업무를 하나의 사업으로 바라보는 사람은 정반대일 것이다.
빌 게이츠 Bill Gates

마이크로소프트의 창업자이자 전 CEO인 빌 게이츠는 일에 대해 매우 열정적이고 스스로에게 엄격한 사람이었다. 유년시절을 시애틀에서 보낸 그는 한 교회에서 목사가 성경의 마태복음 제5장에서 제7장의 내용을 전부 외우는 사람에게 시애틀의 랜드마크인 스페이스 니들의 레스토랑에서 식사할 기회를 주겠다고 말했다. 그 자리에 있던 모든 사람들은 마태복음 제5장에서 제7장의 내용이 상당히 길기 때문에 외우는 것 자체가 어렵다는 걸 알고 있었다. 그래서 스페이스 니들의 레스토랑에서 공짜로 식사를 하길 원하면서도 대부분의 사람들이 금세 포기해버렸다.

그런데 며칠 후 고작 11살인 빌 게이츠가 패기 있게 목사의 앞에

서서 한 글자도 틀리지 않고 약속한 성경의 내용을 전부 외웠다.

"이렇게 긴 내용을 어떻게 외웠지?" 목사는 칭찬하는 눈길을 보내면서 호기심 가득한 말투로 물었다.

빌 게이츠는 조금도 망설이지 않고 대답했다.

"최선을 다해 외웠습니다."

빌 게이츠의 이런 자세와 포기하지 않는 정신은 그 자리에 있던 모든 사람들의 귀감이 되었고, 사람들의 찬양과 존중을 받았다.

하버드대학에서 직장인을 대상으로 실시한 조사결과, 70% 이상의 직장인들이 업무 스트레스로 건강에 문제가 발생하고 업무효율이 떨어졌다. 잡지 〈인더스트리 위크〉의 조사결과 68%의 미국인은 직장생활이 아무런 재미가 없다고 응답했다.

빌 게이츠는 직원이 책임감과 좋은 업무태도를 가져야 한다고 생각했다.

"책임감이 강하다면 다른 사람이 하기 싫어하는 업무를 받아들일 수 있어야 합니다. 그 속에서 어려움과 즐거움을 느낄 것이며, 난관을 극복하고 다른 사람은 이르지 못할 경지에 이르게 될 것이며, 결국 당신에게 보답으로 돌아올 것입니다."

빌 게이츠의 말을 들은 소감이 어떤가? 물론 "업무태도는 그다지 중요하지 않다.", "빌 게이츠의 말은 일반적인 사례가 아니다.", "빌 게이츠의 말은 틀렸다."라고 생각할 수도 있다. 그리고 이렇게 생각하는 사람이 당신 한 사람만은 아닐 것이다.

좋은 업무태도는 상상하지 못할 소득을 가져다줄 수 있다. 업무태도를 바꾸면 자신의 잠재력을 끌어올려 열정적으로 업무에 임할 수 있다. 완성한 업무의 질이 좋고 나쁨은 업무태도와 직접적으로 관계가 있다. 업무태도가 좋지 않다면 업무효율이 높지 않기 때문에 제시간에 업무를 끝마칠 수 없다.

활력이 넘치고 진행하는 업무도 즐겁다면 지속적으로 높은 효율의 업무를 할 수 있다. 좋은 태도를 가진다면 자신감 있게 목표를 향해 나아갈 수 있고 창의적인 사고로 어려운 일에 도전할 수 있다.

업무태도의 중요성을 알았으면 업무태도를 바꿀 수 있는 효과적인 방법을 찾아야 한다. 하버드대학의 연구원들이 제안하는 방법들을 알아보자.

1. 혁신적인 태도로 현재 하고 있는 일을 즐겁게 만들어본다. 예를 들어 업무를 사무실이 아닌 카페나 새로운 장소에서 처리해보자.

2. 동료와 업무 바꾸기 혹은 나누기를 시도한다. 한 사람이 재미없다고 느끼는 일이 다른 사람에게는 도전하고 싶은 일이 될 수도 있다. 당신은 컴퓨터에 적힌 숫자가 싫고, 동료는 데이터를 작성하는 게 싫다. 서로 일을 바꾸면 두 사람 혹은 더 많은 직원들의 태도 문제를 개선할 수 있다.

3. 도전성을 지닌 일을 해보자. 업무의 지루함은 보통 업무가 도전성이 결여됐기 때문이다. 책임감을 더해서 업무에 신선함을 줄 수 있다.

4. 일의 흐름에 따라 업무를 배치한다. 한 사람이 반복적으로 하는 일은 재미가 없다. 일의 흐름을 만들어 해당 부분의 업무를 끝마치면 된다. 열정이 필요하지 않는 업무를 같이 놓고, 일에 대한 열정이 떨어

졌을 때 해당업무를 끝마친다. 물론, 지루한 업무와 도전성을 지닌 업무를 같이 처리해도 된다.

5. 새로운 직장을 찾는다. 마지막 단계까지 왔지만 당신의 업무태도를 바꿀 수 없다면 새로운 직장을 찾는 방법밖에 없다. 회사 내부에서 부서를 이동해도 좋다.

하버드 시간관리 비법

우리 주변을 보면 상황이 다급할 때가 돼서야 일을 하고, 자신의 잠재력에 무관심하고, 일이 발생하면 적당히 책임을 회피하려 하고, 더 이상 높은 곳으로 올라가기 위해 노력하지 않는 사람들이 있다. 그들은 빈둥거리면서 시간을 보내고, 일도 대충 끝내고, 그날그날 살아가는 데 만족한다. 자신의 인생에 대한 계획도 없고, 업무태도도 좋지 않고, 지금 하고 있는 행동이 소중한 시간을 낭비한다는 걸 모르고 있다.

부정적인 업무태도는 업무를 처리할 때 시키는 대로만 하고, 기분도 점점 나빠지고, 직장생활, 일상생활, 심지어 건강에도 좋지 않은 영향을 준다. 적극적인 업무태도를 가진 사람은 최대한 빨리 업무태도를 바로 잡고 추진력을 높여 직장생활과 일상생활을 정상궤도로 올려놓는다. 그렇다면 추진력은 어떻게 올릴 수 있을까?

1. 적극적이고 진취적인 마음을 가지기 위해 노력하고 책임의식을 높여야 한다. 책임감과 진취적인 마음은 한 사람이 업무를 제대로 수행하기 위해 갖춰야 할 기본 조건이다. 책임감의 크기는 업무 추진력의 크기를 결정하고, 진취적인 마음의 크기는 업무성과의 좋고 나쁨을 결정한다.

2. 성실하고 착실한 태도를 가진다. 예로부터 이 세상의 모든 큰일은 작은 것에서부터 비롯되고, 모든 사업은 성실함에서 시작된다고 했다. 사람마다 부서와 직책이 다르지만 성실하고 부지런히 일하면 신세계를 경험할 수 있다. 추진력을 높이려면 반드시 엄격하고 신중한 태도로 작은 일부터 착실하게 처리하는 습관을 길러야 한다.

3. 업무효율을 높여야 한다. 한 사람의 추진력을 높이려면 시간관념과 효율의식을 강화해야 한다. "바로 행동으로 옮기고 금방 처리한다."라는 업무이념을 기억하자. 근무태만을 극복하고 업무를 미루는 나쁜 습관을 버리자.

4. 새로운 것을 개척해서 업무방법을 개선하자. 추진력을 높이려면 강한 개혁정신과 참신함이 필요하다. 아무것도 하기 싫은 마음과 기계적으로 업무를 처리하는 문제를 극복하고, 능동적이고 창조적으로 업무를 진행하고 업무지시를 하자.

개인생활 정리하기

여가시간은 사람의 차이를 부른다. 인재도 양성해내고 게으름뱅이, 술주정뱅이, 노름꾼도 만들어낸다. 업무실적에도 차이가 나고 인생의 위치도 달라진다.

알버트 아인슈타인 Albert Einstein

철도회사의 CEO 윌리엄스는 매일같이 끝없이 펼쳐지는 업무에 파묻혀 살았다. 그 때문에 개인생활에도 문제가 생기자 엉망진창인 자신의 삶을 뒤돌아보게 되었다.

처음으로 의사를 찾아갔을 땐 이미 어느 정도 정신이상 증세가 보이기 시작했다. 얼굴은 근심과 긴장으로 가득했다. 윌리엄스는 일이 가득 쌓여 있는 자신의 사무실과, 정리되지 않은 어수선한 집안의 무질서한 공간에서 살고 있다고 말했다. 그리고 그런 환경 속에서 생활하는 게 너무나도 고통스럽다고 덧붙였다.

의사와 상담을 마친 윌리엄스는 가장 먼저 아내와 함께 방청소를 했다. 필요 없는 물건들은 다 버리고, 물건들을 분류한 다음 나눠서 보관했다. 사무실로 출근해서는 책상을 깨끗하게 정리했다. 오늘 처리해야 할 업무는 미루지 않고 바로 처리했다. 그러자 윌리엄스의 업무환경이 개선되기 시작했다. 업무 스트레스도 줄어들고 업무효율은 높아졌다. 건강도 이전보다 많이 회복했다.

윌리엄스는 자신이 느낀 점을 이야기했다.

"항상 여러 물건이 쌓여 있는 사람들은 방과 사무실을 깨끗하게 청소해보세요. 업무도 진행 중인 자료들만 남기고 정리해두면 이전보다 훨씬 수월하고 실수도 줄어든다는 걸 느끼게 될 것입니다. 그러면 좋은 기분으로 하루를 보낼 수 있습니다."

하버드 시간관리 연구원은 일상생활 속의 사소한 일, 약속, 인간관계를 유지하는 것은 어느 정도 시간을 소비하는 것이라고 말한다. 생활하다 보면 가치 있는 일이 있고 가치 없는 일도 있다. 가치 없는 일에서 벗어날 수 있다면 더 많은 시간을 사용할 수 있다.

가치 없는 일에서 벗어나려면 먼저 시간을 낭비하는 요소들을 제거해야 한다. 시간을 낭비하는 요소를 찾은 다음 제거하는 것은 상당히 유익한 일이다. 절약한 시간을 진심으로 하고 싶은 일에 사용할 수 있다. 다음 방법을 참고하여 더 많은 시간을 얻어내자.

1. 한 번에 많은 일을 한다. 물건을 사러 마트에 일주일에 세 번씩 간다고 하자. 미리 계획을 세워 마트에 가는 횟수를 한 번으로 줄이는 것도 좋다. 마트에 가는 데 보냈던 한두 시간 동안 다른 일을 할 수 있다.

2. 외출하는 일을 하나로 합친다. 마트, 세탁소, 우체국 등의 장소를 가족과 따로 간다면 서로 협의해서 하나로 합쳐보자. 계획을 세우고 상의하는 데 몇 분만 투자하면 일주일에 몇 시간 이상을 절약할 수 있다.

3. TV시청과 인터넷 사용을 최소화한다. TV시청과 인터넷 사용은 중독이다. 특히 집에 있기를 좋아하는 싱글들이 주로 중독된다. 대부분의 TV프로그램은 질적 수준이 낮고, 중간에 쓸데없는 광고도 많이 들어 있다. 인터넷은 목적을 가지고 사용해야 한다. 아무런 목적 없이 인터넷을 사용한다면 시간을 무작위로 낭비하는 것이다.

4. 물품 구매리스트와 인터넷 쇼핑을 한다. 슈퍼나 대형마트에서 많은 시간을 소모하며 돌아다녀도 원하는 물건을 찾지 못하는 사람들이 있다. 물건을 사러가기 전에 미리 물품 구매리스트를 작성한다면 필요한 물건을 찾을 수 있고 시간도 아낄 수 있다. 또한 원하는 물건을 인터넷에서 쉽게 찾을 수 있다. 직접 마트에 가지 않아도 되기 때문에 많은 시간을 절약할 수 있다.

5. 굳이 자신이 직접 처리하지 않아도 되는 일은 외주업체에 맡긴다. 기술 전문가를 고용하면 훨씬 빠르게 끝낼 수 있다. 편리하면서도 시간도 절약할 수 있고, 경제적으로도 이득이다. 수도관을 수리하거나, 인테리어를 새로 할 때 전문가를 부르는 것이 훨씬 낫다.

자질구레한 일에서 벗어나려면 집안에 있는 물건의 수를 줄여야 한다. 집안의 물건이 많은 것도 시간을 낭비한다. 방청소, 세차, 가구 정리를 하고, 또 아이가 좋아하지 않는 장난감, 소장품처럼 굳이 관리하지 않아도 되지만 신경 써야 하는 물건들을 관리하는 데 걸리는 시간을 계산해보자. 불필요한 물건을 정리하는 것도 시간을 절약할 수 있다. 어떤 물건을 정리해야 하는지 생각해본 다음 가치가 있는 물건들만 남겨두자. 물건을 정리할 때도 기술이 필요하다.

1. 쇼핑중독자가 되지 않으려면 있어도 되고 없어도 되는 물건은 계속해서 사지 않는다.

2. 필요한 물건을 발견했다고 바로 사지 말고 집에 있는 물건을 다 쓰거나, 팔거나, 버린 후에 구매한다.

3. 일정한 시간 간격을 두고 집안의 물건들을 정리한다. 물건을 가득 담을 수 있는 상자를 가져와 당분간 사용하지 않는 물건들을 담고, 박스 위에 표시한 뒤 창고에 둔다. 상자에 담긴 물건들을 오랫동안 사용하지 않는다면 버린다.

4. 다른 사람에게 더 필요한 물건은 선물한다. 집안의 물건을 정리하면서 다른 사람과 더 좋은 관계를 유지할 수도 있다.

자질구레한 일에서 벗어나는 마지막 방법은 약속이나 승낙을 할 때는 신중하게 고려해야 한다. 약속이나 승낙도 시간을 빼앗는 행위다. 다른 사람을 도와주느라 많은 시간을 허비하게 된다. 게다가 약속이나 승낙을 지키지 못하면 인간관계에도 문제가 생길 수 있다. 업무과 부하와는 조금 다르다.

인간관계도 승낙의 중요한 부분이지만 역시 시간을 빼앗는다. 사람들은 인간관계에서 만족감을 얻기 때문에 가치 있는 시간 투자라고 생각한다. 그러나 모든 인간관계가 시간을 소모할 가치가 있는 건 아니다. 정기적으로 인간관계를 평가해야 한다. 조금 더 강화해야 하고, 조금 약화해야 하고, 끊어버려야 할 사람들은 누구인지 살펴봐야 한다.

하버드 시간관리 비법

일상생활에서 다른 사람과의 약속을 최소한으로 줄여야 한다. 약속하면 시간을 투자해 약속한 일을 처리해야 하기 때문에 자신이 약속했던 일이 가치가 있는지 정기적으로 점검해야 한다. 자신에게 다음의 질문을 던져보자.

1. 내가 약속한 일은 내 자신과 다른 사람 모두에게 가치가 있는 일인가?
2. 다른 사람을 위해 한 일과 내가 얻은 이익은 동등한가?
3. 약속을 하지 않으면 누군가에게 손해가 가는가?
4. 약속을 하지 않으면 아낄 수 있는 시간은 얼마인가?

위의 질문으로 다른 사람과 한 약속의 가치에 대해 판단을 해본다. 가치가 있다면 실행하고 가치가 없다면 완곡하게 거절한다.

업무와 휴식을 대하는 올바른 태도

피로에 지친 관리자만큼 최악의 관리자는 없다.
관리자는 충분한 휴식을 취해서 항상 즐거운 상태를 유지해야 한다.
요한 볼프강 폰 괴테 Johann Wolfgang von Goethe

뉴욕의 한 회계사무소에서 근무하는 키드는 잦은 야근 등으로 매우 불규칙한 생활을 했다. 어느 주말 아침 역시 키드는 서류가방을 들고 바쁘게 사무실로 향했다. 황금 같은 휴가는 이미 수포로 돌아갔고, 주말이지만 또 다시 정신없이 일을 해야 했다. 키드는 빨리 일을 시작하기 위해 걸음을 재촉했다. 이때 편안하게 선 베드에 누워 있던 이웃집 친구가 허둥대는 키드를 보며 소리쳤다.

"이봐, 어딜 그리 급히 가는 거야? 주말은 휴식시간이야. 마음 편히 이 아름다운 휴일을 즐겨야지, 자네처럼 초조해하면 안 돼. 자, 여기 누워서 위대한 예술을 즐겨보자고!"

"위대한 예술? 그게 무슨 소린가?" 키드가 걸음을 늦추며 물었다.

"별거 없네. 사라지고 있는 예술을 자네와 함께 즐기고 싶었을 뿐이야! 요즘은 대부분의 사람들이 그 예술을 잊고 살아가지. 여기 한가하게 앉아있으면 햇살이 내 몸과 마음을 어루만져주고, 조금씩 내 영혼 깊숙이 스며든다네. 태양에 대해 생각해본 적 있나?"

친구는 계속해서 말했다.

"태양은 대지를 따뜻하게 비추고 소리 없이 입을 맞추네. 초인종을 누르지도 않고 전화를 걸지도 않지. 태양의 한 시간 업무량은 우리가 평생 일하는 것보다 훨씬 많을 것이네. 태양은 참으로 위대하지! 태양이 비추기 때문에 온 세상이 활기를 띠고 있어. 태양이 내게 큰 영향을 준다는 걸 알게 됐어. 일광욕을 할 때마다 태양은 내 몸 전체에 스며들어 나를 치유해주고, 안정을 찾게 해주고, 무한한 에너지를 주고 있어. 이런 이유 때문에 나는 일광욕에 빠져 있어. 자네도 서류를 잠시 내려놓고 잠시만 여기 앉아보게."

키드는 친구의 옆에 앉아 따뜻한 태양을 온몸으로 흡수했다. 그리고 방으로 돌아가 밀린 서류를 다시 처리하기 시작했다. 놀랍게도 업무효율이 높아져 평소보다 일찍 업무를 끝마칠 수 있었다.

모든 사람은 업무와 일상생활, 연장근무와 휴식을 올바르게 다루어야 한다. 자신의 삶을 완전히 일에 의존하면 안 된다. 성공을 갈망하는 사람들은 잠깐 걸음을 멈추고 편안히 쉬는 것을 아까워한다. 편안히 쉬는 건 업무에 무책임하고, 시간낭비라고 생각하기 때문이다. 쉬지 않고 열심히 일해야 일찍 성공할 수 있다고 생각한다. 이미 지칠 대로 지쳐도 여전히 쉬려고 하지 않는다. 대단한 건 맞지만 결코 현명한 행동은 아니다.

필요한 휴식은 목표를 훨씬 빠르게 이룰 수 있는 수단이다. 휴식은 방임이 아니라 더 빠르게 달리기 위해 기력을 보충하는 것이다. 휴식은 업무에서 잠시 빠져나와 제3자의 시각에서 업무를 살펴보게 하고, 업무에서 발생한 어려운 문제를 다른 시각에서 보고 해결할 수 있게 도와준다. 또한 업무효율을 높여 짧은 시간 내에 업무를 끝내게 해주고, 연장근무 횟수를 줄이거나 아예 하지 않도록 해준다.

업무가 삶 전체를 차지해서도 안 되고, 휴식시간을 차지해서도 안 된다는 것이다. 그러기 위해서는 원칙과 방법을 잘 알고 있어야 한다. 하버드 시간관리 수업에서 제안하는 방법을 살펴보자.

1. 업무를 집에 가져가지 않기

업무를 집에 가져가지 않는 건 쉬워 보이지만 현대인들에겐 점점 어려운 일이 되었다. 야근이 필수고, 집으로 업무를 가져가는 건 하나의 유행이 되었다. 대세를 따르면서 손해를 본다는 생각이 들지 않는가? 당신이 열심히 일하는 건 사랑하는 가족과 좋은 날을 보내기 위해서이다. 그러나 바쁘게 일하느라 모든 시간을 다 소모해버리면 가족과 보낼 수 있는 시간은 거의 없을 것이다. 얻는 것보다 잃는 게 더 많다고 생각하지 않는가?

집에서는 가족과 단란한 시간을 보내야 한다. 집 안에 업무공간이 있어서는 안 된다. 지금 이 순간부터 업무를 집으로 가져가지 말자.

2. 집에서 업무 생각하지 않기

일은 일이고, 휴식은 휴식이다. 두 가지 개념은 절대 공존할 수 없다.

두 가지를 동시에 하려고 한다면 몸과 마음은 지치는데 업무의 효과는 전혀 없을 것이다. 몸은 집에 있으면서 마음은 사무실에 있어선 안 된다.

3. 취미생활하기

하버드대학의 조사결과, 최근 10년 동안 미국의 워커홀릭 수가 5배나 증가했다고 한다. 사람의 체력과 정신은 받아들일 수 있는 한계가 있다. 다채롭고 풍요로운 삶만이 우리를 무너지지 않게 지탱해준다. 취미생활은 다른 업무를 하는 것이 아니기 때문에 업무와 일상생활을 대하는 태도를 적절하게 조율할 수 있다. 일 때문에 자신의 취미생활을 못하는 건 현명한 사람이 해야 하는 선택이 아니다. 건강한 삶과 적당한 취미생활이 뒷받침되어야 업무효율이 높아진다. 그러니 취미생활을 포기해선 안 된다. 일은 우리에게 평범한 관심사거나 생존 수단이기 때문에 우리 삶의 전부가 될 수 없다. 우리 삶을 대신할 수도 없으며 평생 우리 인생의 주인공이 될 수 없다.

하버드 시간관리 비법

많은 사람들이 "일하는 게 행복하다."라는 말을 자주 한다. 진심으로 행복을 느끼는 사람은 과연 몇 명이나 될까? 매일 끝없는 야근, 온 힘을 다해 일을 하면 우리의 삶이 정말로 더 나아질까? 계속해서 이런 생활을 하면 연인은 떠나가고, 친한 친구도 다른 사람으로 변하고, 가족도 미온적으로 대할지 모른다. 그렇게 되면 남는 건 눈부신 성과와 차가운 돈뿐일 것이다.

대부분의 시간을 업무에 잡혀 사는 인생은 얼마나 불쌍한가. 그러한 생활은 따라

할 가치도 없다. 직장생활을 하면서 감정을 잘 다스려야 한다. 절대 워커홀릭이 되지 않기 위해 주의해야 할 몇 가지를 살펴보자.

1. 순간의 즐거움을 즐긴다.
2. "내 가족을 위해서 일하고 있어."라는 종류의 말은 잊는다.
3. 인지를 바꾼다. 자의식, 야망, 책임감이 굉장히 강한 사람들은 자신에 대한 요구나 기대치를 낮추고, 업무가 자신의 인생가치를 실현하는 유일한 방법이라는 인지를 바꿔야 한다. 일과 가정을 골고루 신경 쓰는 게 중요하다.
4. 의식적으로 업무 스트레스를 낮춰야 한다.
5. 일과 휴식을 적절히 안배해야 한다. 업무와 관계없는 취미생활을 만들어서, 근무시간 이외의 자신에게 유익한 활동을 하자.

좋은 컨디션 유지하기

에너지를 잘 이용하는 방법은 에너지를 한 곳으로 모으는 것이다.
목표한 바를 이루려면 체력을 한 곳으로 모으면 된다.
데니스 웨틀리 Dennis Yates Wheatle

영국 역사상 가장 위대한 총리로 불리는 윈스턴 처칠은 제2차 세계대전 당시 70세였다. 고령의 나이에 매일 정무를 보느라 눈코 뜰 새 없이 바빴지만, 항상 활기가 넘치고 조금도 피곤한 기색 없이 열정적으로 업무에 임했다. 비결은 바로 충분한 휴식이었다. 업무 중간중간 틈틈이 쉬었고, 쉬는 날에는 편안히 휴식을 취했다. 매일 점심식사 후 한 시간 동안 낮잠을 잤고, 저녁 식사 후에도 두 시간가량 잠을 청했다. 차를 타고 이동할 때도 눈을 감고 편안히 쉬었다. 또 한 가지 습관은 시간에 상관없이 하루 업무가 끝나면 뜨거운 욕조에 들어가 물속을 걸으며 휴식을 취했다.

영국 총리로 있는 동안 눈부신 성과를 낼 수 있었던 건 이런 자기

관리를 통한 좋은 컨디션을 유지했기 때문이다. 좋은 컨디션과 체력을 위한 노력은 처칠이 제2차 세계대전의 승리를 이끌었다고 해도 과언이 아니다. 어떤 사람이 건강과 활력의 비결을 묻자 처칠이 말했다. "비결은 제복을 벗는 순간 책임감도 내려놓는 것입니다."

현대사회는 삶의 속도가 점점 빨라지고 경쟁도 날이 갈수록 심해지고 있다. 업무와의 씨름, 일상생활 속의 각종 스트레스로 수많은 사람들이 잠을 이루지 못한다. 두통에 시달리고, 기분이 다운되거나 만성피로에 시달리고, 집중력이 떨어지는 상태에 이른다. 이런 상태가 되면 정상적인 일상생활과 직장생활이 어려워지고 많은 시간을 낭비하게 된다. 따라서 장시간 업무를 해도 활력이 넘치고 편안하게 일상생활을 할 수 있는 방법이 사람들의 주요 관심사가 됐다.

하버드대학의 연구원들이 수년간의 조사와 연구로 직장생활에서 최상의 컨디션을 유지하는 좋은 방법을 찾아냈다.

1. 규칙적으로 모니터에서 시선 돌리기

좋은 컨디션을 유지하기 위한 가장 중요하면서 쉬운 방법이다. 대부분의 사람들이 컴퓨터로 일하면서 잠시도 모니터에서 시선을 떼지 않는다. 이런 행동은 피로감을 높여준다. 지금부터 눈을 모니터에서 조금씩 이동해서 주변이나 창가 쪽을 바라보자. 간단한 방법이지만 많은 도움이 된다. 40분이나 한 시간에 한 번씩 눈을 돌려보자.

2. 최대한 엘리베이터 타지 않기

사무실이 저층에 있다면 계단을 이용해보자. 활력을 주고, 심장을 뛰게 하는 계단 오르기는 8시간 이상을 앉아서 일하는 사람에게 매우 효과적인 운동이다.

3. 물을 많이 마시고, 커피는 적게 마시기

커피가 빠른 각성 효과와 에너지를 줄 수 있지만, 빠른 만큼 금방 사라진다는 것도 알아야 한다. 커피를 마시기 전보다 더 상황이 나빠지는 사람들도 있다. 물은 신진대사에 꼭 필요한 요소이면서 몸속에 쌓여 있는 노폐물을 내보내는 데 도움을 준다. 평소에 물을 많이 마시고 커피는 적게 마시도록 노력해보자.

4. 찬물로 눈 헹구기

사무실에서 피곤하다는 생각이 들면 화장실로 가서 찬물로 눈을 헹구자. 눈 건강에도 좋고 맑은 정신으로 회복된다. 특히 조금 늦은 시간대에 효과적이다.

5. 수시로 에너지 보충하기

시간을 아낀다고 아무 군것질이나 하지 말자. 군것질을 하고 나면 나중에 더 배가 고파진다. 차라리 사무실에 간식거리를 두고, 업무에 지장을 주지 않도록 먹으면서 수시로 에너지를 보충하자.

6. 휴 식

피곤하면 몇 분 정도 쉬거나 눈을 붙이는 것도 괜찮다. 정신이 맑아지고 체력도 회복될 것이다. 휴식을 취하기 전에 두 가지를 먼저 확인한다.

a. 업무공간에서 쉬지 말 것. 상사가 발견하면 좋지 않기 때문이다.

b. 30분 이상 쉬지 말 것. 잠깐 조는 걸로 끝나야 한다.

7. 맑은 공기 마시기

맑은 공기는 활력을 준다. 사무실 밖으로 나가서 10분 정도 맑은 공기를 마시자.

8. 동료들과 수다 떨기

동료들과 수다 떠는 것도 컨디션을 회복하는 데 도움이 된다. 일하기 싫어질 때 일과 관련 없는 대화로 수다를 떨고, 5~10분 정도 후에 다시 업무를 해보자. 업무효율이 높아지는 걸 느낄 수 있을 것이다.

하버드 시간관리 비법

하버드대학 연구원들은 다년간의 연구로 업무에서 컨디션을 유지하는 방법뿐만 아니라 일상생활에서도 좋은 컨디션을 유지하는 방법도 찾아냈다. 연구원들이 제안하는 방법을 소개한다.

1. 과학적 근거에 의한 운동

시간을 고려하지 않은 과도한 운동은 몸만 더 피곤하게 한다. 과학적인 운동 방법을 찾아야 좋은 컨디션을 유지할 수 있다. 규칙적인 운동은 당신의 몸과 마음을 유익하게 한다. 최대 수혜자는 심장이다. 적극적인 운동은 신체 에너지를 높여준다. 건강한 신체는 많은 체력과 에너지를 소모하는 고강도의 업무를 여유 있게 처리할 수 있도록 도와준다.

2. 기분 전환을 하고 스스로를 격려하기

일상생활에서 흔히 만날 수 있는 철학, 좋은 글, 생각으로 자신에게 영향을 준다. "긴장 하지 말자.", "나를 믿는다."와 같은 자기 암시를 자주한다. 내가 행복하면 된다는 마음을 가지면 성공의 가능성이 높아질 것이다.

3. 영양 보충하기

탄수화물, 지방, 단백질, 비타민, 당 등 필수영양소를 매일 섭취한다. 이때 두 가지 안 좋은 식습관에 주의하자. 첫째는 영양과 열량을 과도하게 섭취하는 것이다. 둘째는 어떤 목적이든지 음식을 절제하면 영양소와 열량이 부족해질 수 있다는 것이다.

잠과 밤샘을 대하는 올바른 태도

열심히 일하는 사람은 매사가 순조롭고,
하는 일이 없는 사람은 가는 곳마다 난관에 부딪칠 것이다.
존 드라이든 John Dryden

고객 매니저 빅토리아는 매일 숨 쉴 틈도 없이 바쁘다. 업무를 끝내기 위해 자주 야근을 하고 밤을 샌 적도 한두 번이 아니다. 어느 날 친구가 왜 이렇게 늘 바쁘냐고 물었고, 빅토리아는 어쩔 도리가 없다는 듯 말했다.

"오늘 오전에만 도대체 몇 가지 일이 발생했는지 아니? 아침에 출근하자마자 직원들이 내게 업무보고를 했어. 첫 번째는 프런트 직원이 업무보고를 했지. 아침에 어떤 고객이 메일을 받지 못했다고 클레임을 걸었다는 거야. 메일함을 확인해보니 파일 용량이 너무 커서 반송이 되었더군. 그래서 바로 메일을 나눠서 보냈어. 두 번째는 사업팀 직원이 업무보고를 했어. 행사 장소 배치가 거래처의 요구와 맞지 않다면서 어떤 이유인지 물었어. 거래처에 전화를 걸어서 상황 설명을 하고 보완해줬어. 그다음은 기획팀 직원이 보고를 했어. 내일이 기획안 제출 마감기한이라는 거야. 난 아직 자료 준비도 못했는데 말이야. 그래서 오늘 밤을 새서 기획안을 끝내야 해."

굉장히 분주한 업무는 생활의 균형을 깨뜨려버린다. 언제 또 밤새서 일을 해야 할지 모르기 때문에 빅토리아는 취침시간을 배정할 수 없었다. 결국 빅토리아의 수면과 업무에서 문제가 발생했다. 낮에는 업무를 제대로 처리하지 못할까 봐 걱정하느라 마음 놓지 못해 근육이 긴장되어 극도로 피곤했다. 퇴근 후에도 전화로 업무를 처리했다. 드디어 마음 편히 쉴 수 있는 밤이 되었지만 오늘 일을 계속 생각하고, 내일의 일을 미리 걱정한다. 몸을 뒤척이며 계속해서 자다가 깨는 일을 반복하는 수면장애에 시달렸다.

하버드대학의 연구 보고에 따르면 수면부족은 기억을 형성하는 신경, 행동 능력과 관련이 있다. 학습 전에 수면을 취하는 것은 다음 날 기억을 형성하는 데 큰 도움이 될 수 있다. 수면의 질을 높이고 밤새는 걸 최대한 줄여야 한다.

1. 올바른 밤샘

대부분의 사람들이 밤샘을 해봤을 것이다. 단발성의 밤샘은 상상 이상의 효과를 주기도 한다. 밤샘을 하고 나면 몹시 피곤해지지만 깊이 잠들 수 있는 장점도 있다.

보편적으로 밤 11시에서 새벽 2시 사이에 잠드는 것이 가장 이상적인 수면시간이라는 것이 과학적으로도 증명됐다. 이 시간대에 체온이 가장 낮기 때문에 12시를 넘기지 않고 11시 정도에 잠들어야 호르몬 이상, 현기증 등이 발생하지 않는다. 중요한 업무는 10시 반 전에 배치해야 업무효율이 높다. 밤샘을 해야 하는 조건에서는 자신을 보호할 수 있어야 한다. 밤샘의 위험을 인지하고, 생체 시계를 벗어나는 행동을 최대한 절제해야 한다. 자신을 보호하려면 너무 늦게까지 해서도 안 되고, 빠르고 효과적으로 보완해야 한다.

너무 늦게 자지 않아야 몸을 쉽게 조절하고 정상적인 기능을 할 수 있다. 밤샘 후에는 체력보강을 꼭 해줘야 한다. 밤샘을 자주하는 사람들은 음식 섭취 외에도 운동을 해야 한다. 밤샘을 할 때, 정신이 몽롱해지거나 졸리면 하고 있는 일을 멈추고 몸을 움직이거나 밖으로 나가 조금 걷는 것이 좋다. 자야 할 시간에 일을 하는 것이기 때문에 따로 잠을 보충해주어야 한다. 출퇴근 시간에 차에서 잠시 눈을 붙이거나 점심식사 후 잠시 잠을 자는 등 잠을 보충해야 기운이 생기고 체력을 회복할 수 있다.

2. 일찍 잠드는 방법 배우기

요즘 들어 불면증에 시달리는 사람들이 늘어나고 있다. 방법을 찾지 못해 약물에 의존하는 사람들도 있다. 약물은 일시적인 효과만 있을 뿐 근본적인 치료를 위해서는 생활습관에서 노력을 기울여야 한다. 음식치료법, 셀프 릴렉스 트레이닝, 음악치료 등 불면증을 치료하는 다양한 방법들이 매체를 통해 소개되고 있다. 가장 간단하면서도 효과적인 방법 몇 가지를 소개한다. 불면증에 시달리고 있다면 이 방법을 시도해보자.

자기 전에 따뜻한 물로 족욕을 하거나 발바닥 마사지를 90~100회 정도 시도하면 혈액순환이 잘되어 일찍 잠들 수 있다. 잠들기 전에 귓불을 마사지하면 심박수가 느려지고, 온몸의 긴장이 풀리기 때문에 잠들기가 쉽다. 침대에 앉아 양반다리를 하고 호흡을 해보자. 졸음이 몰려올 것이다. 찬물에 식초 한 큰 술을 넣고 잘 저어 마시면 빨리 잠들 수 있고, 다음날 체력도 보충된다. 자기 전에 우유를 마시는 것도 도움이 된다.

하버드 시간관리 비법

많은 사람들이 극심한 스트레스에 시달린다. 더 큰 스트레스를 받기 전에 자신의 수면생활을 잘 다스리는 방법을 배워보자.

1. 침실은 조용하고, 깨끗하고, 적절한 온도를 유지해야 한다.
2. 낮잠을 잘 때 침실은 어둡고 조용해야 한다.
3. 침대는 편안하고, 이불과 베개는 깨끗하면서 적당한 두께여야 한다.
4. 규칙적인 생활습관을 가져야 하며, 제시간에 잠자리에 들도록 한다.
5. 자기 전에 과식은 금물이다.
6. 맵고 자극적인 음식을 많이 섭취하지 않는다.
7. 밤에 카페인이 들어 있는 차나 커피는 마시지 않는다.
8. 자기 전에 따뜻한 물로 발을 씻거나 족욕을 한다.
9. 자기 직전에 이런저런 생각을 많이 하지 말고 소설, 영화, TV프로그램을 보지 않도록 한다.

감정 컨트롤

마인드 컨트롤을 잘하는 사람이 성을 차지한 장군보다도 더 위대하다.

나폴레옹 Napoleon Bonaparte

미국 역사상 가장 위대한 대통령 중 한 사람인 에이브러햄 링컨은 자신의 감정은 물론 부하직원들의 감정까지도 잘 컨트롤했다.

하루는 육군 장관 스탠턴이 링컨의 사무실로 찾아왔다. 스탠턴은 한 육군 소장이 모욕적인 말로 자신을 비난했다고 씩씩거리며 말했다. 이야기를 듣고 난 링컨은 살벌한 내용이 담긴 편지로 복수하라고 제안했다. 스탠턴은 바로 살벌한 내용이 담긴 편지를 써서 링컨에게 보여줬다.

"그렇지, 이거야! 정말 잘 썼구먼. 이걸 보여주면 정신이 바짝 들 것이네!"

스탠턴이 편지를 봉투에 넣으려고 할 때 링컨이 다시 그를 불렀다.

"뭐하는가?"

"보내야죠." 영문을 모르겠다는 듯 스탠턴이 대답했다.

"편지를 당장 쓰레기통에 버리게. 화났을 때 나는 편지를 쓴다네. 그러면 편지를 쓰면서 화가 어느 정도 누그러지지. 지금은 아까보다 마음이 훨씬 나아졌지 않은가? 그러니 그 편지를 불 태워버리고 두 번째 편지를 써보게."

사람의 감정변화는 시간, 장소, 사람에 따라 달라진다. 살아가면서 꼭 명심해야 하는 것이 있다. 세상은 인류를 위해 존재하는 것이 아니며, 사회도 한 사람을 위해 존재하는 것이 아니다. 따라서 좋고 싫음이 무언가를 바꿀 수는 없다. 우리는 반드시 자신의 기분을 조절하는 법을 배워야 한다. 불쾌한 일은 잊어버리고 즐거운 마음을 유지해야 마음도 건강해진다. 일시적인 감정변화 때문에 일을 크게 만드는 상황은 막아야 한다.

때론 운명에도 부정적인 영향을 주기도 한다. 사람을 사귈 때 다양한 상황들을 만날 수 있다. 감정기복을 유발하는 상황을 만났을 때 감정조절을 하지 못하면 사람을 만나는 데 어려움이 많다. 사람들에게 성숙하지 못한 사람으로 비치기 때문이다.

감정이 흔들릴 때 효과적으로 감정을 조절하는 방법을 찾아야 시간과 체력을 잠식하는 것을 막을 수 있다. 하버드대학의 교수들이 제안하는 감정조절 방법이다.

1. 나를 완전히 지배하는 법 배우기

자신의 감정을 잘 다스리려면 새로운 사고방식이 필요하다. 어릴 적부터 지금까지 억누를 수 없는 기분을 가졌다고 스스로 믿기 때문에 사고방식을 바꾸는 건 매우 어렵다. 인생의 매 순간 각자만의 방식으로 사물과 사람을 인지하고, 사람과 사귀며, 자신만의 방법으로 일을 처리해야 한다.

2. 기분을 풀 올바른 방법 찾기

성공한 사람들은 자신의 기분을 풀 방법을 잘 찾는다. 어떤 사람들은 감정이 격해졌을 때, 몸을 쓰는 동작을 하거나 운동을 한다. 긴장이 완화되고 마음의 여유가 생기기 때문이다. 또 어떤 사람들은 기분 나쁜 일이 있을 때 친구에게 털어놓는다. 말하는 순간 마음이 안정되기 때문이다. 화가 나는 현재 상황을 벗어나기 위해 여행을 택하는 사람들도 있다. 여행을 하면 혼란스럽던 마음이 진정되고, 여행에서 돌아오면 문제는 무시해도 될 정도로 사소해진다.

3. 생각을 바꾸고 감정 다스리기

감정과 기분은 모두 생각에 의해 좌우된다. 보통 슬픔, 좌절, 분노, 근심 등의 감정은 다른 사람이나 다른 일 때문에 생긴 것이라 생각하겠지만, 사실 이러한 감정은 스스로 만들어낸 것이다. 생각을 바꾸고, 자신의 감정을 선택하면 새로운 생각과 감정을 만들어낼 수 있다. 전체적으로 생각하는 사람들은 새로운 방식을 찾아서 문제를 해결하기 때문에 자기 자신의 지배자가 된다.

4. 감정 다스리는 방법 찾기

낙천적인 사람이라면 감정을 다스리는 방법을 충분히 찾아낼 것이고,

자신을 위해 어떤 일이나 노력을 하면 현명한 사람이 된다. 순조롭게 문제를 해결하면 행복한 삶을 살게 된다. 어떤 문제를 해결할 수 없다면 자신의 감정을 낙천적인 상태로 끌어올리면 해결방법을 찾을 수 있을 것이다.

하버드 시간관리 비법

업무 중에 감정 충돌이 일어나면 제3자의 중재를 바라기 힘들다. 스스로 감정 컨트롤을 해야 한다. 불쾌한 감정 때문에 좋지 않은 행동을 하는 상황을 개선하는 방법들을 살펴보자.

1. 늦추기

화를 내기 전에 일단 아무것도 하지 않고 참는다. 일정한 시간이 흐른 뒤 해당 문제를 다시 고민하고 처리한다. 다양한 결과가 나올 것이다. 사실 생각했던 것보다 나쁘지 않은 일일 수도 있고, 괜찮은 해결방법을 찾아낼 수도 있다.

2. 이동하기

화가 났을 때 즉시 그 장소에서 벗어나거나 그 일을 잠시 내버려둔다. 주의력을 분산시키면 화가 조금 가라앉을 수 있다. 이동할 때는 긍정적인 방법을 택해야 한다. 집으로 돌아가 가족에게 화풀이를 하는 것처럼 부정적인 방법을 택하면 결과는 더 참담해질 것이다.

3. 털어내기

분노가 스스로 통제할 수 있는 범위 내라면, 엄격한 자아분석을 통해 최대한 일찍 그 증상을 파악할 수 있다. 화를 속으로 삭이면 건강에도 안 좋고, 지속되면 업무에도 나쁜 영향을 주게 된다. 친구에게 털어놓는 방법으로 불쾌한 기분을 푸는 것 외에 적절한 장소를 찾아 크게 소리치거나 소리 내어 울어도 좋다.

4. 논쟁 피하기

다른 사람과 의견이 일치하지 않을 때 논쟁이 발생하고, 때로는 논쟁 때문에 화가 나기도 한다. 논쟁을 할 때 모든 사람은 자신의 입장에 서서 자신의 견해를 변호한다. 때문에 상대방의 의견이 일리가 있어도 자신의 의견을 바꾸지 않으려 한다. 이런 논쟁은 전혀 의미가 없다. 다른 사람을 설득할 수 있는 사람이 되면 이런 불필요한 논쟁을 피할 수 있다.

가족과 많은 시간 보내기

우리는 매일을 인생의 마지막 날처럼 살아야 한다.
헬렌 켈러 Helen Keller

제너럴 일렉트릭의 전 CEO 잭 웰치는 가족과 시간 보내는 것을 매우 중요하게 생각했다. CEO로 재임하는 동안에도 가족과 함께하기 위해 바쁘지만 반드시 시간을 냈다. 가족은 그의 인생에서 중요한 부분이며, 가족과 함께 시간을 보내면 가족도 기쁘지만 자신도 마음이 편안해졌기 때문이다.

어느 여름, 잭 웰치는 아내와 함께 숲으로 휴양을 갔다. 자연과 어우러진 숙소는 해발 2,500미터의 산 중턱에 위치했다. 잭 웰치의 시선은 숲과 웅장하면서도 험준한 절벽으로 옮겨갔다. 아름다운 경치가 문득 그의 마음을 환하게 비췄다. 주변은 무척 고요했다. 두 사람은 최대한 고요함을 즐기려고 했다. 하지만 숲을 자세히 들여다보면 절대 조용하지 않을 것이다. 숲에는 수천수만의 생명이 살아가는데, 만물이 소생하는 소란스러움을 듣지 못하는 것뿐이다.

자연은 엄마의 손길처럼 두 사람의 근심, 걱정, 긴장을 풀어주었다. 아내와 행복한 시간을 보낸 잭 웰치는 마음이 편안해졌다. 다시 회사로 돌아온 잭 웰치는 활력이 넘쳐 훨씬 높은 효율로 제너럴 일렉트릭을 경영했다.

치열한 경쟁, 업무상의 스트레스, 생활의 부담은 우리가 가족과 시간을 보낼 권리를 점점 빼앗고 있다. 가족과 함께 보낼 시간을 내기가 매우 어렵다. 가족은 우리가 바쁘기 때문에 일찍 집에 돌아와 같이 저녁식사를 하길 기대한다. 주말에는 함께 영화를 보거나, 드라마에 대해 이야기를 나눌 시간을 바란다. 하지만 우리는 거기에 짜증을 내거나 피곤해하기 때문에 거의 시간을 보낼 기회가 없다.

일이 우리 삶의 중요한 부분이지만 가족은 더 중요하다. 회사는 우리가 없어도 금방 새로운 적임자를 찾을 수 있지만 가족은 아니다. 우리를 잃으면 가족은 슬퍼한다. 일 때문에 오랜 시간 가족과 보내지 못하는 게 얼마나 어리석은 일인지 잘 생각해보길 바란다. 가족과 함께 시간을 보내는 것은 우리가 마땅히 이행해야 할 의무다. 평일에는 바쁘더라도 주말에는 가족과 시간을 보내야 한다. 그리하면 가족도 기쁘고 자신도 한결 나아진 기분을 느끼게 될 것이다. 평소에도 긴급 상황이 발생한 것이 아니라면 최대한 일찍 집으로 돌아와 가족을 도와주고 아이들과 대화를 나누자. 반려동물 기르기 등 당신과 가족이 좋아하는 취미를 함께하는 것도 좋다.

집에서 가족과 좋은 시간을 보낼 수 있는 방법과 기술을 알아보자.

1. 가족에 대한 관심을 분명히 표현한다. 우리는 가족과 불화를 피하고 싶어 하면서도, 가족에게 자신의 생각을 분명하게 표현하지 않는다. 심지어 가족과 대화가 없는 사람도 있다. 대화의 기술을 배워야 한다. 가족이지만 어떨 때는 더욱 예민하기 때문에 자신의 의도를 분명하게 말하는 것이 중요하다.

2. 가족의 감정을 다정하게 살펴야 한다. 모든 사람은 가족과 가까운 관계를 유지하길 바란다. 그러나 모순되게도 가족과 너무 가까우면 우리의 자유를 제한당하고 속박당하는 기분이 든다. "나한테 이래라 저래라 하지 마." 가족 사이에서 흔히 볼 수 있는 대화이다. 대다수의 사람들이 다른 사람의 관심을 간섭이라고 본다. 상대방이 나와 좀 더 대화를 나누고 연락하고 싶다는 생각을 잘 안 한다. 상대방의 감정과 마음을 이해해야 화목한 가정이 될 수 있다.

3. 단도직입적으로 요구한다. 가족과 이야기를 나누지만 모르는 사람과 이야기를 나누는 듯한 느낌을 받을 때가 있다. 나이와 성별의 차이가 이러한 벽을 만들어낼 수 있다. 가족에게 요구할 게 있다면 단도직입적으로 하자.

가족과 대화하는 방식과 방법을 배우고 세세한 부분까지 신경 쓴다면, 굳이 하지 않아도 될 오해가 사라지고 인생에서 가장 중요한 관계를 잘 유지하는 데 도움이 될 것이다.

가족과 의사소통하는 기술을 알아야 가정이 화목하고 행복할 수 있다.

1. 대화의 기회 만들기

매주 가족과 함께 시간을 보내는 건 매우 중요하다. 혹시 이동하는 차 안에 있다면 이 시간을 이용해 가족에게 전화를 걸어 대화하는 것도 좋다.

2. 가족과 식사하기

하루에 있었던 일을 가족에게 이야기하는 것 외에 가족과 외식을 자주 갖는 것도 좋다. 아이들은 가족과 정기적으로 하는 행사를 좋아하게 될 것이고, 식탁에서 대화를 나누는 건 가족관계를 더욱 친밀하게 만들 수 있는 상당히 괜찮은 아이디어다.

3. 아이들과 따로 약속 잡기

결혼을 하고 아이가 있다면, 아이와 단둘이 보내는 시간을 많이 만들어야 얼마나 자기들을 중요하게 여기는지 아이들도 알 수 있다. 시간이 날 때 아이들을 데리고 레스토랑에서 피자를 먹거나 마트를 돌아다니면서 아이들이 좋아하는 것을 사주자.

4. 경청하기

가족과 가까워지려면 말하는 것보다 듣는 것이 더 중요하다. 가족과 대화를 나눌 때 경청해야 한다. 가끔 부모에게 나쁜 소식을 전할 때 부모님이 실망하지 않도록 최대한 노력해야 하고 아이 앞에서 말실수를 했다면 즉시 사과해야 한다. 그리고 지금부터는 아이들의 말을 경청한 다음 판단을 내리겠다고 아이들에게 말해주어야 한다.

5. 과학 기술 이용하기

컴퓨터를 즐기는 용도로만 사용하지 말고 가족을 위해서 매달 가족신문을 만들어 보자. 이번 달에 가족에게 어떤 일이 일어났는지 적고 출력해서 가족에게 나누어준다. 혹은 가족 블로그를 만들어서 가족에게 일어난 일을 포스팅하는 것도 좋다.

휴식시간 잘 보내기

이미 흘러가버린 시간을 아쉬워 말고 똑똑히 바라보아야 한다.

베르톨트 브레히트 Bertolt Brecht

전담의가 진찰하면서 푹 쉬어야 한다고 말하자, 밀러는 불평을 쏟아냈다.

"처리해야 할 업무가 한가득 쌓여 있는데 나눠서 할 사람이 없습니다. 그래서 매일같이 처리하지 못한 서류를 잔뜩 집으로 가져와서 일해야 합니다."

의사가 물었다. "왜 그렇게 많은 서류들을 밤에 처리하죠?"

"저도 밤에 일하기 싫습니다. 그런데 반드시 처리해야 하는 급한 서류들입니다."

"아무도 도와줄 사람이 없나요? 사무보조가 없나요?"

"소용없어요. 사무보조의 업무능력이 부족해서 저 말고는 제대로 처리할 사람이 없습니다. 게다가 업무를 빨리 처리하지 않으면 회사가 돌아가겠어요?"

"그럼 제가 한 가지 처방전을 써 드릴 테니 이대로 해보시겠습니까?"

의사가 밀러에게 내린 처방전은 '매일 두 시간 산책하기, 매주 반나절의 시간을 내서 묘지 둘러보고 오기'였다.

밀러는 이상하다는 듯 물었다.

"묘지는 왜 가야 합니까?"

"업무를 내려놓고, 주변을 둘러보고, 세상과 이별한 사람들의 묘비를 살펴보길 바라서지요. 그들도 생전에는 당신처럼 이 세상의 모든 일을 자기가 짊어지고 가야 한다고 생각했을 겁니다. 물론 지금은 모두 영면했지만 말이죠. 당신도 언젠가는 그들처럼 땅으로 돌아갈 것이고, 또 지구가 돌고 돌아 또 다른 사람이 당신처럼 일하게 될 겁니다. 나는 당신이 눈앞의 현실을 잘 살펴보고, 올바른 업무방식과 생활방식을 찾길 바랍니다."

의사의 말에 밀러는 큰 깨달음을 얻었다. 의사의 지시대로 삶의 속도를 조금 느리게 바꾸고, 업무의 일부분을 부하직원에게 위임했다. 근심하고 걱정하는 데 생명을 쓸 수 없다는 걸 깨달은 것이다. 이렇게 마음의 평화를 얻으니 이전보다 훨씬 활력이 넘치고 업무효율도 더 높아졌다.

휴식을 취하는 것은 업무와 일상생활의 균형을 맞춰줄 수 있는 중요한 법칙이다. 이 세상에 없어선 안 될 사람은 없다. 업무로 인한 스트레스가 삶과 건강을 망가뜨린다고 느껴질 때 일을 손에서 놓고 잠시 휴식을 취해보자. 편안한 마음으로 일상생활과 업무를 맞이하면 삶의 목적에 대한 믿음이 생긴다.

손에서 일을 놓지 못하고 습관적으로 업무과부하를 자처하는 사람들은 두 가지 이유를 가지고 있다. 더 큰 물질적 혜택을 누리고 싶거나, 자신 혹은 다른 사람과의 문제를 피하기 위해서다. 더 많은 부, 성과, 권력을 얻고 싶다면 '성공하는 사람이 되는 것'이라는 목표를 이루기 위해 노력하면 된다. 지쳐 있는 몸과 마음으로 억지로 업무를 한다면 건강만 더 나빠질 것이다.

업무가 과도하게 많을 때 스스로에게 이렇게 말해보자. "한 번 사는 인생인데 일 말고도 가치 있는 일은 훨씬 더 많아. 매일을 오늘이 마지막인 것처럼 살자." 일에 시달리게 만드는 문제들을 버려서 자신의 감정을 온전하게 만들고 업무능력을 발전시키자.

휴식은 두뇌활동을 더 활발하게 하고 업무효율을 높여준다. 효율적으로 업무를 하는 사람들은 휴식의 긍정적인 측면을 잘 알고 있다. 휴식은 높은 효율로 업무하게 하는 중요한 조건이기 때문이다.

사무실에서 일하는 사람들은 한 자세로 오랜 시간 앉아 있기 때문에 혈액순환이 잘 안되고 온몸으로 피로를 느끼게 된다. 앞으로 굽어진 자세로 계속 앉아 있었다면 쉴 때는 반대 방향의 동작을 취해서 혈액순환을 활발하게 만들어 보자. 몸이 한결 편안해질 것이다. 피로를 느끼는 건 우리 몸에 어떤 부위가 이상이 있다는 걸 알리기 위한 경고이다. 이를 무시하고 방치한다면 그 부담은 온몸으로 퍼질 것이다. 경고를 받았을 때 부담되는 부위를 정상적인 상태로 회복하는 것이 현명한 방법이다.

직장에서는 산더미처럼 쌓여 있는 업무를 처리하고 집에 돌아오면 휴식을 잘 취해서 자신을 편안한 상태로 만들어야 한다. 쉬는 방법은 다양하다. 점심식사 후 잠시 쉬어도 되고, 업무 중간에 물을 마시러 가거나 사무실 밖에서 조금 걸어도 된다. 스트레칭을 하거나 화장실에서 세수를 하는 것도 휴식이다. 이러한 방법들은 긴장감을 풀어줘서 업무를 더 효율적으로 할 수 있게 도와준다.

하버드 시간관리 비법

어떻게 휴식을 취해야 하는지 잘 알아야 한다. 긴장감을 풀고, 휴식을 취할 줄 아는 사람은 좀 더 나은 상태로 업무를 처리하고 업무효율도 높일 수 있다. 스트레스 상태에서 업무를 처리하면 쉽게 지친다. 때문에 스트레스를 풀 방법을 찾아야 한다.

1. 피곤하다면 사무실 책상에서 기지개를 켜고 온몸을 쭉쭉 풀어주자. 일어나서 허리를 돌려도 좋다. 어깨와 목을 움직이자.
2. 눈을 감고 조용하지만 행복한 곳에 있다고 생각한다. 햇살 아래 꽃이 활짝 피어 있는 들판에서 나비들이 춤추고 있다고 생각해보자.
3. 발가락을 천천히 구부렸다가 푼다. 다리 근육을 꽉 쥐었다가 푼다. 이런 방식으로 목까지 여러 부분의 근육을 움직여보자. 고개를 돌리면 머리도 편안해질 것이다.
4. 느리고 깊게 숨을 들이마시면서 전신의 신경을 풀어보자. 규칙적인 호흡은 신

경을 푸는 가장 좋은 방법이다.

5. 미간을 쭉 펴고 입을 다물지 않는다. 매일 두 번씩 하면 뷰티숍에서 마사지를 받지 않아도 얼굴의 주름들이 사라질 것이다.

스트레스 해소

피로는 마음이 만들어낸 가장 최악의 산물이다.

나폴레온 힐 Napoleon Hill

보스톤의 유명한 정신과 의사 앨런은 업무 스트레스로 신경쇠약에 걸린 피터 킨이라는 환자를 만났다. 신문사에서 일하는 피터의 업무는 신문에 필요한 자료들을 매일같이 정리하는 것이었다. 신문사에서는 필수적인 일이지만, 똑같은 일의 반복이었고 딱히 재미도 없는 그런 단조로운 일이었다. 피터는 야근을 해도 다 끝낼 수 없을 정도로 일이 많다고 했다. 몇 달 연속 일을 집으로 가지고 와서 처리하다 보니 신경쇠약에 걸린 것이라고 말했다.

피터의 불만을 들은 앨런은 신경을 흥미 있는 일로 옮겨보라고 제안했다. 이런 사람들 대다수는 취미생활이 없었다. 물론 피터도 예외는 아니었다. 그러다 무의식중에 운전면허를 갖고 싶다고 앨런이 말했다.

"내일부터 운전면허학원에 가세요. 이건 치료 때문이니 아무리 바빠도 꼭 가야 합니다."

피터는 업무를 잘 안배한 다음 시간을 내서 운전면허학원에 갔다. 한 달 뒤 피터의 신경쇠약 증세는 많이 사라졌고, 퇴근 전에 업무를 다 끝낼 수 있었다.

스트레스는 현대인의 건강과 생명을 위협하는 살상무기가 되었다. 하버드대학의 관련 통계에 따르면 심리상담을 받으러 오는 사람들 중 스트레스를 제거하고 싶은 사람이 거의 50%를 차지했다. 업무 과부하가 개인의 건강에 미치는 영향력은 상상을 훨씬 초월한다. 심각하면 지능을 감퇴시킬 수도 있다. 최근 조사는 스트레스를 장기적으로 받으면 뇌세포가 노화되어 학습능력과 기억력을 손상시킨다고 밝혔다. 스트레스의 영향으로 뇌 손상을 받으면 기억력이 감퇴될 수밖에 없다.

미국의 대기업들은 건강한 직원들이 조금 더 밝고 생산효율도 높다는 것에 주목했다. 그래서 기업의 발전을 위해 직원들의 휴식의 질을 높이고 있다. 관련 연구에 따르면 질병의 80%가 생활방식과 관련이 있었다. 많은 회사가 직원들의 균형 있는 생활을 위해 교육을 계획한다. 기업의 입장에서는 생산력, 활력, 직원들의 투지 등을 불러일으키고, 기업의 이미지도 상당히 많이 개선되기 때문에 이런 교육을 실시한다.

업무상의 스트레스에 잘 대처하려면 올바른 조절방법을 알아야 한다. 정신과 의사 데이비드 교수는 신경을 흥미 있는 일에 몰두하면 스트레스를 효과적으로 해소할 수 있다고 말했다. 스트레스에 대처하는 방법에는 이동하기가 가장 효과적이다. 스트레스가 너무 버거울 정도라면 내려놓고, 아무 생각도 하지 말고 즐거운 일로 신경을 옮겨야 한다. 마음이 안정되면 이미 단단해져 있을 것이다.

모든 사람들이 다양한 원인들로 스트레스를 받으며 살아가고 있다. 스트레스는 저항이 아니기 때문에 스트레스를 원동력으로 바꿀 수 있다. 긍정적인 마음으로 스트레스를 받아들이자. 받아들이기 힘들 때는 거기에 빠져 있지 말고 독서, 그림, 음악감상 등으로 마음을 천천히 내려놓은 다음에 다시 받아들이면 된다.

하버드 시간관리 비법

미국의 한 심리전문가는 장기간 높은 스트레스에 빠져 있으면 초조함, 불면증, 우울증 등의 심리적인 질병을 앓게 된다고 말했다. 그렇다면 어떻게 스트레스를 풀면 좋을까?

1. 스트레스의 원인을 제거한다. 스트레스를 만든 원인을 찾는 게 스트레스를 해소할 수 있는 첫걸음이다. 잠시만 시간을 투자해서 어떤 원인으로 매일 스트레스를 받는지 고민해본다. 누가, 어떤 행사가, 어떤 일이 스트레스를 주었는가? 10개 정도의 원인을 적어 리스트를 만든 다음 제거할 수 있는 건 제거한다. 제

거할 수 없는 사항이 있다면 스트레스를 줄일 수 있는 다른 방법을 찾아야 한다. 만약 스트레스가 너무 버거운 일 때문이라면 시간을 적절히 분배하자. 중요한 일을 먼저 처리하고 다음에 처리해야 할 일들은 한편에 내려놓은 다음 나중에 다시 처리하면 된다.

2. 적절한 해소방법을 찾는다. 스트레스는 모든 사람들이 받고 있다. 스트레스를 받을 때 우리는 어떻게 해소해야 할지 잘 모른다. 마음속에 있는 안 좋은 말들을 내뱉거나 운동, 노래 부르기, 고함치기 등의 방식으로 털어버리자. 안 좋은 기분은 한 순간에 사라지고, 스트레스도 자연스럽게 풀린다.
3. 일상생활을 조절하는 법을 알아야 한다. 스트레스를 느낄 때 심호흡이나 명상을 하고, 퇴근 후 집에 와서 따뜻한 물로 목욕을 한다. 기운을 북돋우고 피로를 덜어주는 음식을 먹는다. 또한 운동, 식물 키우기 등의 취미생활을 가지는 것도 좋다. 만족을 알면 항상 즐겁기 때문에 양심의 가책을 느끼지 않을 정도로 만족하면 된다.

각자의 실제 상황에 따라 자신에게 적합한 스트레스 해소법을 찾아서 건강한 삶을 살도록 하자.

현대인은 무슨 일이든 그것을 재빨리 해치우지 않으면
시간을 손해 본다고 생각한다.
그러나 그들은 시간과 함께 자신이 얻는 것은
무익하게 시간을 보내는 것 외에는 무엇을 해야 할지 모르고 있는 것이다.

에리히 프롬 Erich Fromm

인간은 무엇과도 바꿀 수 없는 소중한 시간을 버리고 있다.
소심하게 지내기에 인생은 너무나 짧다. .

카네기 Andrew Carnegie

인간은 항상 시간이 모자란다고 불평을 하면서
마치 시간이 무한정 있는 것처럼 행동한다.

세네카 Lucius Annaeus Seneca

시간의 걸음걸이에는 세 가지가 있다.
미래는 주저하면서 다가오고,
현재는 화살처럼 날아가고,
과거는 영원히 정지하고 있다.

F. 실러 Friedrich von Schiller